AF607480

PALABRAS DE LAVA

GLOSARIO DE CANARISMOS VOLCÁNICOS

Palabras de lava. Glosario de canarismos volcánicos

LeCanarien ediciones
Av. de Canarias, 12, 1º B
La Orotava - Santa Cruz de Tenerife
674 813 313
www.lecanarienediciones.com
info@lecanarienediciones.com

Cubierta
Yurena Cabrera Vera

Primera edición
Santa Cruz de Tenerife, septiembre 2024

ISBN: 978-84-19694-64-5
Depósito legal: TF 389-2024

IGNACIO REYES GARCÍA

PALABRAS DE LAVA

GLOSARIO DE CANARISMOS VOLCÁNICOS

Para Ataya, el amor de mis vidas,
y Mazeq, una luz fraterna.
Para Lluvia y Amay,
desde el corazón donde somos.

Grabado sobre lava (El Hierro). © GEVIC.

AIMTATÁ. (Del maz.tk **aymәḍ-aḍḍa,* m. sing. lit. 'paso (cruce o travesía) del pliegue', fig. 'conector dimensional'.) loc. GC. mág. desus. *Míst.* Sello mágico utilizado para conectar los planos material e inmaterial de la realidad.

LIMINAR
Voces volcánicas

Aún se cuentan por miles los topónimos ínsuloamazighes que aguardan un estudio filológico exhaustivo. Seguro que no es necesario insistir en el generoso testimonio lingüístico e histórico que contienen, por cuanto la onomástica geográfica retiene con frecuencia rasgos socioculturales muy reveladores a propósito de los seres humanos que han hecho su vida en un territorio determinado. Referencias ideológicas, naturalistas y económicas constituyen las tres instancias principales, a veces incluso enlazadas, desde las que se suelen conjugar tales designaciones.

El catálogo de valores concretos resulta tan extenso como la imaginación y el horizonte comunicativo que requieran los habitantes de un lugar. Antecedentes identitarios, sembrados de nombres tribales y antepasados clasificatorios (epónimos), procuran ese anclaje sociohistórico sobre el que la comunidad forja las ideas, costumbres, hitos y relaciones que definen su personalidad diferencial. Todo ello arma una especie de apropiación simbólica de un medio que, no obstante, se ha de nominar también en función de las estrategias de subsistencia. El vocabulario toponímico constata y describe ubicaciones y calidades (activas o potenciales), pero así mismo refleja formas de explotación. Como es lógico, la percepción del entorno nunca permanece ajena a la creación social del espacio y, por consiguiente, vive en la interacción dialéctica establecida entre las personas y el resto de la realidad física.

Simples nombres de plantas, animales, colores, sabores, substancias o partes del cuerpo humano, por ejemplo, que en ocasiones se mencionan inclusive con ciertas cargas sensitivas y emotivas, ilustran muy bien la cosmovisión que una sociedad antigua ha necesitado fraguar para reproducir las condiciones de su existencia natural y colectiva. Ahora bien, que la investigación logre formarse una imagen diáfana de ese pensamiento, pasa por evitar los anacronismos y operar desde las claves culturales que se van descubriendo. Bastan cuatro generaciones para que una lengua o una modalidad de habla desparezcan, y no digamos nada si esa comunidad ha sido sometida a una presión social más o menos prolongada. Pero, salvo en casos de extinción física de la población, cosa que no aconteció en Canarias, siempre ocurre algún grado de mestizaje lingüístico, al tiempo que, en alguna medida, prevalece esa visión indígena del mundo en el nuevo régimen mientras se conservan las formas de vida con las que ha guardado relación. Otro asunto distinto es la torsión que suelen sufrir esos ingredientes durante este tránsito, muy acusada en el ámbito del lenguaje debido a la decadencia del sistema de comunicación ínsuloamazighe.

FIG. 35.—NATURAL SECTION OF A VOLCANIC CONE IN THE ISLAND OF VULCANO

***a.* Crater. *b b.* Lave-streams. *c.* Dykes wich have clearly formed the ducts, through wich the lava has risen to the crater. *dd.* Stratified volcanic scoriæ. *e.* Talus of fallen materials.**

John Wesley Judd (1840-1916).
Presidente de la Sociedad Geológica de Londres entre 1886 y 1888.

Volcanoes. What they are and what they teach.
Nueva York: F. R. S. Appleton & Co., 1881.

En ese proceso, muchas voces isleñas perdieron su significado o cambiaron de género para adaptarse a la gramática de la lengua dominante. Devolverle ahora su verdadera identidad, a través de un análisis etimológico cada día un poco más depurado, permite descifrar aquel pasado con su propia voz, marcando así una referencia imprescindible a la hora de calibrar el alcance de los cambios culturales que han tenido lugar. Y un dominio donde estos aspectos se pueden observar con certera plasticidad emana por ejemplo del vocabulario volcánico, muy reducido todavía en sus expresiones resueltas, pero que rinde ya algunos datos interesantes acerca de la percepción nativa del fenómeno.

Con seguridad, el paradigma de esas mutaciones reside en el **Teide,** que nunca fue un término masculino ni emblema de esencias benéficas y, mucho menos, patrióticas. Una mole semejante, cuyas expresiones vitales no podían infundir otra cosa que temores infernales, recibió dos nombres nada equívocos: **Teide** *(těydit),* 'la perra' cuyo cuerpo acogía la más impresionante boca de la 'malignidad' o **Echeide** *(eššăḍ),* también era conocida por la denominación de otro personaje siniestro, **Taraire** *(tarair),* una 'ogresa' todavía amenazante en los cuentos amazighes.

Dentro de unos meses, el noviembre próximo, se cumplen cien años de la erupción del **Chinyero** *(šinyăr),* la última vez que la isla de Tenerife vio la pavorosa exhibición de 'vapores que produce una fritura' magmática. Noción similar a la que desprendía ya en el pasado el palmero Roque de **Tiniguiga** *(te-n-egiga),* comarca famosa hace unas pocas décadas (1971) por el estallido de su variante gráfica, el volcán **Teneguía,** 'una del vapor (caliente) o humo'.

Porque de una 'fisura en el suelo' o **Teaguia** *(tăgăyt),* también llamada **Teguseo** *(teguz)* o 'abertura', sólo cabe esperar otra emergencia eruptiva como la desencadenada en La Palma el mes de mayo de 1585. Todo ello con su devastadora secuela de **Tacande** *(takăndăy)* o 'piedra quemada' y 'picón' gomero o **Esnene** *(ess-əgnăynăy),* una 'destrucción, ruina' o **Tahiche** *(taghiššădt)* que, no obstante, también ha diseñado algún que otro [ár.] **jameo** *(xam)* o 'casa' y hermosas hoyas naturales, como la 'caldera' de **Fireva** *(firăw),* en El Hierro.

Lo que hoy inspira una sensación de sobrecogedora belleza desatada, para los antiguos isleños era una aterradora eminencia que expulsaba secreciones con estrépito, como recuerdan la 'cumbre que moquea' en **Nisdafe** *(nəssəḍ-aghf),* la 'montaña que vierte' en **Timanfaya** *(timmăy-anffay)* o la 'supuración' que algún día drenó las entrañas del **Guanapay** *(Wanaffay).* Naturaleza derramada cuyos 'flujos engullen' la vida en **Tizalaya** *(tizalayyah),* hasta que la deriva de las Islas apaga tarde o temprano esa potencia colosal y deja sólo un 'viejo volcán extinto' o **Tajaste** *(taghast),* la mayoría de las veces fondeado a un paso de las feroces dentelladas inmobiliarias del progreso y el olvido.

Artículo publicado en la revista digital de cultura popular *Bienmesabe.org,* núm. 253, 18-III-2009. Disponible en línea: <www.bienmesabe.org/noticia.php?id=37384>.

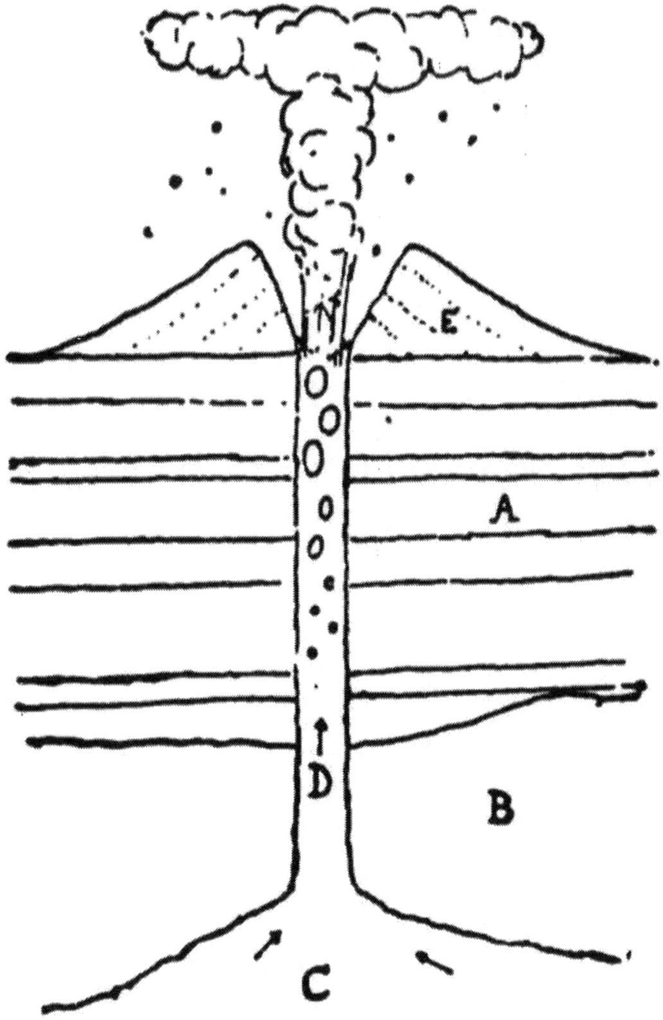

FIG. 19. DIAGRAM TO ILLUSTRATE THE SUPPOSED ACTION DURING AN ERUPTION.

***A*, sedimentary rocks ; *B*, crystalline rocks ; *C*, supply basin of lava ; *D*, lava moving up pipe, and steam bubles gradually forming as the pressure diminishes ; *E*, cone and crater.**

Thomas George Bonney (1833-1923).
Presidente de la Sociedad Geológica de Londres entre 1884-1886.

Volcanoes. Their Structure and Significance.
Nueva York: G. P. Putnam's Sons, 1899.

INTRODUCCIÓN

La vida en un país volcánico asume siempre un desafío al destino. Nada previene ni sujeta la energía creadora de una tierra entregada a la tenacidad del fuego. Pero rara vez la sincera y laboriosa audacia del instinto tardará mucho tiempo en quedar de nuevo sometida a la expansión predatoria del dinero, rara vez la dominación especulativa del capital aplazará la contención de los menguantes impulsos productivos de una sociedad colonizada, rara vez la dialéctica de la historia dejará de rodar contra las necesidades y los intereses de esa humanidad subalterna, desposeída y alienada, escindida de la naturaleza y la memoria que le dieron sentido a la existencia durante siglos.

Tampoco la circularidad endogámica del culto a los fetiches del pasado abonará horizontes más fecundos, porque todos los valores se agostan si no generan nuevas razones, cauces y recursos para los compromisos del presente.

Este pequeño glosario de voces que ayer alentaron sobre las lavas insulares que hoy pisamos restaura miradas y escenarios, resonancias y emociones que hablan de esa canariedad indómita alojada en las venas ocultas de una identidad que, con frecuencia por sorpresa, asalta inercias, olvidos y ficciones.

Estampas léxicas dibujaron explosiones terribles, inmortalizaron temblores y fragores violentos que emergían por bocas malignas, avisaron de las profusas y candentes secreciones que el cuerpo abierto de las islas podía sangrar sin mesura. Tallas lingüísticas que también fueron adjudicando nombres de rutinas y envases a la constelación de hoyas, calderas, roques y pedregales que las erupciones habían sembrado por doquier.

Como es lógico, el puñado de conceptos rescatado para esta publicación no traslada una nómina exhaustiva del vocabulario volcánico manejado por los isleños de antaño, aunque sólo sea porque el acopio de información disponible pertenece a registros coloniales y otras fuentes aún más tardías. Quince o veinte siglos de cultura indígena en el Archipiélago no deben quedar constreñidos a unas cuantas instantáneas, más o menos difusas, capsuladas fuera de su curso genuino. Aunque tampoco cabe soslayar o disminuir sus congruencias, porque la estirpe idiomática, la contextura gramatical, las cristalizaciones fonéticas o la inspiración pragmática de estas remembranzas destilan un perfil uniforme y nada accidental.

Al margen de eventuales contingentes con residencia efímera en un archipiélago fondeado en la umbrosa frontera atlántica del mundo antiguo, hoy convergen suficientes pruebas arqueológicas, genéticas, lingüísticas y etnográficas que autorizan a colegir con razonable exactitud la identidad **amaziq** de las poblaciones ancestrales de Canarias. Una impronta demográfica y cultural menguante, pero que, a pesar de las negaciones, ha permeado el habla dominante, el español isleño, de cierta hibridación diferencial.

Esa milenaria personalidad norteafricana fundó en las Islas un mosaico de contenidos bastante nítidos en sus facciones capitales. Por razones de operatividad geolingüística, este sujeto colectivo aquí será nominado **tasekenit** ('la isleña'), aunque una elemental cautela metodológica deba matizar esta entidad teórica con la reserva de una atribución cualitativa, bosquejada todavía de modo muy preliminar, para la fragmentación insular del país. En cualquier caso, nada que impida describir estas modalidades de habla como un producto de la confluencia de dos linajes dialectales básicos. De una parte, un consistente y generalizado flujo meridional o tuareg (H, WE, Y). Junto, de otro lado, a una aportación septentrional más variada en su composición (Kb, Mc, Taš, etc.) y distribución.

Pese a la añeja coloración que se advierte en algunas facetas de las versiones isleñas, su textura compositiva y funcional guarda una equivalencia perfecta con la lengua matriz. Más allá de las abstrusas isoglosas y de las divergencias dialectales que atraviesan la **tamazight** desde el más remoto pasado, precisamente ahí, en esa heterogeneidad, y en las transformaciones que presuponen, radican las propiedades intrínsecas y las condiciones diacrónicas que abastecen el desarrollo del comparatismo interno donde ha sido emplazado el estudio de la **tasekenit** (sin menoscabo de la utilidad que puedan ofrecer otras elecciones metodológicas).

Quizá un par de ejemplos ventilen mejor el rendimiento de este enfoque, cuya escala dependerá a su vez del grado de penetración geolingüística hasta el que se quiera acceder.

(1) Comparación interdialectal.

- (WE, Y, H) *sədis;* (Ntf) *səddis;* (Taš) *sḍis;* (Y) *ṣəgiṣ, səjis;* (Teg) *səẓẓ;* (Mb) *ṣəṣṣ;* (Ghât) *ṣoẓ, sez;* (Ghad) *ṣuẓ;* (Zen) *šuḍəš.*
- Cognados afroasiáticos: (eg.) *sas, sds;* (ár.) *sadîs, sâsidun, sudsun;* (sem.) *šds;* (hb.) *šeš.*
- Lexema: [S·Ḍ·S > S·Ẓ] '(número) seis'.
- Cambio fonético (principal): *ḍs /dˤs/ > ẓẓ /zˤ.zˤ/ > ẓ /zˤ/, por asimilación recíproca y abreviación de geminada en final absoluto.
- (maz.tk) «set» / «sesetti» (**saḍs > səẓẓ > səẓ / *saḍsyăt > səẓẓăt,* n. n. card.).

Como delata esta amplia prospección, que incluye además algunos vínculos en las lenguas emparentadas, los modelos canarios de este numeral (6), afinados mediante la preceptiva criba paleográfica, también sintonizan con el lexema [S·Ḍ·S] restituido para este cardinal *(*saḍīs, sūḍus).*

(2) Comparación intradialectal.

- (WE, Y) *əgyəz;* (Gh) *əggəj;* (N, WW) *əğəš, əğyə[š];* (H) *ğəh.*
- Lexema: [G·Y·Z > G·J > Ǧ·Š > Ǧ·H] 'entallar'.
- Cambios fonéticos: *g > ğ /ʤ/, por palatalización; *z /z/ > j /ʒ/ > š /ʃ/ > h /ɦ/, por palatalización /ʒ/, ensordecimiento /ʃ/ y pérdida del rasgo labial /ɦ/.
- (maz.tk) «**Yaiza,** (Montaña de la) Cinta» *(*gayaz)* ≈ (WE, Y) *agăyaz,* n. vb. concr. m. sing. 'incisión, tatuaje'.
- (maz.tk) «**Teguisse,** (nombre de mujer; nombre de valle)» *(*tegyzăy)* ≈ **tegyzăy,* s. f. sing. 'talle', 'sobrina'.

Es decir, tanto la forma (en apariencia disonante) de estas voces registradas en la isla de Lanzarote como sus respectivos contextos y significados, se puede sostener que obtienen una elucidación procedente dentro de la representación tuareg del lexema que las abraza, al que deberían ser reintegradas.

Un terreno, pues, idóneo para las investigaciones, pero donde la búsqueda del origen de las palabras (etimología) ha de afrontar alguna de estas tres situaciones.

(a) Vocablos, poco abundantes, con traducción explícita, como en el modelo: «ala qual píedra llamaban los Palmeros, Tacande, que quiere decír píedra quemada» [Abreu *ca.* 1590]. Salvo eventuales ajustes fonéticos, paleográficos o semánticos, los exámenes no presentan mayores dificultades.

(b) Términos aislados, con parcas indicaciones contextuales, como las series nominales de personas o enclaves: «Son de su jurisdicción los lugares y aldeas siguientes: [...] 20° Munique; 21° Fiquininco; 22° Tiagua; 23° Vegueta; 24° Tinajo; [...]» [Viera 1772]. Aquí, excepto cuando se trata de expresiones que sólo pueden explicarse de una manera, por su naturaleza o alcances lingüísticos, las hipótesis devienen a menudo muy tentativas.

(c) Voces contextualizadas, con informes que reseñan aspectos significativos, caso de: «Hállase en la cima del Time que rodea El Golfo, ya casi dejando la cumbre a la espalda, un profundo hoyo o caldera que llaman de Fireva, y fue abertura de un espantoso volcán, con unos listones o filas de viñátigos y brezos desde lo alto hasta el fondo» [Urtusáustegui 1779]. Una estupenda descripción para un espacio que, además, preserva en la actualidad una denominación, «Hoya (de Fileba)», tan recurrente en la toponimia isleña como ajustada a su sentido primario ('recipiente grande').

Un paisaje histórico y filológico, al fin, mucho menos yermo e inseguro de lo que todavía se piensa, aunque las tareas pendientes deban seguir conviviendo con las vacilaciones, yerros y torsiones que suelen jalonar cualquier territorio de la práctica científica, en particular, y de la producción de conocimientos, en general.

GUÍA DE CONSULTA

El diseño y la ordenación de los asientos lexicográficos que arman esta obra reflejan trazos propios dentro del esquema más común que suelen tomar los diccionarios etimológicos. Una demanda inducida por las cualidades inherentes a la urdimbre morfológica de cada una de las lenguas representadas (español y **amaziq**), así como por el carácter descriptivo y analítico con el que ha sido concebido este glosario. No obstante, a continuación se detallan algunas recomendaciones de uso que harán más fluido el manejo de este formato, previa observación de algunas consideraciones tanto operativas como discursivas.

La recopilación incluye en torno a cuatro decenas (47) de vocablos adscritos, bien por vía documental o bien por inferencia analítica, al ámbito general del vulcanismo y sus manifestaciones más directas en el archipiélago canario. En un catálogo anexo, concurren algo más de un centenar (140) de voces adicionales, que reportan términos más tangenciales de procedencia heterogénea (*jable, malpaís, mesdache,* etc.), aclaraciones contextuales (en su mayor parte toponímicas) y unas pocas piezas *(fajana, rofe)* donde, sin llegar a cuestionar las interpretaciones aceptadas por la lexicografía, se alegan especulaciones que pueden ayudar a ilustrar algunos aspectos marginales.

La selección léxica que se presenta aquí aparece condicionada por un factor determinante. Salvo en el caso del nombre **Tacande,** que el testimonio documental revela con una traducción explícita, el resto del caudal examinado carece de esa huella semántica tan precisa y efectiva para el establecimiento de hipótesis explicativas solventes. Así las cosas, con un espectro de lectura siempre más abierto, en esta colección ingresan sólo aquellos registros para los que la investigación pudo disponer de soportes filológicos o físicos que acotaran en lo posible ese margen de incertidumbre.

Por lo que atañe a su factura, este libro consta de dos secciones complementarias. De una parte, un núcleo básico dedicado a la caracterización histórica y etimológica del glosario volcánico insular, que incorpora además un apéndice destinado a clarificar aquella terminología subsidiaria menos conocida o extraña fuera de dominios especializados. Y de otro lado, una segunda unidad temática que cubre el vocabulario **amaziq** continental, acervo indispensable tanto para efectuar esos análisis etimológicos como para insertar los modelos isleños en el cotejo interdialectal que define la metodología elegida para abordar estas investigaciones. A pesar de la nutrida variabilidad fonética y léxica de este idioma, la relativa estabilidad de su articulación gramatical brinda la ocasión de reconocer estructuras y pautas de cambio, claves para rastrear, dentro de la escasez de estudios diacrónicos detallados, los tránsitos temporales y espaciales que debe afrontar esa comparación entre las periclitadas modalidades isleñas y sus vigentes congéneres norteafricanas.

ORIGEN Y EVOLUCIÓN DE LAS ISLAS CANARIAS

Esquema

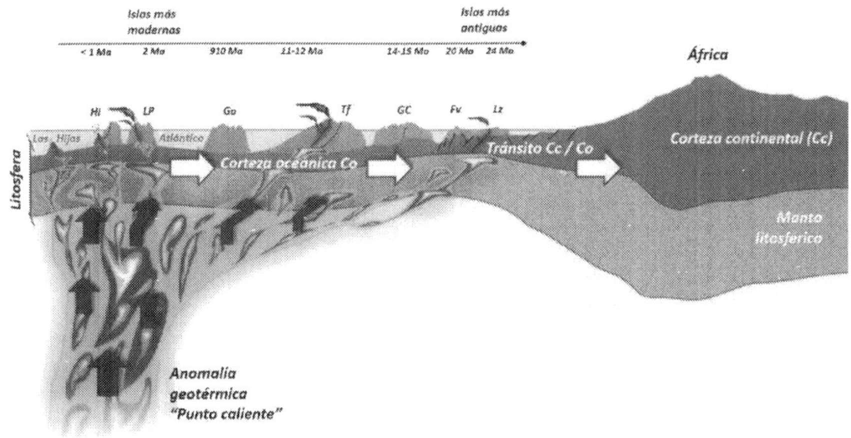

En general, el inventario insular procede de las indagaciones diplomáticas y paleográficas llevadas a cabo por el autor, con el auxilio, por supuesto, del exhaustivo compendio efectuado por el profesor austriaco Dominik J. Wölfel (1965). Ceñir todo lo posible el contenido fonético de las voces constituye un requerimiento heurístico determinante, por cuanto la lengua **amaziq** deposita el significado de las palabras en su secuencia consonántica (raíz, lexema o base de significación). Un error en la transcripción de esas grafías documentales puede desviar o invalidar por completo cualquier examen posterior.

Sin duda, las realizaciones que la tradición oral ha mantenido vivas también ayudan a concretar ese aspecto, aunque de ninguna manera se puedan pretender ajenas a eventuales contaminaciones. La temprana extinción de las hablas isleñas, hecho nada inusual bajo la decisiva coacción social impuesta por el colonialismo, la pérdida, en suma, de la capacidad para controlar la reproducción material y simbólica de las condiciones de existencia redujo el período de bilingüismo activo y provocó un concluyente declive del sistema de comunicación insular, relegado a un único registro sociolingüístico, con frecuencia desnaturalizado en sus valores semánticos y gramaticales.

Ahora bien, la continuidad de la lengua **amaziq** en los territorios continentales a través de una fecunda diseminación dialectal ofrece recursos de diversa índole y un inexcusable marco idiomático de referencia. Carece de sentido, pues, aplicar categorías romances de forma arbitraria o tejer analogías internas sobre la base de simples afinidades formales. En el estado actual de los estudios filológicos, ha quedado ya acreditada la identidad **amaziq** de las antiguas hablas del archipiélago canario, que van ocupando así el estatuto específico que les pertenece dentro de esa dilatada familia norteafricana del *phylum* afroasiático (Reyes 2015: 99).

1. Estructura y contenido del glosario insular

El objeto cardinal de estas páginas consiste en dar cuenta de la génesis y desenvolvimiento lingüísticos de un patrimonio léxico de temática singular, el vulcanismo, pero que en ningún caso fue distinguido con una morfología particular o privativa por las hablas insulares y, menos aún, por una lengua que apenas posee unas pocas alusiones a esta poderosa actuación de la naturaleza. Todas sus características remiten a ingredientes, modelos y hasta alcances semánticos muy comunes en otras demarcaciones toponímicas y onomásticas en general. Escrutinios etimológicos, descripciones gramaticales y definiciones sirven aquí al sencillo propósito de suministrar algo más de luz acerca de la siempre compleja relación de los canarios de cualquier tiempo con su entorno.

La composición de los asientos discrimina dos fracciones fundamentales: una médula explicativa y un cimiento heurístico.

Primera línea de registro. Para el lema o entrada de cada artículo se ha seleccionado, entre las voces documentadas por la lexicografía, aquella que guarda mayor cercanía con el étimo propuesto. A partir de ahí, se sirven la hipótesis etimológica y todas las marcas y descripciones del término o concepto respectivo. Para concluir con la identificación lexemática que procura la clave de acceso al diccionario **amaziq** expuesto en la segunda sección de esta obra.

Segunda línea de registro. Figuran en este epígrafe [§] los testimonios e informes recabados de las fuentes (orales o escritas), cuya relación se consigna en el capítulo de Referencias.

En síntesis, he aquí la matriz de estos asientos:

Lema. (**hipótesis etimológica,* morfología y 'traducción'.) Geografía (isla). Marcas gramaticales y contextuales (morfología actual, antigüedad, vigencia, etc.). Definición o descripción del concepto, con relación numerada de las acepciones reconocidas. *Variantes* y erratas. *Sinonimia,* y otros elementos que sea preciso *Confrontar.* || *Fonética.* || *Lexema* [C·C·C].

§ «Información de la fuente» [Referencia].

2. Estructura y contenido del léxico amaziq

Las hipótesis etimológicas aducidas en esta obra para atestiguar la filiación idiomática **amaziq** y el sentido de las voces isleñas encuentran en este epígrafe los paralelos lingüísticos obligados. A menudo, aparecen referenciados con otros elementos de su mismo campo semántico y, si fuera necesario, también de otras cadenas cohesivas con significados más o menos relacionados. Esto permite, además de fijar su acepción principal, adquirir a su vez una panorámica semasiológica más completa. Un despliegue lexicográfico, cosechado a través de la abigarrada dispersión diatópica de la lengua **amaziq**, que hubiera sido imposible sin el meritorio trabajo de tantos autores como han explorado y registrado las hablas y dialectos amazighes aún activos, investigadores con los que hemos contraído una inmensa deuda de gratitud.

La naturaleza y atributos de la **tamazight** no guardan mucha relación con la identidad y cualidades de las romances, motivo por el cual conviene atender las recomendaciones de lectura que se exponen de inmediato para reducir en lo posible las dificultades de uso y comprensión de una información por momentos algo densa.

Primera línea de registro. El lexema o raíz consonántica [signado *Lex.* en el Glosario], que adopta el aspecto «**C·C·C**», constituye el lema de cada artículo. Marca así mismo la entrada de atribuciones semánticas independientes. Esto ofrece la oportunidad de observar cómo algunos radicales aparecen en semantemas diferentes pero que, en algunos dialectos, comparten significados relativamente próximos. En todo caso, la repetición de raíces, diferenciadas por subíndices numerales [**C·C·C**$_{n^{o}}$], indica que sus formas derivadas pertenecen a familias de palabras diversas. Su clasificación adopta el orden alfabético latino con ciertas modificaciones, debidas a la inclusión de grafemas propios de la lengua **amaziq**, conforme al sistema de notación ya descrito en esta obra.

Segunda línea de registro. Debajo del lema, se hallan las acepciones principales de cada forma concreta derivada de la raíz en cuestión. De esta manera, las familias de palabras y su desplazamiento semántico quedan asentados con mayor claridad. Es preciso agregar que los verbos, aunque se expresan en aoristo, son traducidos por el infinitivo. En realidad, este sentido encaja mejor para los nombres verbales (= 'el hecho de + infinitivo'). Sin embargo, esta licencia, que siguen todos los diccionarios modernos, toma ese imperativo simple (o aoristo) por ser la forma verbal más sencilla (desprovista de cualquier morfema), la cual adopta el valor que le confiere el contexto.

Tercera línea de registro. Junto a la adscripción dialectal pertinente, se extienden todas las variantes diatópicas conocidas para cada acepción del lexema. Con el objeto de evitar incómodas repeticiones, la principal definición gramatical del conjunto se anota al final, tras dos barras verticales (p. ej. || vb. ac.).

Dentro de cada asiento, en primer lugar se citan los verbos, siempre en aoristo (o imperativo simple) y junto a los aspectos y derivaciones que demande la comparación (p. ej. (WE, Y) *əhəl,* aor.; *năhăl,* r.; *sənnəhəl,* (Y) *sənnəl,* caus. r.). A continuación, figuran los nombres verbales y otras formas substantivas o adjetivas, con mención del número y, en su caso, de las variantes de género.

También, cuando el vocablo sufre alguna alteración en el prefijo de estado, el índice de anexión se coloca entre paréntesis al final de la voz correspondiente (p. ej. (Kb, Teg) *amghar (u),* pl. *imgharən,* m.; *tamghart (tə),* pl. *timgharin (tə),* f. || adj.).

Tenegiga
'una del vapor (caliente), humo'

Erupción del volcán Teneguía (La Palma) en 1971.

SISTEMA DE NOTACIÓN

Las hablas y dialectos **amazighes** gozan de una diversidad fonética de enorme riqueza. En esta sección se anota la descripción de los fonemas primarios de la lengua, conforme a los parámetros convencionales dentro de un tratamiento fonológico global, junto a ciertas cualidades un tanto singulares.

1. Símbolos diacríticos

c̥ consonante sorda

c̬ consonante sonora

c̃ / ṽ consonante / vocal nasalizadas

c̣ consonante faringalizada

cˤ consonante faringalizada

cˠ consonante velarizada

c̠ consonante espirada

cʰ consonante aspirada

cʲ consonante palatalizada

cʷ consonante labializada

t͡ʃ consonantes africadas o articulaciones dobles

c͜c consonante tensa

c.c consonante geminada

ă vocal breve

ā [vː] vocal larga

å vocal ensordecida

ø elemento vacío, cero fonético

[cv.cv] rotura o separación silábica [ta.'sɛ.kɛ.nit]

[cvˈcv] apóstrofo ('), tilde o acento principal en la transcripción fonética, que se coloca antes de la sílaba donde recae el acento ortográfico o prosódico [ta.ˈsɛ.kɛ.nit].

[c/v‿v/c] ligadura (ausencia de división)

2. Alfabeto

A a	B b	Č č ch	D d	Ḍ ḍ	E e	F f	G g	Ğ ğ
Gh gh ɣ	H h	Ḥ ḥ	I i	J j ž	K k	L l	M m	N n
Ñ ñ	Q q	R r	Ṛ ṛ	S s	Ṣ ṣ	Š š sh	T t	Ṭ ṭ
Ţ ţ	U u	W w	X kh ḫ	Y y	Z z	Ẓ ẓ	Z̧ z̧	Ɛ ɛ

3. Vocales

A a	[a]	central no-redondeada abierta (*akusa* 'pastizal')
I i	[i]	anterior no-redondeada cerrada (*ilf* 'cerdo')
U u	[u]	posterior redondeada cerrada (*ukasəm* 'natrón')
Ǝ Ə ə	[ə]	central no-redondeada cerrada (*ənnəg* 'alba')
E e	[e]	anterior no-redondeada semiabierta (*eres* 'poceta')
Ä ä	[ɛ]	anterior no-redondeada abierta (*agäḍe* 'cuenca')
O o	[o]	posterior redondeada semicerrada (*ofaro* 'grano')

VOCALES

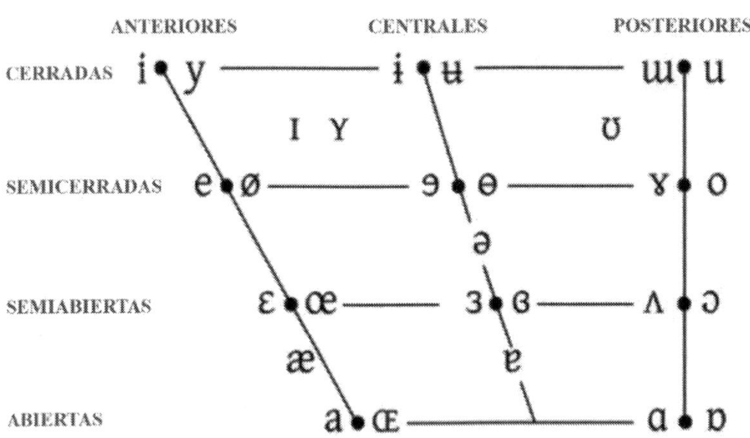

Cuando los símbolos aparecen en parejas, el de la derecha representa una vocal redondeada.

AFI (1989)

4. Consonantes

B b	[b]	bilabial oclusiva sonora (*abuḍ* ‘fondo’)
Č č (ch)	[t͡ʃ]	postalveolar africada sorda (*časna* ‘grada’)
D d	[d]	ápico-dental oclusiva sonora (*dalut* ‘negrura’)
Ḏ ḏ	[ð]	ápico-dental espirada sonora (*iriḏăn* ‘trigos’)
Ḍ ḍ	[dˤ]	ápico-dental oclusiva faringalizada sonora (*aḍăr* ‘pie’)
F f	[f]	labiodental fricativa sorda (*farəs* ‘yema’)
G g	[g]	velar oclusiva sonora (*gafa* ‘madero’)
Ğ ğ	[d͡ʒ]	postalveolar africada sonora (*nahağğa* ‘hombre digno’)
Ġ ġ	[gʲ]	velar oclusiva palatalizada sonora (alófono)
Γ γ (gh)	[ʁ]	uvular fricativa sonora (*taghezt* ‘palmera enana’)
H h	[ɦ]	laringal fricativa sonora (*tahattan* ‘ovejas’)
Ḥ ḥ	[ħ]	faringal fricativa sorda (*ḥaru* ‘conveniente’)
J j	[ʒ]	postalveolar fricativa sonora (*jak* ‘campamento’)
J̣	[ʒˤ]	postalveolar fricativa faringalizada sonora
K k	[k]	velar oclusiva sorda (*kebegh* ‘cabellera’)
L l	[l]	alveolar lateral sonora (*galaz* ‘abundante’)
M m	[m]	bilabial nasal sonora (*gama* ‘basta’)
N n	[n]	alveolar nasal sonora (*nuz* ‘sumisión’)
N̊ n̊	[ŋ]	velar nasal sonora (*tan̊gan̊n̊a* ‘temblor’)
Ñ ñ	[ɲ]	palatal nasal sonora (predorsal) (*aña* ‘hermano’)
P p	[p]	bilabial oclusiva sorda (*pašila* ‘base’)
Q q	[q]	uvular oclusiva sorda (*agheq* ‘resplandor’)
R r	[r]	alveolar vibrante sonora (*rem* ‘tarea’)
Ṛ ṛ	[rˤ]	alveolar vibrante faringalizada sonora (*tassaṛt* ‘honor’)
S s	[s]	alveolar fricativa sorda (*saras* ‘araña’)
Ṣ ṣ	[sˤ]	alveolar fricativa faringalizada sorda (*waṣaṣ* ‘mosca’)
Š š (sh)	[ʃ]	postalveolar fricativa sorda (*šaghin* ‘nube’)
T t	[t]	ápico-dental oclusiva sorda (*tabiṭ* ‘jarro’)

Ṯ ṯ [θ] ápico-dental espirada sorda (*ṯelloy* ‘ascensión’)

Ṭ ṭ [tˤ] dental oclusiva faringalizada sorda (*tanaṭ* ‘decisión’)

Ţ ţ [t͡s] alveolar africada sorda (cabilio: *tideţ* ‘verdad’)

W w [w] velar semiconsonante sonora (*wašša* ‘comida’)

X x [χ] uvular fricativa sorda (*xərg* ‘suciedad’)

Y y [j] palatal semiconsonante sonora (*tayya* ‘concesión’)

Z z [z] alveolar fricativa sonora (*zuwagh* ‘rojo’)

Ẓ ẓ [zˤ] alveolar fricativa faringalizada sonora (*iẓẓu* ‘plantar’)

Z̧ z̧ [d͡z] alveolar africada sonora (muy rara)

Ɛ ɛ [ʕ] faringal fricativa sonora (*aɛoqqa* ‘grano’)

SISTEMA CONSONÁNTICO DE LA TAMAZIQ

	Bilabial	Labio-dental	Dental	Alveolar	Post-alveolar	Palatal	Velar	Uvular	Faringal	Laringal
Oclusiva	p b		t d tˤ dˤ				k g	q		
Fricativa	ɸ ß	f	θ ð	s z sˤ zˤ	ʃ ʒ		χ	ʁ	ħ ʕ	ɦ
Africada				ʦ ʣ		ʧ ʤ				
Nasal	m			n		ɲ	ŋ			
Lateral				l						
Vibrante				r rˤ						
Semi-consonante						j jˤ	w			

Diccionario insuloamaziq

Fuentes: Ouakrim (1995: 28); AFI (1989).

Cf. Basset (1946, 1952), Galand (1953, 1960), Prasse (1972).

Nota.

La disposición de los signos en cada casilla corresponde al modelo: sorda / sonora.

SÍMBOLOS Y ABREVIATURAS

1. SÍMBOLOS

§	testimonio documental u oral
**ccc*	forma primaria (hipótesis etimológica)
<	proviene de, según, tomado de
>	deviene, evolucionado a
≈	casi igual, semejante o emparentado a
+	seguido de
=	igualdad; traducción (explicación)
→	se realiza como
<ccc>	grafía confusa o ilegible
<c>, <v>	grafema
<u>CC</u>	ligadura (grafía que contiene o representa dos o más caracteres)
«...»	citas textuales
[...]	elipsis (supresión o elisión de una palabra o fragmento de un texto, pero que no impide su comprensión)
'...'	significados
/.../	transcripciones fonológicas
[...]	transcripciones fonéticas
[C·C·C]	lexemas
v-CvC-v/c	uniones dependientes
x-	elemento inicial
-x-	elemento medial
-x	elemento final
?	pregunta; duda
/	separador; salto de párrafo
//	separador; salto de página
‖	separador de contenidos

afroas.	afroasiático (ant. camito-semítico)
AḤ	ayt Ḥadiddu (habla de la zona meridional del Marruecos central)
al.	alemán
am	habla rifeña de Amret
AM	ayt Myill (habla de la zona septentrional del Marruecos central)
AN	ayt Ndhir (habla de la zona septentrional del Marruecos central)
ár.	árabe
aram.	arameo
AŠ	ayt Seghruchen (habla de la zona septentrional del Marruecos central)
Awj	habla de Awdjila (Libia)
AƐ/Ay	habla de ayt Ayyache (en la zona septentrional del Marruecos central)
Bq	Iboqqoyen, habla de Bukoia (región occidental del Rif)
D	*tadghaq,* dialecto tuareg del Adghagh de los ifoghas, en Malí septentrional
eg.	egipcio
esp.	español
et.	etíope clásico
Fg	habla del conjunto de los siete oasis de Figuig, en el Sahara marroquí
Fog	habla de el-Fogaha, oasis del Fezzan (Libia)
fr.	francés
G	*tăməsgərəst* (dialecto de los Kəl-Gərəs, Níger meridional)
gall.	gallego
Gh	*tămâjəq* (habla de los oasis de Ghât y Gânət, forma de transición entre (H) y (D, WW, N) (Nehlil 1909: 4)

Ghad	ghadamsi *(taghdamsit),* habla de Ghadamés y de Awdjila (Awj) (Libia)
gr.	griego
H	dialecto del Hoggar (Ahăggar), del Ajjər y de los taytoq *(tăhăggart)*
ha	hausa, lengua camita (en su variedad chadiana) muy difundida desde Níger hasta Sudán, donde es el medio de comunicación más empleado
hb.	hebreo
indo.	indoeuropeo
ing.	inglés
it.	italiano
Izd	ayt Izdeg (habla de la zona meridional del Marruecos central)
Izn	iznasen (habla rifeña)
Izy	iziyan (habla de la zona septentrional del Mc)
Kb	cabilio (*taqbaylit* o *tazwawit*)
Kl	ikelayen, habla de Guelaia (Rif oriental)
lat.	latín
maz.sp	amaziq septentrional
maz.tk	[*tamaziq n Tkanaren*] amaziq insular *(tasekenit),* conjunto de las antiguas hablas amazighes de Canarias (Can.). *Islas* Fv: Fuerteventura; Go: La Gomera; GC: Gran Canaria; Gr: La Graciosa; Hi: El Hierro; LP: La Palma; Lz: Lanzarote y Tf: Tenerife
Mb	mozabita (*tumẓabt,* dialecto de la región argelina del Mzab)
Mc	*tamazight* de Marruecos central
N	*tanəsləmt* (dialecto de los Iğellad, en Timbuctú)
Nef	nefusí *(tanfusit),* habla del Adrar Nefusa (en Tripolitania, NW de Libia)
Ntf	habla susí de los intift (o Ntifa, en árabe), en la región de Demnat, al sudeste de Marraquesh (Alto Atlas)

port.	portugués
R	rifeño *(tarifiyt),* dialecto del N y NE marroquí
sánscr.	sánscrito
sem.	semítico
Senh	*tasenhajit* (habla de Senhaja de Sraïr, Rif central, Marruecos)
Snd	*tasendit,* en Sened (Túnez)
Sns	*tasnusit,* habla zenata de los montes de Tremecén (Argelia)
Sok	sokna *(sawknah),* habla de Tripolitania (Libia)
som.	somalí
Sw	dialecto del oasis de Siwa (Egipto), límite oriental de la lengua amaziq
Šaw	chawi (ár. *tašawit*), habla de la región del Aurés, al sur y al este de la Gran Cabilia (Argelia)
Šn	*tašnawit,* habla del macizo de Chenua (Argelia)
Taš	*tashelḥiyt* (chelja) o susí *(tasusit),* dialecto del Sus, Alto Atlas y Anti Atlas (sur y sudeste marroquí)
Teg	*teggargrent* (habla de Wargla, Argelia)
U	*tudalt (tămâjəq)* de Udalăn, Burkina Faso
W	habla rifeña de Wariaghel
WE	dialecto de los iwəlləmmədan del este *(tawəlləmmət tan Dənnəg),* en el Níger occidental y en la región de Mənəka (Malí)
WW	dialecto de los iwəlləmmədan del oeste *(tawəlləmmət tan Ataram),* en Malí
Y	*tayrt* (dialecto del macizo montañoso del Ayr y de los Kəl-Gərəs, en el Níger central)
Zem	zemmur (habla de la zona septentrional del Marruecos central)
Zen	zenaga *(taẓnagit),* dialecto del sur mauritano
Zer	hablas rifeñas del Zerhun

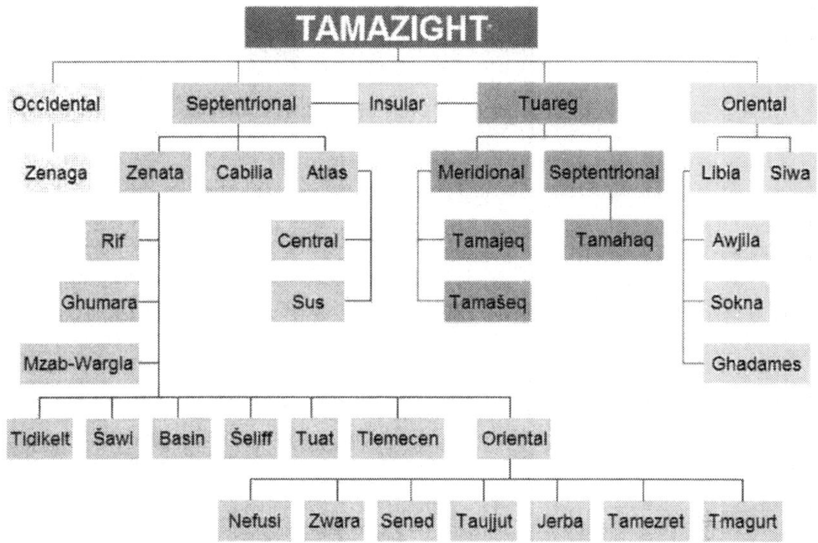

ESQUEMA DIALECTAL DE LA LENGUA AMAZIQ

Diccionario insuloamaziq

3. Gramática

a. anterior a (fecha)

abstr. abstracto

ac. activo

acep. acepción

adj. adjetivo

adj. vb. adjetivo verbal

adv. adverbio; adverbial

adv. l. adverbio de lugar

af. afijo

Agr. Agricultura

amb. (nombre) ambiguo

a.n.E. antes de la era actual

Anat.	Anatomía
ant.	antiguo (anterior al siglo XVII, excluido)
Antr.	Antroponimia, antropónimo (nombre propio de persona)
aor.	aoristo
aum.	aumentativo
aux.	auxiliar
Bot.	Botánica
C c	consonantes
ca.	*circa* ('alrededor de, entorno a') (fecha)
Can.	Islas Canarias
caus.	causativo
Cf.	confrontar, comparar, cotejar, examinar
col.	colectivo
coloq.	coloquial
com.	(género) común
com. pers.	comunicación personal
comp.	compuesto
concr.	concreto
conj. det.	conjunto determinativo
Cron.	Cronología
d.	después de, posterior a (fecha)
def.	definido
deíc.	deíctico
dem.	demostrativo
desp.	despectivo
desus.	desusado
det.	determinante, determinativo
dial.	dialecto, dialectal
dim.	diminutivo
disyun.	disyuntivo

Econ.	Economía
Edaf.	Edafología
ej.	ejemplo
Err.	errata(s)
Etno.	Etnología
eufem.	eufemismo
excl.	exclamación
expr.	expresivo
f.	femenino
f.	folio
fig.	figurado
Fís.	Física
fol.	folio
Fon.	Fonética
gent.	gentilicio
Geog.	Geografía
Geom.	Geometría
Gram.	Gramática
Hidr.	Hidronimia, hidrónimo (nombre propio de cualquier punto de agua)
Hist.	Historia
i.e.	*id est* (lit. 'esto es', 'es decir, 'por ejemplo')
Ictiol.	Ictiología, ictiónimo(s)
imp.	imperativo
imperf.	imperfecto, imperfectivo
impers.	impersonal
indef.	indefinido
intens.	intensivo
interj.	interjección
interr.	interrogativo

intr.	(verbo) intransitivo
invar.	invariable
Jur.	Jurisprudencia
lat.	latitud
leg.	legajo(s)
leng.	lengua, lenguaje
Lex.	Léxico amaziq; lexemas
Ling.	Lingüística
lib.	(sentido) libre; (estado) libre
lib.	libro
lit.	literal, literalmente
loc.	locativo
loc.	locución
long.	longitud
m	metro(s)
m.	masculino
mág.	(registro de origen) mágico (sobrenatural)
Mat.	Matemáticas
Med.	Medicina
Meteor.	Meteorología
Mil.	Milicia, militar
Míst.	Mística
Mit.	Mitología
ms.	manuscrito
Mús.	Música
N	Norte
n. ac.	nombre de acción
n. ag.	nombre de agente
N. B.	*Nota Bene* ('nótese u obsérvese bien')
n. est.	nombre de estado

n. instr.	nombre de instrumento
n. n. card.	nombre de número cardinal
n. prim.	nombre primario
n. u.	nombre de unidad
n. vb.	nombre verbal
Neol.	Neología, neologismo(s)
Neso.	Nesonimia, nesónimo (nombre de isla)
nom.	nominal
núm.	número
O	Oeste
Or.	Oronimia, orónimo(s) (nombre de eminencias montañosas, picos, roques, etc.)
p.	participio
p. ac.	participio activo
p. ej.	por ejemplo
p. ext.	por extensión
p. p.	participio pasivo
p. us.	poco usado
part. pert.	partícula de pertenencia
pas.	pasivo
perf.	perfecto, perfectivo
pers.	persona, personal
Poét.	Poética
Pol.	Política
pos.	posesivo
pref.	prefijo
prep.	preposición
pret.	pretérito
prim.	primario, primitivo
prnl.	pronominal

pron.	pronombre
pron. ap.	pronombre de apoyo
prop.	proposición
prox.	proximidad
Psicol.	Psicología
r.	(folio) recto
r.	reflexivo
rec.	recíproco
rég. dir.	régimen directo
rég. indir.	régimen indirecto
Rel.	Religión
s.	substantivo
s.a.	*sine anno* ('sin año' de publicación)
s.f.	(documento o publicación) sin fecha
s.v.	*sub voce* ('bajo la voz o palabra'), bajo el lema
sec.	sección
sgvo.	singulativo
sig.	siguiente
Sin.	Sinonimia, sinónimo(s)
sing.	singular
Soc.	Sociología, sociedad
ssp.	subespecie
suf.	sufijo
Top.	Toponimia, topónimo (nombre propio de lugar)
tr.	(verbo) transitivo
Ú. m.	Úsase más
Ú. t.	Úsase también
Ú. t. c.	Úsase también como
Usáb. c.	Usábase como
Usáb. m.	Usábase más

V.	ver, *vide*
v.	vocal
v.	(folio) vuelto
Var.	variante(s)
vb.	verbo
vb. ac.	verbo activo (transitivo)
vb. cual.	verbo cualitativo
vb. n.	verbo neutro (intransitivo)
vb. pas.	verbo pasivo
vb. r.	verbo reflexivo
vb. rec.	verbo recíproco
Zool.	Zoología, zoónimo(s)

4. Fondos

AHPLP	Archivo Histórico Provincial de Las Palmas
AHPSCT	Archivo Histórico Provincial de S/C de Tenerife
AMLL	Archivo Histórico Municipal de La Laguna
APNSR	Archivo Parroquial de Nuestra Señora de los Remedios, Los Llanos de Aridane (La Palma)
AS-RGS	Archivo de Simancas, Registro General del Sello
AHNO	Archivo Histórico de la Nobleza
AHT	Archivo Histórico de Teguise
BMT	Biblioteca Municipal de Santa Cruz de Tenerife
BNE	Biblioteca Nacional de España
BNF	Biblioteca Nacional de Francia
BUC	Biblioteca de la Universidad de Coimbra
BULL	Biblioteca de la Universidad de La Laguna
BULPGC	Biblioteca de la Universidad de Las Palmas de Gran Canaria
GEVIC	*Gran Enciclopedia Virtual de las Islas Canarias*

IEC	Instituto de Estudios Canarios (La Laguna)
MC	El Museo Canario (Las Palmas de Gran Canaria)
RSEAP	Real Sociedad Económica de Amigos del País

Šinyăr
'vapores de la fritura'

Erupción del volcán Chinyero (Tenerife). © Anselmo Benítez (1909).

A

ACHINECHE. (Del maz.tk **(w)azən(zən) (ə) > ašenšen > ašinəšen > ašineše > əšini,* n. vb. m. sing. lit. 'el que tiene resonancia, zumbido, retumbo'.) Tf. ant. desus. *Neso.* Nombre dado a la isla de **Tenerife** por su antigua población **amaziq.** *Var.* Achinech, Chineche, Chinechi, Guachen, Guaneche. *Err.* Chinec, Chinet, Chinetche. || *Fon.* *z /z/ > j /ʒ/ > š /ʃ/ > h /ɦ/, por palatalización /ʒ/ y ensordecimiento /ʃ/. || *Lex.* [Z·N].

§ «[…] La gran Canaría siempre llamada assí, í La de Thenerife primero Guaneche, ipor su ultimo Rey q*u*[e] era elque hauiaquando quedo sujetaa Spaña llamado elgran Thenerf, í porlos nauegantes íroteros isla de Infíerno porun Volcan q*u*[e] tíene perpetuo enel alto monte de Taráire, òy, Teíde» [Gómez Escudero (*ca.* 1484) 1934: 45r].

§ «Asy juntos en p*r*esencia de my anton sanches esc*ribano* del cabildo dixo J*ua*[n] de badajos Jurado q*ue* req*ue*[ria] al señor tenyente q*ue* estava p*r*esente q*ue* dos onbres q*ue* estan en esta ysla guachen que se dizen el vno J*ua*[n] al*onso* y el otro al*onso* y asy mesmo otros tres […]» [ACT, ms. A, lib. 0, fol. 15r, 9-IX-1499].

§ «Los natur*al*[es] dela mesma Ysla de Tenerífe, en su proprío lenguage y comun hablar, la llaman, y nombran el dia deoy Achineche» [Abreu (*ca.* 1590: III, 10) d. 1676: 87r].

§ «Chíneche» [Abreu (*ca.* 1590: III, 13) d. 1676: 90r].

§ «Da gli Isolani (innanzi d'ella fosse conquistata) fu detta Chinechi, et da i Palmesi Tenerife che tanto significa in lingua loro come monte di neue» [Torriani (1590, XLIX: 68r-68v) 1940: 160].

§ «Los naturales desta Isla que llamamos Guanches en su lenguaje antiguo la llamarõ Achinech» [Espinosa 1594, I, 1: 9v].

§ «Los naturales de eſta dicha Isla de Thenerife, ſe llamauan Guanchinet, que los Eſpañoles corrompieron el nombre en Guancho, que queria dezir, natural de Thenerife, porque en ſu lengua Guan, quiere dezir perſona, y Chinet, lo mesmo, que Thenerife, aſsi juntas las dos dicciones, dize hombre de Tenerife» [Núñez de la Peña (1676) 1994: 34].

§ «[Tenerifean Dialect.] Achineche The name of the island» [Glas 1764: 179].

§ «Chinetche» [Berthelot 1842, I: 232].

§ V. *Etno.* **bincheni; guanche.**

Es posible que la versión Ašineš constituya una variante abreviada de *azenzen,* como efectivamente ocurre con Wašen, pero más parece una transcripción viciada por la pérdida de la nasal final, que mutila así la reduplicación original. En cualquier caso, nada en el entorno prosódico documentado garantiza una realización dental del fonema postalveolar (š ≠ t).

AMACHE. (Del maz.tk **amaššăy* > *awamašše,* s. m. sing. fig. 'tosca blanca'.) Tf. *Top.* Barranco, hoya y charco en el municipio de **Güímar.** *Cf. Top.* **Aguamache.** || *Fon.* *-ăy > -e, por contracción. || *Lex.* [M·Š·(Y)].

§ «**Barranco de Amache** / C05 – Texto de cauce lineal pequeño / Tenerife – GÜÍMAR // lat: 28º 16' 03,16" N [y] lon: 16º 24' 07,00" O» [SIT 2010].

§ «**Hoya de Amache** / C05 – Texto de finca, cortijo, caserío, corral / Tenerife – GÜÍMAR // lat: 28º 16' 06,22" N [y] lon: 16º 24' 01,09" O» [SIT 2010].

§ «**Charco de Amache** / C05 – Texto de charca / Tenerife – GÜÍMAR // lat: 28º 16' 00,60" N [y] lon: 16º 24' 03,14" O» [SIT 2010].

ARCHACO. (Del maz.tk **ăršăk,* n. vb. m. aum. sing. lit. 'gran estornudo', y adición del morfema hispano de género.) Tf. *Or.* Nombre nativo de la Montaña Grande (277 m), en la costa del municipio de **Güímar,** uno de los volcanes más antiguos e importantes del SE de la Isla. *Var.* Achaco. || *Lex.* [R·Š·K].

§ «*Archaco,* Hoy "Montaña Grande", en la costa de Güímar (D)» [Bethencourt Alfonso (1880) 1991: 404].

§ «ACHACO / El volcán mayor (hoy Montaña Grande) en la costa de Güímar, Ten[erife] / Variante: Archaco / O[tras] F[uentes] C[onsultadas]: Alchaco, barranco en Ten[enerife]. (*Ubicación No Identificada*)» [Pérez Pérez 2007: 81].

§ «**Montaña Grande** / Pico, montaña o puerto secundario. Texto / GÜÍMAR TENERIFE // lat: 28º 18' 52" N [y] lon: 16º 22' 39" O» [SIT 2012].

B

BAYUYO. (Del maz.tk **bajiwəgjiwəg* > *bajugjug* > *bajûjo,* n. vb. concr. m. sing. lit. 'flotación', fig. 'espíritu, aparición, fantasma'.) m. Tf. p. us. *Rel.* Espíritu en forma de nube que se presenta en ciertas épocas del año y trae mensajes de los antepasados a los vivos. **2.** Fv. *Or.* Montaña (269 m) que se levanta en el extremo septentrional de la Isla, en línea con la Caldera Encantada. Da nombre a un conjunto de calderas y morros (Montaña Colorada, Las Calderas, Morros del Perro) de gran interés geológico y ecológico. Junto a las montañas de La Mancha (151 m) y San Rafael (117 m), configura una alineación volcánica que generó el **Malpaís** del Bayuyo y la Isla de Lobos hace unos 137 mil años, según dataciones recientes. Así mismo, la tradición popular registra en la zona la observación de espíritus coincidiendo con la apertura de la puerta solsticial del verano en el mes de junio. || *Fon.* *jiwg > juw > ju/jo [ʒu:/ʒo], por contracción (con abreviación vocálica en sílaba libre). || *Lex.* [B·J·W·G].

§ Tf. «Los bayuyos son espíritus en forma de nubecillas que se aparecían en ciertas épocas del año y traían a los vivos mensajes de los antepasados» [Fernando Hernández González, com. pers. 5-VII-2008].

§ Fv. «*Bayuyo* Región en la costa de La Oliva» [Bethencourt Alfonso (1880) 1991: 358].

§ «BAYUYO – Nombre de una caldera» [Castañeyra (*ca.* 1887) 1991: 83].

§ «**Bayuyo** / C05 – Texto de pico, montaña o puerto secundario. Fuerteventura – LA OLIVA // lat: 28° 42' 55,72" N [y] lon: 13° 53' 33,08" O» [SIT 2010].

§ «**Morros de Bayuyo** / C05 – Texto de pico, montaña o puerto secundario. Fuerteventura – LA OLIVA // lat: 28° 42' 13,24" N [y] lon: 13° 53' 13,93" O» [SIT 2010].

La estrecha vinculación social y económica que recorre las islas de Fuerteventura y Tenerife ya en época colonial debe de estar en la base de las diversas concomitancias materiales y léxicas que se aprecian entre ambas.

BENTEJÍS. (Del maz.tk **wen-əṭighəs,* m. sing. lit. 'lugar de la explosión'.) Hi. *Or.* Eminencia volcánica (1.139 m) en el municipio de Valverde, que da nombre a otros accidentes secundarios. El Pico (o Alto) de Bentejís recibe también la denominación Pico de **Ajonse.** *Var.* Bentejice, Bentegís, Bentegise, Bentegisa, Bentejisa, Bentejiza, Ventejís. || *Lex.* [N_2 + Ḍ·Gh·S].

§ «[**7.12.**] Títu*lo* de Andres Machin. / El mismo Podatario dío al referído ocho han*egadas* de tierras ſerca de Tifidabe donde ay noticia ſe ſembraba a m*uchos* años. Mas le dío, y ſeñalo otra Porçion en Bentejíza donde ay memoría de lauor, Consta este titulo al folío veínte y ſeís» [García del Castillo 1705: 128 (2003: 169 y 371)].

§ «[**26. Ordenanza de las rayas**] // **26.4 Cuarta raya**/ Alto de Atada, Salto de Fedinto a los Roquillos de Bentejisa por la Carretera de Teguefe a dar a Tejuda por Los Charcos a dar a Casa de Juan Gil, a dar a Itámote al camino real, a dar a las viñas, el barranco arriba, a dar al Lomo Pelado a la Cancela de las Montañetas» [García del Castillo (1705) 2003: 219].

§ «En seis a siete parajes diversos se encuentran iguales vestigios [de molinos]; y entre estos eran famosas las moliendas que había en el bello llano, que conserva el nombre de Pastel a la izquierda de los Charcos de Tifirave, por la abundancia y el cuidado con el que se cultivaba allí esta planta; y la [molienda] que había en Bentejice, más arriba del sitio en donde estuvo el árbol santo [**Garoé**], cuyas piedras eran de mucho mayor diámetro, y muchas han empleado en cimentar la parroquia y otros usos» [Urtusáustegui (1779) 2004: 32].

§ «*Bentejís* Pico en Valverde» [Bethencourt Alfonso (1880) 1991: 375].

§ «**Bentegís,** también escrito a veces Bentejís, Bentejise y Bentegisa o Bentejisa» [Álvarez Delgado 1946: 288].

§ «Barranco de Bentejís V[alverde] [mapa] 8 Cauce de agua» [Trapero *et al.* 1997: 118].

§ «Fuente Bentejís V[alverde] [mapa] 8 Naciente de agua» [Trapero *et al.* 1997: 143].

§ «Hoyo Bentejís V[alverde] [mapa] 8 Depresión del terreno» [Trapero *et al.* 1997: 152].

§ «Pico Ajonse / Pico Bentejís / Alto de Bentejís V[alverde] [mapa] 8 Punto elevado» [Trapero *et al.* 1997: 179].

§ «Roque Ferinto / Salto Ferindo / Salto de Bentejís V[alverde] [mapa] 7 Punto elevado» [Trapero *et al.* 1997: 193].

§ «**Bentejís.** La segunda mayor altura de El Hierro es el Pico Ajonse, al que también se le llama *Pico Bentejís* o *Alto de Bentejís,* por este orden de frecuencia, en la zona de Los Lomos (m[apa]. 8, mun[icipio]. Valverde), con otros topónimos secundarios (un barranco, una fuente, un hoy y un salto) que también llevan el nombre de *Bentejís*» [Trapero 1999: 203].

§ «**El Pico de Bentejís** / GRF MT Toponimia Pico, montaña o puerto principal – Pico, montaña o puerto principal. Text / VALVERDE – EL HIERRO // x: 210.669,48 – y: 3.077.900,50» [SIT 2020].

——— BEN. (Del maz.tk **ăni (wă),* adv. de lugar.) adv. Tf. desus. *Gram.* El lugar donde, ahí donde. || *Fon.* *w > /ß/ > b, por consonantización [w > ß] y posterior neutralización [ß – b]. || *Lex.* [N_2].

——— TEJÍS. (Del maz.tk **aṭighəs (ə),* n. vb. m. sing.) m. Hi. desus. Explosión, estallido. || *Lex.* [Ḍ·Gh·S].

BENXO. (Del maz.tk **wen-əghwu* (o *we-n-əghwu*) > *bengho,* m. sing. lit. 'el (lugar) del estruendo'.) Tf. *Or.* Antigua designación de Pico Viejo (3.129 m), volcán situado junto al **Teide,** que reventó en 1798. *Var.* Benja, Benjé, Benji, Benxa, Venge. *Err.* Benké. *Cf.* **Chahorra.** *N. B.* No confundir con el fitónimo **chajora,** a veces vertido también **chahorra.** || *Lex.* [N_2 + Gh·W_1].

§ «TÉNÉRIFFE. [...] BENJÉ, Benké. *montagne*» [Berthelot 1842, I: 195].

§ «BENJI: montaña ó mas bien crateres volcánicos de la prov[incia] de Canarias, en la isla de Tenerife, part[ido] jud[icial] de Orotava, jurisd[icción] de Guia: SIT. en la banda y á la parte meridional del pico de Teide. Tambien se les da el nombre de Pico Viejo, de Montaña Colorada y Chajorra, pero por el que se conoce mas comunmente es, por el de *Montaña Chaorra*» [Madoz (1845-1850) 1846, IV: 228].

§ «**Benja,** cierta abertura del Teyde, la cual mira hacia el Valle de Santiago» [Álvarez Rixo (*ca.* 1860) 1991: 63].

§ «*Benja* Esta montaña en los antiguos documentos aparece escribe [sic] *Benxa* o *Benxo.* Después que a las 9 de la noche del 9 de Junio de 1797 reventó el denominado *Pico de Benxo,* se le llamó el «Pico Viejo». Se halla situado en las Cañadas, en la cumbre. / Una región del Valle de Santiago llevó este mismo nombre (D.)» [Bethencourt Alfonso (1880) 1991: 410].

§ «*Chahorra* Se encuentra en las Cañadas, cumbre, y reventó en 1798. Es el pico *Benxo*» [Bethencourt Alfonso (1880) 1991: 415].

§ «Una montaña negra que se percibe á gran distancia es la de *Chajorra, Venge ó Negra;* hizo explosión en 1798 principiando el 9 de Junio y formó un risco de

3013 metros de altura, estando situado al Oeste; el formidable volcán brotó del llamado P*ico viejo,* y fué tal su corriente, que inundó y destrozó al entonces brillante pueblo de *Garachico*» [Arribas 1900: 115].

——— **BEN.** (Del maz.tk **ăni (wă),* adv. de lugar.) adv. Tf. desus. *Gram.* El lugar donde, ahí donde. || *Fon.* *w > /ß/ > b, por consonantización [w > ß] y posterior neutralización [ß – b]. || *Lex.* [N_2].

——— **XO.** (Del maz.tk **aghwu (ə),* n. vb. m. sing. lit. 'acción y efecto de retumbar, resonar'.) m. Tf. desus. Estruendo, retumbo. || *Lex.* [Gh·W_1].

BERGOYO. (Del maz.tk **bər-giggoy > bergigoy,* n. vb. m. sing. lit. 'gran levantamiento, producido por una fisura en el suelo'.) LP. *Or.* Pico, con una altura de 1.808 m, y barranco en El Paso. *Var.* Berigoyo, Bidigoya, Bidigoyo, Guirigoyo, Vergoyo, Virigoy, Virigoyo. Ú. m. Birigoyo. **2.** LP. *Top.* Lugar cercano a Los Llanos. || *Lex.* [B·R_1 + G·Y].

§ «PALMA. [...] BERGOYO, *ravin*» [Berthelot 1842, I: 197].

§ «Casa de labranza situada en t[érmino] j[urisdiccional] de Paso, p[artido] j[udicial] de Santa Cruz de la Palma, isla de la Palma» [Olive 1865: 1.214].

§ «*Bergoyo* Monte y barranco» [Bethencourt Alfonso (1880) 1991: 382].

§ «*Bidigoya* Pico de» [Bethencourt Alfonso (1880) 1991: 382].

§ «***virigoy,*** uno de los picos más elevados de la Isla, Palma, [Juan Bautista] lor[enzo] [Rodríguez] [1841-1908]» [Wölfel 1965: 814].

§ «***berigoyo,*** pico entre El Paso y Breña Baja, Palma, [Félix] Duarte [Pérez] [1895-1990]» [Wölfel 1965: 814].

§ «Por nuestra parte hemos registrado *Bergoyo* en documentos de 1634, donde aparece utilizado como topónimo -enclave cercano a Los Llanos- y como antropónimo -Pedro bergoyo, vecino de Los Llanos- [...]» [Díaz Alayón 1987: 77 < APNSR, *Libro de Matrimonios* 1, 1596-1680].

——— **BER.** (Del maz.tk **bər,* pref. invar.) Can. desus. *Gram.* Morfema expresivo que indica intensidad, reforzamiento o adición de un matiz peyorativo o negativo. *Var.* bar, bel, bir, br, fer, fir. || *Lex.* [B·R_1].

——— **GOYO.** (Del maz.tk **agigăy (ə) > giggoy,* s. m. sing.) m. LP. ant. desus. *Geog.* Falla, fractura en el suelo. *Var.* goy, goya. || *Lex.* [G·Y].

BILMA. (Del maz.tk **băləmma > bilma,* n. vb. m. sing. lit. '(lugar) hundido'.) Tf. *Top.* Caldera y montaña en el municipio de Santiago del **Teide.** *Var.* Vilma. || *Lex.* [B·L·M·(T)].

§ «Monte de Vilma» [Quesada a. 1770: 86v].

§ «TÉNÉRIFFE. [...] BILMA, Vilma. *id.* [*montagne*]» [Berthelot 1842, I: 195].

§ «TENERIFE [...] Territorio [...] Grupo del Oeste. Es probable que las cimas de *Xerjé* hicieron parte de las montañas centrales, pues separadas hoy de este sistema por la gran brecha de *Vilma*, se ostentan como las mas elevadas del grupo del Oeste [...]» [Madoz (1845-1850) 1986: 695].

§ «*Bilma* Monte. Berthelot» [Bethencourt Alfonso (1880) 1991: 411].

§ «*Bilma,* taludes de» [Chil 1880, I: 370].

§ «**Caldera de Bilma** / GRF MT – Depresión pequeña. Texto / SANTIAGO DEL TEIDE TENERIFE // lat: 28° 17' 41,67" N [y] lon: 16° 47' 27,85" O» [SIT 2013].

§ «**Montaña Bilma** / GRF MT – Pico, montaña o puerto secundario. Texto / SANTIAGO DEL TEIDE TENERIFE // lat: 28° 17' 36,84" N [y] lon: 16° 47' 28,98" O» [SIT 2013].

§ «Llevaba tiempo preguntándome por el significado de Bilma, hermoso cono volcánico que domina el Valle de Santiago por el Este, más o menos. En una de las fuentes [Madoz], se habla de Cherfe (con otra grafía) [*Xerjé*], degollada que da paso al majestuoso valle de Masca. Bilma vendría a ser la última estribación de la cadena de conos volcánicos que caen suavemente desde Pico Viejo (o Montaña Chahorra) hacia Teno, y a los que Leoncio Afonso pretendió fijar como unidad geomorfológica y paisajística con el nombre de Cumbre de Abeque. (Por cierto, existe también un topónimo ¿emparentado? en el Sahel que es Abéché [capital de Waday, Chad oriental], cerca, relativamente, de las salinas de Bilma, centro del comercio caravanero de la sal en esa parte del continente)» [Anselmo Fariña Melián, S/C de Tenerife, profesor, 57 años, com. pers. 1-I-2014].

C

CHAHORRA. (Del maz.tk **taghurra > čaghorra,* n. vb. concr. f. pl. lit. 'sonidos (gritos) febriles, vehementes, impetuosos, ardientes'.) Tf. *Or.* Eminencia volcánica (3.129 m), la segunda más elevada de la Isla, recibe los nombres de Montaña Chahorra o Pico Viejo, aunque algunas fuentes también le han atribuido en el pasado la denominación **Benxo,** Benji o Venge. Su última erupción data de 1798. *Var.* Chaora, Chaorra, Chaórra, Chajora, Chajorra. *Err.* Cahorra. *Cf.* **chajora** (fitónimo); **Tajarote.** || *Fon.* *t- > č- /ʧ/ por palatalización. || *Lex.* [Gh·R$_1$ / Gh·R·(T)].

§ «TÉNÉRIFFE. [...] CHAORA, Chajora. Calahora. *id.* [*montagne*]» [Berthelot 1842, I: 195].

§ «BENJI: montaña ó mas bien crateres volcánicos de la prov[incia] de Canarias, en la isla de Tenerife, part[ido] jud[icial] de Orotava, jurisd[icción] de Guia: SIT. en la banda y á la parte meridional del pico de Teide. Tambien se les da el nombre de Pico Viejo, de Montaña Colorada y Chajorra, pero por el que se conoce mas comunmente es, por el de *Montaña Chaorra*» [Madoz (1845-1850) 1846, IV: 228].

§ «**Cahorra,** M[ontaña] al E. del Teyde en Tenerife» [Álvarez Rixo (*ca.* 1860) 1991: 64].

§ «El Teide se eleva como un inmenso cono y á su parte SO. tiene adosado el Monte Chaórra de 3.013 metros (b), tambien antiguo volcan y mas abajo el que hizo la ultima erupcion en el año de 1789» [Olive 1865: 1.119].

§ «*Chahorra* Se encuentra en las Cañadas, cumbre, y reventó en 1798. Es el pico *Benxo*» [Bethencourt Alfonso (1880) 1991: 415].

§ «Una montaña negra que se percibe á gran distancia es la de *Chajorra, Venge ó Negra;* hizo explosión en 1798 principiando el 9 de Junio y formó un risco de 3013 metros de altura, estando situado al Oeste; el formidable volcán brotó del llamado P*ico viejo,* y fué tal su corriente, que inundó y destrozó al entonces brillante pueblo de *Garachico*» [Arribas 1900: 115].

§ «Así, de entre los hallazgos casuales pueden señalarse, por ejemplo, el enterramiento individual de la *Cueva de Chajora,* situada muy cerca de las faldas del Pico Viejo o *Chahorra,* a unos 2.300 metros sobre el nivel del mar (en adelante // m.s.n.m.) (Lorenzo Perera, 1976: 223), del que se conserva un cráneo y una lasca de obsidiana que formó parte del ajuar funerario» [Chávez Álvarez *et al.* 2007: 26-27].

Aunque se haya optado por una lectura que enfatiza, como en **Benxo,** la expresa actividad volcánica de esta cumbre, resulta obvia la relación del campo semántico [Gh·R·(T)] 'gritar' o 'elevar el volumen de un sonido' con la [Gh·R_1] 'llamada o invocación' religiosa que algunos testimonios orales refieren para ese entorno.

CHAJAMANGA. (Del maz.tk **atgham-anga > čaghamanga,* m. sing. lit. 'parte inferior o baja del cono'.) Tf. *Top.* Roque y hoya en **Arafo.** *Cf.* **tajame.** || *Lex.* [T·Gh·M + N·G_2].

§ «*Chajamanga* Roque y hoya en Arafo» [Bethencourt Alfonso (1880) 1991: 415].

§ «CHAJAMANGA / Pico en Arafo, Tenerife» [Pérez Pérez 1981: 51].

§ «**Ladera de Chajamanga** / GRF MT – Área sin especificar. Texto / ARAFO TENERIFE // x: 356.830,21 – y: 3.136.786,14» [SIT 2015].

——— **CHAJAM.** (Del maz.tk **atgham,* s. m. sing.) m. Tf. desus. *Geom.* Cono, cosa en forma de cono. || || *Fon.* *t- > č- /ʧ/ por palatalización. || *Lex.* [T·Gh·M].

——— **ANGA.** (Del maz.tk **anga,* s. m. sing.) m. Tf. desus. *Geog.* Parte baja o pie de una pendiente. || *Lex.* [N·G_2].

CHESENE. (Del maz.tk **š-essəgnăy > šessəne,* n. instr. m. sing. lit. 'picacho, piedra cortante o punzante'.) Tf. *Top.* Pedregal en el municipio de Guía de **Isora.** *Cf.* **Enana, Esnene.** || *Lex.* [$Š_1$ + N·Y].

§ «He hablado con mi tío-abuelo [Manuel Álvarez Vargas (Guía de Isora)] y dice que eso se ha llamado Chesene de toda la vida. Antes de que hubiera huertas y demás, era todo volcán y malpaís hasta llegar a Tance. Pero no era el picón lo que predominaba, sino que había picachos, riscos picudos. Vamos, un malpaís muy duro y seco» [Aarón González Álvarez, com. pers. 31-I-2012].

§ «**Chesene** / Paraje. Texto. GUÍA DE ISORA TENERIFE // lat: 28º 11' 56" N [y] lon: 16º 47' 35" O» [SIT 2012].

§ «**Barranco Chesene** / Cauce lineal. Texto. GUÍA DE ISORA TENERIFE // lat: 28º 12' 02" N [y] lon: 16º 47' 57" O» [SIT 2012].

§ «**Lugar Finca Chesenes** / Callejero – Viales. GUÍA DE ISORA Tenerife // lat: 28º 12' 17" N [y] lon: 16º 47' 57" O» [SIT 2012].

§ *Cf.* «**Los Picachos** / Elevación s/ espec. Texto. GUÍA DE ISORA TENERIFE // lat: 28º 11' 46" N [y] lon: 16º 47' 55" O» [SIT 2012].

——— CHE. (Del maz.tk **š-*, pref. o aumento.) af. Tf. desus. *Gram.* Morfema expresivo que indica imperfección o valor peyorativo o intensivo. *Var.* chi. || *Lex.* [$\check{S}_1$].

——— ESENE. (Del maz.tk **essəgnăynăy > essən̊ne > esnene, esnini,* n. instr. m. sing.) m. Tf. desus. Picón, piedra cortante o punzante. *Cf.* **Enana; Esnene.** || *Fon.* *gn > nn > n, por asimilación regresiva y abreviación de geminada inicial. || *Lex.* [N·Y].

CHIMBESQUE. (Del maz.tk **ti-n-əbăsək,* conj. det. f. sing. lit. 'la de fusión, la del derretimiento'.) Tf. *Or.* Montaña, barranco y pozo en el municipio de San Miguel de **Abona,** junto a las montañas de Luceña y La Estrella. || *Lex.* [T·N + B·S·K].

§ «*Chimbesque* Montaña y región (en San Miguel). Aguilar» [Bethencourt Alfonso (1880) 1991: 419].

§ «*Chimbesque,* localidad» [Chil 1880, II: 58].

§ «BK. ***chimbaque ó chimbesque,*** localidad, Arona, Ten.» [Wölfel 1965: 809].

§ «**Montaña Chimbesque** / Pico, montaña o puerto secundario. Texto / SAN MIGUEL DE ABONA TENERIFE // lat: 28º 03' 57" N [y] lon: 16º 36' 45" O» [SIT 2012].

——— CHIM. (Del maz.tk **ta-n > čen,* loc. det. f. sing.) pron. Go, Tf. ant. desus. *Gram.* La de. *Var.* chan, **tan,** ten. En pl. **tin.** En m. **guan.** || *Fon.* *t- /t/ >č- /ʧ/, por palatalización. || *Lex.* [T·N].
N. B. Esta variante del pronombre con vocal anterior conoce a menudo una pronunciación más cerrada *(ta > te > ti),* lo cual puede producir cierta confusión con la forma plural del deíctico *(ti)* y con el pronombre de apoyo singulativo indefinido *(tyə > ti).*

——— BESQUE. (Del maz.tk **abăsak (ə),* n. vb. m. sing.) m. Tf. desus. Fusión, derretimiento, fundición. || *Lex.* [B·S·K].

CHINYERO. (Del maz.tk **šinyăr,* s. m. sing. lit. 'vapores de la fritura', y adición del morfema hispano de género.) Tf. *Or.* Volcán de 1.561 m de altura, situado junto al **Teide,** donde se produjo en 1909 la última erupción ocurrida en la Isla. || *Lex.* [Š·N·Y·R].

§ «Chinyero / C05 – Texto de pico, montaña o puerto secundario. Tenerife – SANTIAGO DEL TEIDE // lat: 28º 17' 41,59" N [y] lon: 16º 45' 30,20" O» [SIT 2010].

E

ENANA. (Del maz.tk **egnăynăy > ennănă > nana,* n. vb. m. sing. lit. 'puntoso, con muchas puntas como agujas'.) Hi. p. us. *Top.* **Malpaís** en Sabinosa, municipio de Frontera. *Var.* Nana. *Cf.* **Chesene, Esnene.** || *Fon.* *gn > nn > n, por asimilación regresiva y abreviación de geminada inicial. || *Lex.* [N·Y].

§ «***Nana / Enana.** A mitad de la vertiente de Sabinosa hay un lugar llamado *Malpaís de Nana* (o de *Enana,* como también oímos a un informante) (m. 23, mun. Frontera)» [Trapero 1999: 245].

ESCANFRAGA. (Del maz.tk **esəhəkan-əfrag-a > eskan-fraga,* m. col. lit. 'herbazal (del) cerco o cráter'.) Fv. *Or.* Montaña en el municipio septentrional de La Oliva, donde las buenas condiciones ambientales de su cono volcánico, el más elevado de la Isla (529 m), han favorecido ciertos usos agrícolas (cereales, barrilla, etc.). *Cf.* **escán.** || *Lex.* [Š·K_1 + F·R·G + A].

§ «*Escanfraga, Escanfragua* Montaña en La Oliva» [Bethencourt Alfonso (1880) 1991: 359].

§ «**Calle Escanfraga** / GRF Callejero – Viales / LA OLIVA Fuerteventura // x: 607.365,74 – y: 3.167.908,29» [SIT 2015].

——— **ESCAN.** (Del maz.tk **esəhəkan > esəkan,* s. m. pl. lit. 'hierbas', p. ext. 'lechos o tapices vegetales'.) m. Lz. *Bot.* Nombre de diversas especies de líquenes tintóreos que suelen formar praderas más o menos extensas sobre suelos volcánicos. *Var.* ajicán, alicán, escar, jaicán, jicán. En sing. **isco.** *Cf.* **cheque, choco. 2.** Lz. Nata fresca. *Sin.* **tabefe.** || *Fon.* *-h- > -ø-, elisión por tendencia (dialectal) reductiva en posición (débil) intervocálica (o intrarradical). Para evitar una eventual geminación o asimilación de -h- intrarradical, algunas hablas tuaregs (D, N) provocan una metátesis (s-h > h-s), que explicaría también las variedades isleñas con fonema posterior en posición inicial: **ahisəkan > ahihkan > ahikan,* s. m. pl. *-s- > -h- /ĥ/ > ø, por asimilación armónica y contracción (-hih- > -hi-). || *Lex.* [Š·K_1].

——— **FRAG.** (Del maz.tk **afarag (ə) > əfrag,* s. m. sing. lit. 'cercado'.) m. Tf. desus. fig. Cráter. || *Lex.* [F·R·G].

——— **A.** (Del maz.tk **-a,* suf. deíc. invar. de prox.) deíc. Can. ant. desus. *Gram.* Este / esta (de aquí). || *Lex.* [A].

Cabe una segunda interpretación: **eskan-əfrag,* m. sing. lit. 'indicación (de) separación (o límite)'. *Lex.* [S·K·N_2 + F·R·G].

Esnene. (Del maz.tk **essəgnăynăy > esnene > esnini,* n. instr. m. sing. lit. 'picón, piedra cortante o punzante'.) Go. *Top.* Pedregal en el municipio de Vallehermoso, entre La Dama y la Playa de Iguala (**Jiguala**). *Var.* Los Elnene, Los Enene, Los Enenes, Los Eslene, El Nene, Los Nenes, Los Ninis. *Cf.* **Chesene, Enana.** || *Fon.* *gn > nn > n, por asimilación regresiva y abreviación de geminada inicial. || *Lex.* [N·Y].

§ «**El Lomito de los Enene** / C05 – Texto de pico, montaña o puerto secundario. La Gomera – VALLEHERMOSO // lat: 28º 03' 40,68" N [y] lon: 17º 18' 30,44" O» [SIT 2010].

§ «**La Hoyita Eslene** / C05 – Texto de depresión pequeña. La Gomera – SAN SEBASTIÁN DE LA GOMERA // lat: 28º 05' 45,24" N [y] lon: 17º 11' 40,95" O» [SIT 2010].

§ «**La Punta Eslene** / C05 – Texto de roques, morros, puntones. La Gomera – SAN SEBASTIÁN DE LA GOMERA // lat: 28º 05' 44,22" N [y] lon: 17º 11' 46,28" O» [SIT 2010].

F

Fireva. (Del maz.tk **firăw > fireb > fileb,* s. m. sing. lit. 'gran recipiente'.) Hi. *Top.* Hoya o caldera situada a 1.350 m de altura en el municipio de Valverde. *Var.* Fileba, Fireba. En f. pl. **Tifirave.** || *Fon.* *r > l, por neutralización. *w > /ß/ > b, por consonantización [w > ß] y posterior neutralización [ß – b]. *N. B.* La vocalización final parece deberse solamente a la adición del morfema hispano de género *-a,* para concordar así con el concepto español *hoya* o *caldera* que completa la actual denominación del topónimo. || *Lex.* [F·R·W].

§ «Hállase en la cima del Time que rodea El Golfo, ya casi dejando la cumbre a la espalda, un profundo hoyò o caldera que llaman de Fireva, y fue abertura de un espantoso volcán, con unos listones o filas de viñátigos y brezos desde lo alto hasta el fondo» [Urtusáustegui (1779) 2004: 37].

§ «fireba.- Fuente del Brezal. (Val.)» [Armas Ayala 1944: 49].

§ «**Hoya de Fileba** / Depresión grande. Texto / VALVERDE El HIERRO // lat: 27º 44' 28" N [y] lon: 17º 59' 27" O» [SIT 2011].

G

Guanapay. (Del maz.tk **wanaffay,* n. vb. m. sing. 'supuración, vertido impetuoso'.) Lz. ant. *Or.* Volcán extinto en la comarca de **Teguise.** *Var.* Guanapai, Guanapaya, Guanapayo, Vuenapay. || *Lex.* [F·Y_2].

§ «Al leuante ha un monte detto Guanapai uicino quasi una millia, ch'in altro tempo fu volcano» [Torriani (1590, XII: 15r) 1940: 84].

§ «Di redificare la fortezza di Gvanapai accio che con essa et con quella della boca del porto, mentre si fa la nvova villa le genti si possono difendere. Cap. XVII» [Torriani (1590, XVII: 19v) 1940: 88].

Usado en Canarias como apodo y antropónimo masculino en las últimas décadas, imita así el uso continental: [n-F·Y] (WE) *anəffi,* n. vb. r. m. sing. lit. 'alienación, locura'.

GUARDILAMA. (Del maz.tk **egərid-ilam-a > ggardilama,* m. sing. lit. 'el pajar descubierto'.) Lz. *Or.* Montaña (603 m, la tercera más alta de la Isla), fuente y barranco en el municipio de **Yaiza.** || *Lex.* [G·R·D + L·M$_1$ + A].

§ «Lancerotte et Fortaventure. [...] Guardilama, *montagne.* L.» [Berthelot 1842, I: 198].

§ «GUARDILAMA (montaña de): crater en la isla de Lanzarote, prov[incia] de Canarias, part[ido] jud[icial] de Teguise: se calcula que tiene mas de mil años de formacion, y se halla á la altura de 2,000 pies: pertenece á la cadena S[ur] de la isla, y está unido a la Asomada: sus faldas cubiertas de arena volcánica producen vino, legumbres y cereales; y en el fondo de dicho crater, que en el pais se llama caldera, de 40 á 50 fan[egas] de maiz, en cuyo caso se considera terreno de primera calidad» [Madoz (1845-1850) 1986: 118].

§ «*Guardilama* Monte. Abreu Galindo» [Bethencourt Alfonso (1880) 1991: 386].

§ «**Montaña de Guardilama** / GRF MT – Elevación s/espec. Texto / YAIZA LANZAROTE // x: 626.045,15 – y: 3.204.498,48» [SIT 2015].

——— **GUARD.** (Del maz.tk **egərid > ggard,* s. m. sing.) m. Lz. desus. Pajar, granero. || *Fon.* *g > ggw > w(w), por labialización. || *Lex.* [G·R·D].

——— **ILAM.** (Del maz.tk **ilam,* n. vb. perf. m. sing.) m. Lz. desus. Abertura, acción y efecto de abrir, descubrir. || *Lex.* [L·M$_1$].

——— **A.** (Del maz.tk **-a,* suf. deíc. invar. de prox.) deíc. Can. ant. desus. *Gram.* Este / esta (de aquí). || *Lex.* [A].

I

ICOD. (Del maz.tk **iqqŭd,* pl. *iqqŭdăn,* n. vb. concr. m. sing. 'incendio, quemadura'.) Tf. ant. *Top.* Nombre de una fértil comarca del noroeste de la Isla, hoy convertida en municipio. *Var.* Ichode, Icode, Icoden, Iycó, Ycod, Ycode, Ycoden, Yquoden. *Err.* Yllode, Ymcod. || *Fon.* *ɣ (gh) > qq, por correspondencia regular. || *Lex.* [Gh·D_2].

§ «El rey de Benicod» [Acta del Bufadero (1464), AHPSCT, Escribano: Juan Antonio Sánchez de la Torre, Protocolo 1.106, fol. 54r].

§ «[...] que todos los que fazen pez en taoro q*ue* ſe entiende de la syerra aguas v*e*[r]tientes hazia taoro porel camino de las syerras q*ue* va a dar a teyd[a] e por la miſma lomada que va a ycode hasta la mar q*ue* ni*n*guno sea oſado de hazer pez [...]» [ACT, lib. I, fol. 22v, 18-VIII-1500].

§ «R*odrig*[o] el coxo y Ju*an* dana [...] doy a vos r*odrig*[o] el coxo quat[ro] cayzadas de t*i*erras de seq*ue*ro en ycoden junto con lo del cryado de Fernando decastro g*onzal*[o] [...] q*ue* sevos asyente vn cays y a v*uest*ro entenado ju*an* de ana veynte fanegas» [DOT (lib. II, cuaderno 14°, núm. 59, 18-IX-1501].

§ «Juan dana [...] vn[a]s cuebas q*ue*eſtan en ycode en vn barranco junto con el corral delzapatero y dós mas vna fuente de agua q*ue* nace eneldycho barranco y dós mas vn cays de tyerra de ſequero junto con eldycho barranco [...]» [DOT, lib. III, cuaderno 27°, núm. 7, 23-VII-1504].

§ «[...] dos cafizes de tierra q*ue* a por linderos de la vna parte el barra*n*co de teyda y de otra parte eſta v*n* drago y poreſta ma*n*do allescrívano del repartimie*nto* q*ue* vos las asie*n*te enel regiſtro fecha ve*n*te y seys de dicie*m*bre de Mdiiii años // y mas [...] q*ue* vos den vna cahis de se*m*bradura en los llanos de ycode cabe lo de pablos [...]» [DOT, lib. II, cuaderno 16°, núm. 51, 26-XII-1504].

§ «[...] a vos Jorge grymo*n* veçino de teneryfe ochenta fanegas de tyerra de sequero en los llanos de ycode lynde de taoro sobre los barrancos de tygayga [...]» [DOT, lib. II, cuaderno 19°, núm. 28, 22-X-1504].

§ «[...] doy a vos Jorge grimo*n* veci*n*[o] de tenerife ochenta fanegadas de t*i*erra de ſequero e*n* los llanos de ycode allende de taoro sobre los barra*n*cos de tegueyga a donde no fuere labrado [...] [22-X-1504]» [DpT, lib. I, 27-III-1506].

§ «[...] pedro de Lugo natural de grand canaria dos cahises de t*i*erra deſeq*ue*ro cerca de las t*i*erras q*ue* di a v*uest*ra muge[r] en ycode [...] / Y asy mesmo q*ue* vosdovnas cueuas q*ue* se llama*n* Veynguaraçerys, q*ue* esta*n* en*e*l barranco delos cauallos» [DOT, lib. II, cuaderno 14°, núm. 29, 5-VI-1505].

§ «[...] Otro pedaso de sequero en los llanos del d*ic*ho ycode vnnto conel pinal en lo llano cuatro cayses de sembradura q*ue* son uchan» [DOT, lib. II, cuaderno 18°, núm. 37, 14-IX-1510].

§ «[...] reynaron en Naga, y en Tegueste, y en Centejo, y en Ycoden, y en Daute, todos reconociendo domínío, y Superíor*ida*[d] al rey Ymobac de Taoro, herm*an*[o] mayor» [Abreu (*ca.* 1590, III, 11) d. 1676: 87v y 1787: 73r].

§ «*Icode,* Ort auf Tenerife, fol. 68r.» [Torriani (1590, XLIX: 68r) 1940: 284].

§ «Los naturales Guanches viejos dizẽ que tienẽ noticia de inmemorable tiẽpo, que vinieron a efta Isla fefenta perfonas, mas no faben de donde, y fe juntaron y hizieron fu habitacion junto a Icode que es vn lugar defta Isla [...]» [Espinosa 1594, I, 4: 15v].

§ «Hablo primero el viejo Rey de Anaga, / Tras el Romen, que gouernaua en Baute / Defpues Adxoña, Rey de Abona, y luego / Belicar el de Icode, y Guantacara / Señor de Teno, y Pelinor de Adexe, / y al cabo Acaymo Rey de Tacoronte» [Viana 1604, V: 100r].

§ «Nueue ceptros de Rey tuuo Niuaria / Y todos nueue en fu gouierno fueron / En terminos y fitios diferentes, / Del eftado de Naga fue Beneharo / Y de Guimar Añaterue el bueno / En Tacoronte el arrogante Acaymo / En Taoro Benchomo el potentifsimo / Bellicar en Ycode noble Reyno, / En Baute el grã Romen Rey poderofo / Delde Abona Adxoña Rey esforçado, / De Adexe Pelinor no menos fuerte, / De Teno Guantacara, brauo y fiero» [Viana 1604, I: 19v].

§ «S. Juan de la Rambla: fue desmembrado del Realexo de abaxo el qual por haberlo sido del de Ariva fue la causa de la Alternativa dicha; su primera desmembracion fue para Aiuda de la de abaxo sin fuente ba[u]tismal, y desde el año 1617 se principio a Bautisar en ella y llegando su districto a el citado barranco de Ruis; de aqui nacio dezir Rambla de Arriva y de abaxo; los pagos de las aguas e Ycod de Alen tomaron sus nombres [...]» [Quesada (a. 1770: 81r) 2007: 229].

§ «Icod o Icode, L[ugar] al N. en Tenerife» [Álvarez Rixo (*ca.* 1860) 1991: 73].

El término que recoge el Acta del Bufadero, *Benicod,* sugiere una variante más completa del topónimo a través de la prefijación del adverbio *wăni-,* 'el lugar donde'. El problema es que el documento no cita el nombre del jefe que representa a esta comarca, por lo que también podría verse en esta secuencia inicial la típica locución determinativa que, por perífrasis, aluda a este dignatario: *we-n-Iqqod,* 'el de Icod'.

Isora. (Del maz.tk **iẓura,* s. m. pl. lit. (a) 'escarpes, acantilados'; (b) 'piedras, guijarros', p. ext. 'malpaís, terreno volcánico cubierto de piedras sueltas'.) Tf. ant. *Top.* **Malpaís** en el suroeste de la Isla, donde hoy se asienta gran parte del municipio de Guía de Isora. *Var.* Híssora, Ysora, Yzora. *Sin.* **Isorana.** *Cf.* **Acero, Ezero, Ticera. 2.** Tf. *Top.* Barranco en **Tegueste. 3.** Hi. *Top.* Pueblo y paraje del municipio de Valverde, en la vertiente oriental de la Isla. || *Lex.* [Ẓ·R].

§ «[...] doy a vos Alonso d Espino v*ecin*º desta ysla un pedazo de t*ie*rra en q*ue* puede haber 60 fanegas de sequero en el Reino de Adex, linderos de la parte del malpaís de Yzora los avchones que están en el cantón del dicho malpaís, e de la otra parte el barranco de Tegina [...]» [DOT, lib. III, cuaderno 25º, núm. 10, 10-X-1553. Original: 27-X-1512].

§ «Nuestra Señora de Guía está en el mal país de Isora, entre Santiago y Adeje, que es imagen de mucha devoción y de quien se refieren milagros» [Espinosa (1594, II, 14) 1980: 80].

§ «25° Guía. Dista del antecedente [Valle de Santiago] como 3 leguas de mal país y ladera, y 13 de la ciudad de La Laguna. Es ayuda de parroquia del Valle de Santiago, con cura. La iglesia pequeña, dedicada a N. S. de Guía, da nombre moderno al territorio, que antes era conocido por Isora» [Viera (1772, XV, 89) 1982, II: 415].

§ «También confirma la elección que hacen los lugares de 10 alcaldes pedáneos en sus jurisdicciones respectivas, que son: 1° Barrio del Cabo. 2° San Andrés, con las aldegüelas de Tiñor, Albarrada, La Cuesta, La Ladera, Los Llanos, Isora, Las Rosas y Tajaste [...]» [Viera (1772, XII, 95) 1982, II: 95].

§ «**Híssora,** L[ugar] al S.O. de Tenerife. P. Espinosa, lib. 2, cap. 14. / Muchos le escriben *Ysora,* hoy por lo regular Guía. También hay otra aldea del mismo nombre en El Hierro» [Álvarez Rixo (*ca.* 1860) 1991: 73].

§ «**Barranco Isora** / Cauce lineal. Texto. TEGUESTE TENERIFE // lat: 28° 31' 32" N [y] lon: 16° 20' 12" O» [SIT 2012].

§ «**Mirador de Isora** / Área sin especificar. Texto. VALVERDE EL HIERRO // lat: 27° 44' 16" N [y] lon: 17° 57' 09" O» [SIT 2012].

§ «**Barranco de Isora** / Cauce lineal. Texto. VALVERDE EL HIERRO // lat: 27° 44' 54" N [y] lon: 17° 57' 31" O» [SIT 2012].

§ «**Isora** / Núcleo población. Texto. VALVERDE EL HIERRO // lat: 27° 45' 05" N [y] lon: 17° 56' 50" O» [SIT 2012].

ISORANA. (Del maz.tk **iẓuran,* s. m. pl. lit. (a) 'escarpes, acantilados'; (b) 'piedras, guijarros', p. ext. '**malpaís,** terreno volcánico cubierto de piedras sueltas', y adición del morfema hispánico de género.) Tf. desus. *Top.* Erial en Granadilla. *Sin.* **Isora.** *Cf.* **Acero, Ezero, Ticera. 2.** Tf. *Top.* Lugar en **Adeje,** entre Ricasa y Marazul, muy cerca del Barranco de **Erques. 3.** Tf. *Top.* Zona acantilada que va desde la **Ticera** (Guía de **Isora**) hasta Boca Cangrejo (**Adeje**). || *Lex.* [Ẓ·R].

§ «ISORANA / Erial en Granadilla, Tenerife. / (Casi seguro se trata de derivado femenino castellanizado de la voz Isora, M[onumenta]L[inguae]C[anariae]: 805/V497)» [Pérez Pérez 1981: 72].

§ «**La Isorana** / Paraje. Texto. ADEJE TENERIFE // lat: 28° 09' 05" N [y] lon: 16° 47' 45" O» [SIT 2012].

§ «**Sitio de Interés Científico Acantilados de Isorana** / Espacios Naturales Protegidos. ADEJE, GUÍA DE ISORA TENERIFE // lat: 28° 09' 05" N [y] lon: 16° 47' 45" O» [SIT 2012].

M

MAJÚA. (Del maz.tk **maghwa,* n. vb. r. m. sing. lit. 'miedo'.) Tf. *Or.* Domo volcánico localizado a 2.314 m de altura en Las Cañadas de **Teide.** *Var.* Majua, Májua. || *Lex.* [Gh·W_1].

§ «*Májua* Montaña en las Cañadas» [Bethencourt Alfonso (1880) 1991: 435].

§ «MAJÚA / Montaña en Las Cañadas de El Téide, Tenerife» [Pérez Pérez 1981: 75].

§ «***Cono piroclástico [107] y coladas fonolíticas [108] de Montaña Majúa*** / Montaña Majúa es un cono de pumitas gruesas de tamaño mediano con una altura de 25 m. Las lavas emitidas por el volcán fueron muy viscosas y constituyen actualmente un malpaís de coladas en bloques. Tienen una composición traquítico-fonolítica con feldespato como mineral dominante dentro de una matriz vitrofídica» [IDECanarias 2013: 9].

§ «**Montaña Majua** / GRF MT – Pico, montaña o puerto secundario. Texto / LA OROTAVA TENERIFE // x: 340.799,07 – y: 3.126.019,47» [SIT 2015].

Masdache. (Del maz.tk **məs-ddaš,* (adj. vb. caus.) n. ag. m. sing. lit. 'lo que hace caminar a pasos pequeños'.) Lz. *Top.* Pueblo en el municipio de Tías, al sureste de la Isla. *Err.* Mandache, Mardache. *Cf.* **mesdache.** || *Lex.* [D·Š].

§ «[...] Y asimismo acuerdan se limpie la **mareta de Guasimeta** el mismo día lunes, a que asistan los vecinos de **San Bartolomé, Guatisea, Calderetas, Masdache y Conil,** y lo cumplan todos so la dicha pena de 4 reales. Y se encarga al señor **Cristóbal de Armas Gutiérrez,** caballero regidor de él. [...]» [ACL, 8-IX-1670 > Bruquetas 1997: 280].

§ «[45 Erupción del gran volcán de Lanzarote] Sobrevino esta grande erupción la noche del primero de septiembre de 1730, abriendo boca en el territorio de Timanfaya, después de un violentísimo terremoto, cuyos tristes fenómenos se continuaron por es-//pacio de casi siete años. El fuego corrió por los lugares de Tingafa, Mancha Blanca, Maretas, Santa Catalina, Jaretas, San Juan, Peña de Palmas, Testeina y Rodeos, destruyéndolos todos y cubriendo con sus arenas, lavas, cenizas y cascajos los de La Asomada, Iñaguadén, Gerias, Macintafe, Mosoga, San Andrés, San Bartolomé, Calderetas, Guagaro, Conil, Masdache, Guatisea, Jaisa, etc.» [Viera (1772, X, 45) 1982, I: 787-788].

§ «[49 Idea de la población de Lanzarote] [...] // Son de su jurisdicción los lugares y aldeas siguientes: [...] 35.º Masdache [...]» [Viera (1772, X, 49) 1982, I. 793-794].

§ «Lancerotte et Fortaventure. [...] Masdache, *hameau.* L. / Mandache» [Berthelot 1842, I: 198].

§ «MASDACHE. Aldea situada en t[érmino] j[urisdiccional] de Tias, p[artido] j[udicial] del Arrecife, isla de Lanzarote. Dista de la c[abeza] del d[istrito] m[unicipal] 1 k. 375 m., y consta de 14 edif[icios] de un piso , 1 de dos y 4 choz[as], ú hog[ares] habit[ados] 17 const[antemente] por 19 v[ecinos] 91 a[lmas] y 2 inhábil[es].» [Olive 1865: 651].

§ «*Mandache,* véase *Masdache.* Berthelot» [Chil 1876, I: 423].

§ «*Mardache,* véase *Masdache.*» [Chil 1876, I: 423].

§ «*Masdache,* localidad. Viera» [Chil 1876, I: 423].

§ «*Mardache* Localidad. Chil» [Bethencourt Alfonso (1880) 1991: 387].

§ «*Masdache* Viera» [Bethencourt Alfonso (1880) 1991: 387].

§ «**Masdache** / GRF Toponimia general / TÍAS LANZAROTE // x: 630.975,90 – y: 3.208.349,45» [SIT 2017].

§ «**Volcán de Masdache** / GRF MT Toponimia Paraje grande o principal – Paraje. Texto / TÍAS – LANZAROTE // x: 630.408,99 – y: 3.208.693,62» [SIT 2017].

MASINTAFE. (Del maz.tk **məs-ənḍaf,* (adj. vb. caus.) n. ag. m. sing. lit. 'lo que se reabre, se irrita'.) Lz. desus. *Top.* Aldea sepultada por la erupción del volcán **Timanfaya,** que devastó gran parte de la superficie de la Isla entre 1730 y 1736. *Var.* Macintafe. *Err.* Masyntaje. || *Lex.* [N·Ḍ·F].

§ «[22-VII-1618] Sepan quantos esta carta vieren, como nos, Manuel Gomes y M*arí*a de Bonilla, su mujer, ves*in*os que somos desta ysla de Lansarote. Yo la susod*ic*ha con licencia, plazer y espreso consentimiento que pido y demando a el d*ic*ho mi marido, para haser y otorgar lo que deyuso en esta escritura se hará mensión juntamente con él, de mancomún, y a bos de uno y cada uno de nos, por sí y por el todo, rrenunsiando como espresamente rrenunsiamos de la auténtica presente defidejusoribus rresdebendi, de la auténtica pre*sen*te defifejusoribus (*sic*) que bendemos rrealmente y efeto agora y p*ar*a sienpre jamás, a Luis de Unpuries (*sic*) Morales, que está presente, n*uest*ro her*ma*no ~~agora e p*ar*a siempre~~, es a saber, unas casas y una hera sercada y un pedaso de tierra, que serán tres fanegas, poco más o menos, de senbransa, que son en Masyntaje, que lindan por la parte de abajo con tierras de la yglesia, que tienen // (*pág. 37r*) este nonbre; por la parte de ariba mi her*ma*no Melchor de Morales y por un lado tierras de Albaro de Acosta, con todas sus entradas y salidas, usos y costunbres, derechos y serbidumbres que an y tienen y les pertenesen en qualquier manera, libre de tributos, ypoteca ni señorio que sobre ellas tenga persona alguna, por presio y contía de catorse doblas de a qui*nient*os m*aravedís* cada una, moneda destas yslas, que por conpra de ellas y de las d*ic*has casas y era nos a dado y pagado y del emos rresibido en dineros de contado, de que nos damos por contentos y entregados a n*uest*ra boluntad [...]» [AHPLP: Salvador de Quintana Castrillo, año 1618, nº 2.721, pp. 36v-37r > Bello y Sánchez 2003: 66, doc. 21].

N. B. El documento se repite en las páginas siguientes (38r-39v) con algunas variantes pero idéntica fecha. Una vez más, el topónimo figura como «término de Masyntaje» [AHPLP: Salvador de Quintana Castrillo, año 1618, nº 2.721, pp. 38v > Bello y Sánchez 2003: 68, doc. 28].

§ «**45. Erupción del gran volcán de Lanzarote** / [...] Sobrevino esta gran erupción la noche del primero de septiembre de 1730, abriendo boca por el territorio de Timanfaya, después de un violentísimo terremoto, cuyos tristes fenómenos se continuaron por es-//pacio de casi siete años. El fuego corrió por los lugares de Tingafa, Mancha Blanca, Maretas, Santa Catalina, Jaretas, San Juan, Peña de Palmas, Testeina y Rodeos, destruyéndolos todos y cubriendo con sus arenas, lava, cenizas y cascajos los de La Asomada, Iñaguadén, Gerias, Macintafe, Mosoga, San Andrés, San Bartolomé, Calderetas, Guagaro, Conil, Masdache, Guatisea, Jaisa, etc. [...]» [Viera (1772, X, 45) 1982, I: 787-788].

§ «**49. Idea de la población de Lanzarote** / Lanzarote tiene 50 pagos y lugares. 1º La Villa de Teguise, su capital, está situada casi en el corazón de la isla hacia el Este y arruada de más de 200 casas. [...] // Son de su jurisdicción los lugares y aldeas siguientes: [...] 37º Macintafe; 38º Gerias; 39º Masaga» [Viera (1772, X, 49) 1982, I: 793-794].

§ «*Macintafe* Localidad. Viera» [Bethencourt Alfonso (1880) 1991: 386].

N

NISDAFE. (Del maz.tk **nəssəḍ-aghf > nisḍaf,* m. sing. lit. 'cumbre que moquea'.) Hi. *Top.* Meseta nororiental de la Isla donde se localizaban algunos focos eruptivos. *Var.* Nizdafe. || *Lex.* [N·S·Ḍ + Gh·F].

§ «Prouícion Sobre la díuícion del Pago de Nísdafe [...]» [García del Castillo (1705: 63) 2003: 305].

§ «[...] otra en los Llanos de Nisdafe que es el terreno más unido de la Isla y propio para la labranza, y después de otra hora, finalizados los Nisdafes, llegué a la villa de Valverde su capital [...]» [Urtusáustegui (1779) 2004: 19].

§ «Nisdafes, llanuras muy fértiles en El Hierro. Viera, t. 3, p. 102» [Álvarez Rixo (*ca.* 1860) 1991: 77].

——— **NISD.** (Del maz.tk **nəssəḍ > nisḍ,* n. vb. m. sing.) m. Hi. desus. Acción y efecto de expulsar secreciones nasales soplando. *Var.* nizd. || *Lex.* [N·S·Ḍ].

——— **AFE.** (Del maz.tk **axf > aʰfe > ăf > f,* s. m. sing.) m. GC, Hi. ant. desus. *Anat.* Cabeza. **2.** m. Hi. ant. desus. *Geog.* Cima, cumbre. || *Lex.* [Gh·F].

T

TABURIENTE. (Del maz.tk **tawwurt-t-enḍḍ-u > tabburiennṭa,* prop. (lexicalizada) lit. 'la parcela rodeada'.) LP. ant. *Top.* Caldera situada en el centro de la Isla. *Var.* Taburienta, Tabubenta, Tabuventa. || *Lex.* [W·R + Y + N·Ḍ·(Ḍ) + A].

§ «En toda esta cant*ida*[d] de circuyto no ay mas de llano de veynte, y quatro arançadas de tierra, al qual los antiguos llamaban Taburíenta, que quiere desír, LLano» [Abreu (*ca.* 1590, III, 8) d. 1676: 84v].

§ «Taburíente» [Abreu (*ca.* 1590) 1787: 70v].

§ «[...] esta fortaleza es llamada Tuburienta, y es amodo de una Caldera el plan de avajo tendrà de circuito dos leguas de tierra llana seran 24 aranzadas, y lo demas es monte de grandes pinales, laureles, Palmas, y otros diversos arboles rodeanla altissimos riscos, y despeñaderos, tiene dos dificiles entradas la una mas facil es por adentro de un barranco de un arroio, q*u*[e] nace de adentro, el otro es po[r] una cenda delas Cuebas de Adaman Casis, q*u*[e] despues llamaron de Herrera» [Marín de Cubas 1694, II, 15: 67v].

§ «Tabuventa» [Viera 1773, II: 153].

§ «Taburienta» [Álvarez Rixo (*ca.* 1860) 1991: 47].

§ «Tabubenta, Taburienta, Tabuventa» [Chil 1880, II: 106].

§ «*Taburienta.* Llano dentro de la Caldera» [Bethencourt Alfonso (1880) 1991: 383].

——— **TABUR.** (Del maz.tk **tawwurt* > *tabburt,* s. f. sing.) f. LP. ant. desus. Puerta, pasaje, paso, salida, brecha. **2.** f. LP. ant. desus. Parcela, trozo de tierra, campo roturado y preparado para la labor. || *Lex.* [W·R].

——— **I.** (Del maz.tk **ay* > *i,* pron. rel. invar.) pron. LP. ant. desus. *Gram.* Quien, que, el que, lo que. || *Lex.* [Y].

——— **ENTE.** (Del maz.tk **enḍḍ,* n. vb. m. sing.) m. LP. ant. desus. Hecho de rodear, envolver, cercar. || *Lex.* [N·Ḍ·(Ḍ)].

——— **A.** (Del maz.tk **-a,* suf. deíc. invar. de prox.) deíc. Can. ant. desus. *Gram.* Este / esta (de aquí). || *Lex.* [A].

TACANDE. (Del maz.tk **takăndăy,* n. vb. f. sing. 'piedra quemada, producto de la actividad volcánica'.) LP. ant. *Or.* Volcán en la demarcación de **Tijuya,** conocido hoy como Montaña Quemada. Levanta sus 1.365 m en el municipio de El Paso. *Var.* Tacaude, Tocande. **2.** LP. *Top.* Barrio en el municipio de El Paso. || *Fon.* *-ăy > -e, por contracción. || *Lex.* [K·M·D].

§ «En el termíno de Tixuya está vna montaña q*u*[e] llaman de Tacande, enla qual en tíempo antíguo parece vbo mínero de azufre [...], po[r] que desde el pie de esta montaña corre po[r] vn valle hasta media legua dela mar, cant*ida*[d] de píedra que parece auer sído quemada, y derretida // así en su color como enla forma que tíene, ala qual píedra llamaban los Palmeros, Tacande, que quiere decír píedra quemada» [Abreu (*ca.* 1590, III, 2) d. 1676: 77v y 1787: 64r].

§ «[Palmeſe Dialect.] Tocande Calcined Stones, ſuch as are thrown out by volcanos» [Glas 1764: 177].

§ «Tacande» [Viera 1772, I: 197 y 1773, II: 152].

§ «Tocande, *la terre du volcan*» [Berthelot 1842, I: 190].

§ «Tacande, *volcan*» [Berthelot 1842, I: 198].

§ «Tocande» [Berthelot 1842, I: 198].

§ «**Tacande** = la piedra lava. Galindo, *ib.* [lib. III] *ib.* [cap. 8]» [Álvarez Rixo (*ca.* 1860) 1991: 47].

§ «**Tacande,** A[ldea] j[urisdicción] de [El Paso] en La Palma» [Álvarez Rixo (*ca.* 1860) 1991: 79].

§ «Tacande, Tacaude; Tocande» [Chil 1880, II: 106, 108].

§ «*Tacande.* Montaña en Tijuya» [Bethencourt Alfonso (1880) 1991: 383].

§ «*Tocande.* (Tierra de volcán), Aldea» [Bethencourt Alfonso (1880) 1991: 384].

No es posible descartar por completo algún tipo de relación con el (lat.) *in.cendō,* vb. 'encender, quemar', 'brillar por efecto del calor', 'arder', que se remonta al indoeuropeo **kand-ē,* 'brillar' (Roberts y Pastor 1996: 74-75).

TAGORO. (V. **tagoror.**) Hi. *Top.* En 2016, el Instituto Hidrográfico de la Marina española le asignó esta denominación al volcán submarino situado en el **Mar de las Calmas,** al sur de La **Restinga,** que comenzó sus erupciones en octubre de 2011, permaneciendo activo hasta marzo de 2012. || *Lex.* [G·R$_2$].

TAHICHE. (Del maz.tk **taghiššădt > taghiššett > taghiššet,* n. vb. f. sing. 'destrozo'.) Lz. ant. *Top.* Vega que se extiende al pie del volcán **Guanapay.** *Var.* Taíche, Taiche, Tayche, Tagiche, Taguiche, Tajiche, Taxiche. || *Fon.* *d + t > tt > t, por asimilación regresiva y abreviación de geminada en posición final. || *Lex.* [Gh·Š·D].

§ «**Descripzion del estado a que tiene reducida el volcan de la ysla de Lanzarote desde el 1° dia de septiembre de 1730 asta el 29 de diziembre el mismo año. Asta el dia 4 de abril del [17]31 ha perdido con fuego y arenas muchos mas lugares, y casas de campo**[30] / [...] Tahiche con trese [vecinos] [...]» [CDEL (1731: 1v) 1997: 38]. *N. B.* La nota 30 señala: «*Archivo de Simancas. M.P.D. Sección Gracia y Justicia. Legajo 89*».

§ «Son de su jurisdicción los lugares y aldeas siguientes: [...] 9° Tagiche; [...]» [Viera (1772, X, 49) 1982, I: 794].

§ «**Taxiche** o **Tahiche,** A[ldea] j[urisdicción] de Teguise en Lanzarote» [Álvarez Rixo (*ca.* 1860) 1991: 81].

§ «Lancerotte et Fortaventure. [...] Tahiche, *village.* L. / Taguiche» [Berthelot 1842, I: 198].

§ «TAHICHE. Aldea situada en t[érmino] j[urisdiccional] de Teguise, p[artido] j[udicial] del Arrecife, isla de Lanzarote» [Olive 1865: 1.079].

§ «*Taguiche,* aldea. Viera» [Chil 1876, I: 424].

§ «*Tahiche,* véase *Taguiche.* Berthelot» [Chil 1876, I: 424].

§ «*Taiche,* véase *Taguiche.* Berthelot» [Chil 1876, I: 424].

§ «**La Vega de Tahiche** / C05 – Texto de paraje menor o secundario. Lanzarote – TEGUISE // lat: 29° 01' 31,55" N [y] lon: 13° 32' 36,34" O» [SIT 2010].

TAJASTE. (Del maz.tk **taghăst,* s. f. sing. 'viejo volcán extinto'.) Lz. *Top.* Pago en **Tinajo. 2.** Fv. desus. *Top.* Pago indeterminado. **3.** Hi. desus. *Top.* Pago cerca de **Isora,** en el municipio de Valverde. Parece errata por Tajace (**Tajase**) || *Lex.* [Gh·S].

§ Lz. «TAJASTE (término de). térm[ino] en la isla de Lanzarote, prov[incia] de Canarias, part[ido] jud[icial] de Teguise, térm[ino] jurisd[iccional] de Tinajo.

Consta de unas 2,500 fan[egadas] de terreno sumamente pedregoso con un poco de buena calidad, peculiar á muy pocos volcanes, pues la mayor parte ó se transforman en carbonato de cal, ó en marga caliza, en los cuales no hay vegetación si no es con bastante agua. El cráter de que se formó este térm[ino] y otros muchos volcanes de sus inmediaciones, se hallan descompuestos en buena miga, que con la circunstancia de estar cubierta de guijo retiene la humedad, y esto contribuye á que este terreno sea muy feraz con poco que llueva. […] Confina por N. con el térm[ino] de Tinajo; E. con Malpais de Yuco; S. con el de Tinguaton, y O. con un mar de negra lava […]» [Madoz (1845-1850) 1986: 194].

§ «TAJASTE. Aldea situada en t[érmino] j[urisdiccional] de Tinajo, p[artido] j[udicial] de Arrecife, isla de Lanzarote» [Olive 1865: 1.080].

§ «**Tajaste** / C05 – Texto de paraje menor o secundario / Lanzarote – TINAJO // lat: 29° 03' 29,81" N [y] lon: 13° 41' 09,15" O» [SIT 2010].

§ Fv. «Venta otorgada por Margarita de Soria […], al alférez Juan de Cubas la acción y derecho que le perteneció en las tierras labradas como montuosas, rozas, casas, eras y maretas en Las Cuevas, y también la acción y derecho en las tierras de pan sembrar y rozas de bebedero en Tajaste, que le quedó por herencia a la muerte de Gonzalo Biveros, padre de Leonor de Sánchez, corrales, eras, casillas y maretas» [PPLH (16-XI-1670, fol. 66v) 2005: 230].

§ Hi, Lz. «**Tajaste,** A[aldea] y montaña del Hierro y otra junto a Tinajo en Lanzarote» [Álvarez Rixo (*ca.* 1860) 1991: 80].

§ Hi. «También confirma la elección que hacen los lugares de 10 alcaldes pedáneos en sus jurisdicciones respectivas, que son: 1° Barrio del Cabo. 2° San Andrés, con las aldegüelas de Tiñor, Albarrada, La Cuesta, La Ladera, Los Llanos, Isora, Las Rosas y Tajaste […]» [Viera (1772, XII, 95) 1982, II: 95].

TAN̊GAN̊ASOGA. (Del maz.tk **tanəgnəgah-əsăgaw* > *tan̊gan̊n̊asoga,* f. sing. lit. 'temblor de la bestia'.) Hi. *Top.* Paraje volcánico (1.501 m) en la vertiente noroeste de la Isla, municipio de Frontera. *Err.* Taganasoga, Tanganasoja. || *Lex.* [N·G·N·G + S·G_1].

§ «*Tanganasoja* Monte. Aguilar» [Bethencourt Alfonso (1880) 1991: 379].

§ «**Taganasoga** T° [Topónimos tomados de viva voz o trasmisión oral] Unos pronuncian así y otros **Tanganasóga** (V.) Es difícil asegurar cómo sería la forma primitiva ya que los factores de asimilación pudieron sacar una de la otra» [Álvarez Delgado 1946b: 296].

§ «Tanganasoga (V. Taganasoga) Montaña notable sobre la Frontera» [Álvarez Delgado 1946: 297].

§ «Calderetas de Tanganasoga F[rontera] [mapa] 23 Depresión del terreno» [Trapero *et al.* 1997: 126].

§ «Laderas de Tanganasoga F[rontera] [mapa] 23 Vertiente» [Trapero *et al.* 1997: 159].

§ «Montaña Tanganasoga F[rontera] [mapa] 23 Elevación del terreno» [Trapero *et al.* 1997: 170].

§ «Tanganasoga F[rontera] [mapa] 23 Espacio mediano» [Trapero *et al.* 1997: 199].

§ «Vereda de Tanganasoga F[rontera] [mapa] 23 Vía de comunicación» [Trapero *et al.* 1997: 203].

§ «**Tanganasoga.** *Tanganasoga* es el nombre que recibe una amplia zona de la parte alta de la vertiente del noroeste de la isla, intermedia entre El Golfo y Sabinosa. El accidente principal de la zona, sin duda, es una montaña cuyo cráter tiene unas dimensiones considerables, y a cuyos materiales eruptivos se deben los importantes volúmenes de esa zona. Se cree, además, que ésta debió ser la última erupción importante de la isla» [Trapero 1999: 259].

§ «**Tanganasoga** / GRF MT – Paraje. Texto / FRONTERA EL HIERRO // x: 198.495,44 – y: 3.070.940,90» [SIT 2014].

——— **TANGANA.** (Del maz.tk **tanəgnəgah* > *tan̊gən̊ga* > *tan̊gan̊n̊a,* n. vb. f. sing. lit. 'sacudimiento'.) f. Hi. desus. Temblor, agitación. || *Fon.* *ng > n̊g [ŋg] > n̊n̊ [ŋ:], por velarización y asimilación progresiva (en el segundo grupo de la reduplicación expresiva). *-ah > -a, por contracción. || *Lex.* [N·G·N·G].

——— **SOGA.** (Del maz.tk **(a)săgāw (ə)* > *soga,* s. m. sing.) m. Hi. desus. Bestia, animal de carga. *Cf.* **sega; sogo.** || *Fon.* *-ă- [ɛ] > -o-, por metafonía vocálica con [u̯]. *-(ā)w > -ø, caída en final absoluto después de vocal larga plena. || *Lex.* [S·G_1].

TARAIRE. (Del maz.tk **tarair,* s. f. sing. lit. 'ogresa'.) Tf. ant. desus. *Top.* Otro nombre del pico o volcán **Teide.** *Var.* Taráire, Tereira. En m. **aragu.** || *Lex.* [T·R·Y·R].

§ «[…] La gran Canaría siempre llamada assí, í La de Thenerife primero Guaneche, ipor su ultimo Rey q*u*^{e} era elque hauiaquando quedo sujetaa Spaña llamado elgran Thenerf, í porlos nauegantes íroteros isla de Infíerno porun Volcan q*u*^{e} tíene perpetuo enel alto monte de Taráire, òy, Teíde» [Gómez Escudero (*ca.* 1484) 1934: 45r].

§ «[…] i por los nauegantes i roteros isla de Infierno, por un volcán que tiene perpetuo en el alto monte de Taraire o Teide» [Gómez Escudero (*ca.* 1484) 1993: 385].

§ «En la isla de Tenerife, al Poniente de ella, y al cabo está una sierra llamada por nombre el Pico de Pereyra, que, a juicio de los que lo han visto, es el más alto del mundo, y se ve muy claramente sesenta leguas antes de llegar a él, cuya causa, cuando las naos van de España a estas islas, es ella la primera cosa que se descubre. […] Es esta sierra del Duque de Maqueda, por particular merced de Su Majestad» [González de Mendoza (*ca.* 1585) 1944: 300].

§ «tem uma serra que *alguns* chamam o pico de Teide, *e outros de Tereira, do Duque de Maqueda, por particular mercê de Sua Majestade,* que dizem ser uma das cousas mais altas» [Frutuoso (1590) 1964: 7].

Teaguia. (Del maz.tk **tăgăyt,* s. f. sing. lit. 'fisura en el suelo'.) LP. ant. desus. *Top.* Lugar en el bando de **Ahenguareme** donde, en mayo de 1585, entró en erupción un volcán. *Var.* Tiagua. || *Lex.* [G·Y].

§ «Della parte Australe tutta la terra è piena di Volcanelli, iquali han guasto i terreni da detta parte, come ultimamente fece il Volcano grande che crebbe quiui nel termino di Teaguia l'anno 1585 il Mese di Maggio [...]» [Torriani (1590, LXVI: 91r) 1940: 198].

Teguseo. (Del maz.tk **teguz,* n. vb. f. sing. lit. 'inicio, apertura, introducción'.) LP. ant. desus. *Top.* Nombre que se asignó al volcán creado por una erupción ocurrida en mayo de 1585 en el antiguo bando de **Tegalgen.** *Var.* Tegvseo. || *Lex.* [G·Z].

§ «Del novo volcano della Palma overo monte Tegvseo nato» [Torriani (1590, LXIX: 93r) 1940: 202].

§ «Teguseo» [Torriani (1590, LXIX: 94v) 1940: 206].

Teide. (Del maz.tk **tĕydit,* s. f. sing. lit. 'perra'.) Tf. ant. desus. *Or. Rel.* Volcán que ocupa la parte central de la Isla, se eleva hasta los 3.718 m sobre el nivel del mar (máxima altura del Archipiélago). *Var.* Téide, Teyde. *Err.* Teida, Teyda, Theyda. *Cf.* **Echeide; Taraire.** || *Lex.* [Y·D_1].

§ «[...] La gran Canaría siempre llamada assí, í La de Thenerife primero Guaneche, ipor su ultimo Rey q*u*[e] era elque hauiaquando quedo sujetaa Spaña llamado elgran Thenerf, í porlos nauegantes íroteros isla de Infíerno porun Volcan q*u*[e] tíene perpetuo enel alto monte de Taráire, òy, Teíde» [Gómez Escudero (*ca.* 1484) 1934: 45r].

§ «[...] i por los nauegantes i roteros isla de Infierno, por un volcán que tiene perpetuo en el alto monte de Taraire o Teide» [Gómez Escudero (*ca.* 1484) 1993: 385].

§ «[...] decían q*u*[e] elalma notenía pena o gloria mas Conocían hauer ín fíerno íq*u*[e] solamente era parael demonío llamado guaíota íaelin fíerno Echeíde íquehauitabaen el volcan deelpícodetéide í assí lellamaronis Ladelín fíerno» [Cedeño (*ca.* 1490) 1934: 17r].

§ «[...] que todos los que fazen pez en taoro q*ue* ſe entiende de la syerra aguas ve[r]tientes hazia taoro porel camino de las syerras q*ue* va a dar a teyd[a] e por la miſma lomada que va a ycode hasta la mar q*ue* ni*n*guno sea oſado de hazer pez [...]» [ACT, lib. I, fol. 22v, 18-VIII-1500].

§ «[...] p*ar*[a] q*ue*saq*ue*ys e cojays dela montana e syerra de Theyda toda la piedra açufre q*ue* q*ui*syeredes e por biẽ tuuyeredes [...]» [DOT, lib. III, cuaderno 22°, núm. 13, 17-II-1511].

§ «1515 Marzo 14. Medina del Campo. Merced a los ldos. Luis Zapata y Ortún Ibáñez de Aguirre, miembros del Consejo Real, de los mineros de oro, plata, arambe, alumbre, caparrosa, azeche, azul, cardenillo, alcohol, bermellón, azogue, hierro, plomo, estaño, cobre y otros metales, descubiertos y por descubrir, de la Sierra de Teide, Montaña de Armajen y demás lugares de la isla de Tenerife, tanto de realengo como de señorío» [Aznar 1981: 220 < AS-RGS, 14-III-1515].

§ «En la isla de Tenerife, al Poniente de ella, y al cabo está una sierra llamada por nombre el Pico de Pereyra, que, a juicio de los que lo han visto, es el más alto del mundo, y se ve muy claramente sesenta leguas antes de llegar a él, cuya causa, cuando las naos van de España a estas islas, es ella la primera cosa que se descubre. [...] Es esta sierra del Duque de Maqueda, por particular merced de Su Majestad» [González de Mendoza (*ca.* 1585) 1944: 300].

§ «tem una serra que *alguns* chamam o pico de Teide, *e outros de Tereira, do Duque de Maqueda, por particular mercê de Sua Majestade,* que dizem ser uma das cousas mais altas» [Frutuoso (1590) 1964: 7].

§ «[...] et diceuano hauer Inferno del Pico di Teida (perche Eheida uuol dire Inferno, et il Demonio guaiota) [...]» [Torriani (1590, LI: 71r) 1940: 166].

§ «Con todo eſto conocian auer infierno y tenian para ſi que eſtaba en el pico de Teyda, y aſſi llamauan al infierno Echeyde, y al demonio Guayota» [Espinosa 1594, I, 5: 18r].

§ «Ignorauan que fueſſen immortales / Las almas, y que vuieſſe pena y gloria, / Aunque afirmauan cierto auer infierno, / Que llamauan Echeyde: y al demonio, / Guayota, y por el alto monte Theyda, / Y por el Sol aquien Magec llamauan, / Iurauan con recato, y gran reſpecto» [Viana 1604, I: 13r].

§ «Por la cima del Teyda lebantado» [Viana 1604, III: 48v].

§ «Esta es una ysla que tiene de largo veinte leguas muy agria por todas partes, y en medio della un pico muy alto que llaman el Pico de Teyde, y quieren decir quel Señor de aquel monte y Pico se llamaua Teyda, y que del le quedó el nombre» [López de Ulloa (1646) 1993: 327].

§ «Confessauan, que auia infierno, no para tormento de pecadores, si solo para vno, que en èl estaua padeciendo penas, que era el demonio; al infierno llamauan Echeide, y tenian muy creido, que el infierno estaua en la alta Sierra de Teide en esta Isla, y la razon que dauan estàr allí, era por auer visto antiguamente rebentar algunos bolcanes, que arrojauan fuego, y açufre, que les causaua mucho temor, y miedo» [Núñez de la Peña (1676) 1994: 26].

§ «[...] el nombre Echeide, con la pronunciación Española, se ha corrompido en Teide, que es con el que oy le llamamos» [Núñez de la Peña (1676) 1994: 27].

§ «Conosen haver Demonio, y llaman guaiota, y q*u*e el solo tiene pena en la tierra, y en los sitios onde ai Volcanes, fuego, y azufre, y en particular en el monte de Teide» [Marín de Cubas 1694, II, 20: 82r].

§ «Echeydey» [Berthelot 1842, I: 183].

§ «Soberano absoluto de *Chinechi* o el infierno en las entrañas de la tierra, con la que comunica a través del Teide, prestanle [a Guayota] su concurso de perdición varias divinidades y poderes infernales que le rodean a manera de corte» [Bethencourt Alfonso (1911) 1994: 268].

§ «No llamaban así al infierno. Echeyde o Cheyde o Chéyda, lleva aún este nombre una montaña al pie del Teide, mirando al N., al poniente de otra denominada Chisere. El infierno lo apellidaban chimichi, apelativo que llevó la isla equivalente a '*Isla del Infierno*', o séase '*Isla **Chimeche***'» [Bethencourt Alfonso (1911) 1994: 278].

§ «Hace algo más de 30 años que tuve un presa canario (berdino o bardino) de nombre "Aydi". Por ese tiempo, en el verano de 1967, hablando con el último cabrero, Juan Évora, que llevaba el rebaño a Boca Tauce hasta que empezaban las nieves, me decía que el Teyde por dentro se llamaba "Echeyde". Al llegar el verano, salía de ese interior "la diablita", que miraba para ver si hacía calor y que saliera entonces el diablo. Para engañarla, los pastores encendían fogaleras en Las Cañadas para hacer ver que no había verano. Juan establecía sus fechas según el "año de los cabreros", que para él empezaba con San Juan. Por eso era que las fogaleras había que hacerlas la víspera. Así, cuando salía la diablita, pensaba que era un año muy frío y se volvía a meter para decírselo al diablo. Sólo podía salir esa noche, así que los cabreros se libraban del diablo hasta el año siguiente. Para él, dentro del Teyde había grandes cuevas, y eso era Echeyde. Es algo más complejo y más largo, pero resumido es como explicaba las fogaleras de San Juan» [Francisco Javier González Pérez, La Laguna, profesor de Química, 70 años, com. pers. 12-VIII-2010].

Las versiones con -a final apuntan hacia una curiosa torsión romance. La imagen del volcán humeante, bien por la acción de los vapores magmáticos o bien por la presencia de nubes, debió de evocar en los europeos la *tœda* latina, origen de la *tea* española, un 'pino' cuya madera resinosa se usaba como 'antorcha'. Algunas hablas amazighes (Mc, Ntf, Senh, Teg) y el árabe dialectal han tomado este concepto en su sentido primario, *tayda* 'pino', que ha podido intervenir en la nominación de otros accidentes geográficos de la Isla (sin asumir, que se sepa, la antigua derivación ígnea).

La información documental insiste en conceder un nombre al infierno, **Echeide,** y otro al accidente topográfico donde éste era ubicado, Teide, aunque buena parte de las fuentes asimilan tanto su significado como su dicción, hasta el punto de llegar a concebir el orónimo como una deformación hispánica del primero (Núñez de la Peña). En cambio, Escudero añade un apelativo distinto para el pico montañoso, **Taraire,** que González de Mendoza quiere presentar como portugués *(Pereyra).* Pero nada más lejos de la realidad. Ese substantivo femenino singular **Taraire** ofrece una pauta muy fiable para reconocer la voz Teide, otro substantivo del mismo género y número, como denominación alternativa del volcán. Ambos presentan una factura cultural deliberadamente próxima.

Esos títulos, **Echeide** ('maligno'), Teide ('perra') y **Taraire** ('ogresa'), recogen con claridad la relación que menudea todavía en la tradición oral amaziq entre el mundo subterráneo y la idea del mal. Así lo avala por ejemplo la narrativa producida por los campesinos cabilios:

> Une vision du monde étagée paraît se dégager des textes. Cette conception se confirme à travers les contes où figure volontiers un monde souterrain. Mais celui-ci est habité par les ogres et ogresses, différents des nains par la taille puisqu'ils sont plutôt géants, et par la nature de leur malfaisnce même [Lacoste-Dujardin (1970) 1982: 114].

Pero algunos informes sugieren que el volcán sólo representaba un acceso al averno:

§ «Alonso de Espinosa, Viana y demás cronistas aseguran que los guanches reputaban el Teide como lugar en que se hallaba emplazado *el infierno*, pero tenemos serias razones para decir que sólo lo estimaban como su boca de entrada y salida» [Bethencourt Alfonso (1880) 1991: 290].

Un convencimiento que parece haber perdurado en las tradiciones populares de las comarcas sureñas:

§ «Veremos al tratar de la teogonía guanche, que situado *Chinechi* ['infierno'] en el centro de la Tierra, si bien comunica al exterior por medio del Teide, parten del dicho antro subterráneo ideales a distintos puntos de la isla, que aún llevan el nombre del *infierno* por el papel que jugaban en su liturgia [...]» [Bethencourt Alfonso (1880) 1991: 290].

La innegable similitud fonética entre el *nesónimo* **Achineche** ('resonancia') y las voces **Chíniche** ('agobio maligno') o **Chimichi** ('fuego infernal') ha favorecido cierta simplificación morfosemántica entre estas expresiones, que desde hace tiempo se equiparan también a la antigua y descriptiva intitulación romance de Isla del Infierno. Pero, sin que esta asociación de ideas pueda considerarse del todo incorrecta, pues la actividad del volcán constituye su referencia principal, ese reduccionismo suele orillar los interesantes matices que aportan las etimologías de las nociones implicadas.

TENEGUÍA. (De ***Tiniguiga.***) LP. *Top.* Nombre del volcán que erupcionó en octubre de 1971 en la zona costera de Fuencaliente, entre los barrios de Las Indias y Los Quemados. Recibió esta denominación por parte de los periodistas destacados al lugar para cubrir la noticia, debido a su proximidad a la estación homónima de grabados rupestres.

TENEJOTE. (Del maz.tk **tenăhuḍt > tenehoṭ,* s. f. sing. lit. 'fuelle, de aire caliente'.) Lz. p. us. *Top.* Caldera (o cráter) en el pueblo de Mancha Blanca, municipio de **Tinajo,** más conocida por Caldera Blanca. || *Fon.* *ḍ-t > ṭṭ > ṭ, por asimilación recíproca y abreviación de geminada en final absoluto. || *Lex.* [N·H·Ḍ].

§ «Tengo un topónimo muy raro que acabo de recuperar de una entrevista del año 2000 que realicé en el pueblo de Mancha Blanca. Se trata de la Caldera de Tenejote. Es una de las montañas más espectaculares de la Isla y normalmente se la nombra como Caldera Blanca» [Jaime Gil González, ingeniero agrónomo, com. pers. 30-VIII-2012].

§ *Cf.* «**Caldera Blanca** / Toponimia general / TINAJO LANZAROTE // lat: 29º 02' 25" N [y] lon: 13º 43' 46" O» [SIT 2012].

TENIQUISGUAN. (Del maz.tk **te-n-ikăswan,* conj. det. f. sing. lit. 'una de muchos calores o dificultades', fig. 'corazón de piedra'.) LP. ant. desus. *Top.* Lugar en Fuencaliente. *Cf.* **Tenisque, Tiniguiga. 2.** m. LP. desus. *Antr.* Nombre de persona. Usáb. m. Tenisquiguan, Tenisquisguan. || *Lex.* [T·N + K·S].

§ «***teniquisguan,*** sitio en Fuencaliente, Palma, [Juan Bautista] Lor[enzo] [Rodríguez] [1841-1908]» [Wölfel 1965: 754].

«***tenisquisguan,*** "hijo de piedra o hombre de corazón duro" [Juan Bautista] Lor[enzo] [Rodríguez] [1841-1908]» [Wölfel 1965: 754].

§ «***tenisquiguan*** "corazón de piedra", Palma, [Félix] Duarte [Pérez] [1895-1990]» [Wölfel 1965: 754].

——— **TEN.** (Del maz.tk **ta-n, te-n,* loc. det. f. sing.) pron. Can. ant. desus. *Gram.* La de. *Var.* chan, chen, **tan.** En pl. **tin.** En m. **guan,** ben. || *Lex.* [T·N].

N. B. Esta variante del pronombre con vocal anterior conoce a menudo una pronunciación más cerrada *(ta > te > ti),* lo cual puede producir cierta confusión con la forma plural del deíctico *(ti)* y con el pronombre de apoyo singulativo indefinido *(tyə > ti).*

——— **IQUISGUAN.** (Del maz.tk **ikăswan,* n. vb. m. pl. lit. 'calores'.) pl. LP. ant. desus. fig. Severidades, durezas, dificultades. En sing. **isque.** || *Fon.* -ik- > -isk-, por epéntesis de la sibilante. || *Lex.* [K·S].

TIGUITER. (Del maz.tk **tigitărrət > tigiteṛ,* n. vb. f. sing. '(tierra) hundida por un temblor'.) Fv. desus. *Or.* Volcán en **Tuineje.** *Var.* Tiguitar. || *Lex.* [G·T·R(T)].

§ «Lancerotte et Fortaventure. [...] Tiguiter, *localité.* F.» [Berthelot 1842, I: 199].

§ «*Tiguitar,* volcan. Maximiano Aguilar» [Chil 1876, I: 450].

Timanfaya. (Del maz.tk **timmăy-anffay* > *timmanffay,* f. sing. 'montaña que supura'.) Lz. *Or.* Volcán situado en la región sudoccidental de la Isla. *Var.* Chimanfaya. || *Lex.* [M_2 + F·Y_2].

§ «[Primera carta del Aiuntamiento de Lanzarote a la Real Audiencia.] **Copia de las ordenes y provindencias dadas para el alivio de los vezinos de la isla de Lanzarote en su dilatado padezer a causa del prodigioso volcan que en ella rebentò el primer dia de septiembre del año inmediato pasado de 1730, y continua asta oy dia de la fecha. [...] Canaria y abril 4 de 1731** / [...] aviendo rebentado un bolcan la noche del dia primero del pasado, echando fuego diez y neve dias, en que dexò quemadas casas, algibes, maretas, fabricas, paxeros, tierras labradias y montuosas de los lugares de Chimanfaya, Rodeo, Manchablanca la grande, parte de las Jarretas, Buenlugar, Santa Cathalina con su yglesia, y Mazo [...]» [CDEL (17-X-1730: 3v) 1997: 41-42].

§ «*Timanfaya,* localidad. Viera» [Chil 1876, I: 425].

§ «**Timanfaya,** T[érmino] donde reventó el volcán a 1º de septiembre de 1730 en Lanzarote» [Álvarez Rixo (*ca.* 1860) 1991: 83].

§ *Cf.* «*Tiguafaya,* por otro nombre *Timanfaya,* sucediò à su Padre Zonzammas» [Viera 1772, I: 191].

——— **tim.** (Del maz.tk **timmăy,* s. f. sing.) amb. GC, Hi, LP, Lz. ant. *Geog.* Roca, risco alto, cima, eminencia. *Var.* chim, chimi, etime, time, tyme. *Err.* hetimen, letime. **2.** amb. Go. *Geog.* Borde de una ladera o precipicio. Ú. m. time. **3.** Fv, Hi, LP. Ú. c. top. Ú. m. Letime (Fv, Hi). *Var.* Time, Timé. *Err.* Tieme, Tiemé, Times. || *Fon.* La vocal inicial (e-) que figura en algunos registros parece un residuo del artículo romance (esp. *el,* fr. *le*). *t /t/ > č /ʧ/, por palatalización. *-ăy > -e, por contracción. || *Lex.* [M_2].

——— **anfaya.** (Del maz.tk **anffay,* n. vb. m. sing. 'erupción', fig. 'irritación, locura'.) m. Lz. desus. Supuración. *Cf.* **napay.** || *Lex.* [F·Y_2].

Tinajo. (Del maz.tk **ti-n-aghwu,* conj. det. f. lit. 'la(s) de resonancia'.) Lz. *Top.* Lugar, hoy municipio, situado en la vertiente noroccidental de la Isla. Ocupa una superficie de 135 km², la mitad de los cuales fueron cubiertos por las lavas emitidas en las erupciones de los siglos XVIII y XIX. || *Lex.* [T·N + Gh·W_1].

§ «Son de su jurisdicción los lugares y aldeas siguientes: [...] 24º Tinajo; [...]» [Viera (1772, X, 49) 1982, I: 794].

§ «**Tinajo,** L[ugar] en Lanzarote» [Álvarez Rixo (*ca.* 1860) 1991: 83].

§ «TINAJO. Lugar, cabeza de distrito municipal, en la isla de Lanzarote, p[artido] j[udicial] del Arrecife» [Olive 1865: 1.168].

§ «*Tinajo,* lugar. Viera» [Chil 1876, I: 425].

——— **tin.** (Del maz.tk **ta-n, te-n,* loc. det. f. sing.) pron. Can. ant. desus. *Gram.* La de. *Var.* chan, chen, **tan.** En pl. **tin.** En m. **guan.** || *Lex.* [T·N].

N. B. La variante del pronombre con vocal anterior conoce a menudo una pronunciación más cerrada *(ta > te > ti),* lo cual puede producir cierta confusión con la forma plural del deíctico *(ti)* y con el pronombre de apoyo singulativo indefinido *(tyə > ti).*

——— AJO. (Del maz.tk **aghwu,* n. vb. m. sing.) m. Lz. Resonancia. En f. **tejo.** || *Lex.* [Gh·W_1].

Por la condición volcánica de la zona, cabría pensar también en una etimología que remita al primario **ti-n-āhghŭh,* es decir, 'la que vomita' (aunque las versiones continentales acreditadas del nombre verbal ya desarrollan la correspondencia regular entre las consonantes uvulares *ɣ (gh) /ʁ/ > qq, esto es, *əqqəw,* de donde procede el nombre personal **Ico**).

TINGUATON. (Del maz.tk **te-n-əwwatăn,* conj. det. f. lit. 'la de los humos o vapores'.) Lz. *Or.* Volcán en **Tinajo.** *Var.* Tinguatón. *Err.* Tignaton, Tingutón. || *Lex.* [T·N + W_2].

§ «[Noticia del Volcán que ha hecho erupción en la ysla de Lanzarote. Año de 1824 (Diario el Capitán D. Ginés de Castro y Alvarez.] **Continuacion del Diario del Volcan de Lanzarote. 1824** / [...] en esta incertidumbre y que uno de los partes decia que juzgaba que era en los rostros de Mesa, jurisdiccion de Tinajo, inmediato al lugarcillo de Tinguaton [...]» [CDEL (1824: 30v) 1997: 137].

§ «TINGUÁTON: térm[ino] en la isla de Lanzarote, prov[incia] de Canarias, part[ido] jud[icial] de Teguise, térm[ino] jurisd[iccional] de Tinajo. Confina por N. con el térm[ino] de Tajaste; E. con el de Malpais de Yuco; S. con el de Iguaden, y O. con Volcanes: mucha parte de él es pedregoso, como el mencionado de Tajaste, con la diferencia que este es inferior, porque no le cubre como al que nos ocupa, una capa de arena que le da el mérito que tiene» [Madoz (1845-1850) 1986: 219].

§ «TAJASTE (término de). [...] Confina por N. con el térm[ino] de Tinajo; E. con Mal-pais de Yuco; S. con el de Tinguaton, y O. con un mar de negra lava [...]» [Madoz (1845-1850) 1986: 194].

§ «Tinguaton» [Madoz (1845-1850) 1986: 228].

§ «TINAJO. / ESTADO que manifiesta el número de *Caminos vecinales* de este distrito, sus dimensiones, importe del presupuesto de cada uno y puntos donde empiezan y terminan. / [...] En Tignaton [...]» [Olive 1865: 1.173].

§ «TINGUATON. Aldea situada en t[érmino] j[urisdiccional] de Tinajo, p[artido] j[udicial] del Arrecife, isla de Lanzarote» [Olive 1865: 1.174].

§ «*Tinguaton,* aldea» [Chil 1876, I: 426].

§ «**Tinguatón,** aldea j[urisdicción] de Tinajo en Lanzarote» [Álvarez Rixo (ca. 1860) 1991: 83].

§ «**Montaña Tinguatón** / Elevación s/espec. Texto / TINAJO LANZAROTE // lat: 29° 01' 53,44" N [y] lon: 13° 41' 03,86" O» [SIT 2011].

——— TIN. (Del maz.tk **ta-n, te-n,* loc. det. f. sing.) pron. Can. ant. desus. *Gram.* La de. *Var.* chan, chen, **tan.** En pl. **tin.** En m. **guan.** || *Lex.* [T·N].

N. B. La variante del pronombre con vocal anterior conoce a menudo una pronunciación más cerrada *(ta > te > ti),* lo cual puede producir cierta confusión con la forma plural del deíctico *(ti)* y con el pronombre de apoyo singulativo indefinido *(tyə > ti).*

——— GUATON. (Del maz.tk **ăwwatăn (ə),* s. m. pl.) m. Lz. desus. Humos, vapores. *Var.* guatón. || *Lex.* [W2].

TINIGUIGA. (Del maz.tk **te-n-egiga,* conj. det. f. lit. 'una del vapor (caliente), humo'.) LP. ant. desus. *Top.* Roque en el municipio de Fuencaliente. Ú. m **Teneguía.** *Var.* Teniquiga. *Cf.* **Teniquisguan.** || *Lex.* [T·N + G·G].

§ «[...] Después, entre la dicha montaña y el mar por la parte que mira al mediodía donde dicen 'Teniquiga', abrieron otras bocas distantes de las primeras más de 50 brazas, por donde ha salido mucha copia de materia flúida encendida [...]» [Juan Pinto de Guisla (1677) > Lorenzo Rodríguez (a. 1900) 2010: 200].

§ «Días después [de la erupción], y en la prensa tinerfeña, se publicaría un trabajo de Alberto José Fernández García quien [...] dice así: / [...] Parte de los linderos de la propiedad que comentamos se señala desde el filo del Lomo de la Castellana hasta el mar y monte por un lado, y por el otro el borde que dicen de Cansado hacia la zona del Lomo Gordo; por el sur, el mar, quedando dentro la tierra del "Roque de Tiniguiga". / [...] Todos los anteriormente mencionados arreglaron sus diferencias otorgando una escritura de trasacción [sic] que se firmó, precisamente, junto al Roque de Tiniguiga el 15 de octurbr*e* de 1582, ante el escribano Domingo González siendo testigo Miguel de Lugo y Alonso Rubio, vecinos de aquel término. Parte del citado Roque correspondió a los sucesores de Hernández González de Justa, a quienes el Alguacil de Mazo, Mateos Martín, les dió posesión el 18 de Enero de 1585» [DA 1975: 8).

§ «***teneguia,*** variante de ***teniquisguan,*** [Juan Bautista] Lor[enzo] [Rodríguez] [1841-1908]» [Wölfel 1965: 754].

§ «***teniquiga,*** variante de ***teniquisguan,*** [Juan Bautista] Lor[enzo] [Rodríguez] [1841-1908]» [Wölfel 1965: 754].

——— TIN. (Del maz.tk **ta-n, te-n,* loc. det. f. sing.) pron. Can. ant. desus. *Gram.* La de. *Var.* chan, chen, **tan.** En pl. **tin.** En m. **guan.** || *Lex.* [T·N].

N. B. La variante del pronombre con vocal anterior conoce a menudo una pronunciación más cerrada *(ta > te > ti),* lo cual puede producir cierta confusión con la forma plural del deíctico *(ti)* y con el pronombre de apoyo singulativo indefinido *(tyə > ti).*

——— IGUIGA. (Del maz.tk **egiga,* s. m. sing.) m. LP. ant. desus. Vapor (caliente), humo. *Cf.* **goga.** || *Lex.* [G·G].

TIRIMAGA. (Del maz.tk **tirəmmagh-(a) > tirimmaqqa,*n. vb. f. pl. lit. 'horrores'.) LP. *Or.* Volcán enclavado en la Villa de **Mazo,** muy erosionado en la actualidad, que conforma una montaña de 655 m de altura. **2.** LP. *Top.* Pago en el municipio de Villa de **Mazo.** || *Fon.* *ɣ (gh) /ʁ/ > qq > q, por correspondencia regular y abreviación de geminada en final absoluto. || *Lex.* [R·M·Gh].

§ «TIRIMAGA. Caserío situado en t[érmino] j[urisdiccional] de Mazo, p[artido] j[udicial] de Santa Cruz de la Palma, isla de la Palma» [Olive 1865: 1.175].

§ «**Tirimaga** / Paraje. Texto / VILLA DE MAZO LA PALMA // lat: 28º 34' 34,84" N [y] lon: 17º 47' 06,42" O» [SIT 2010].

Se podría pensar en un étimo relacionado con el lexema cabilio [R·M·G] 'tronar', pero hay más predominancia tuareg en esta comarca.

Tizalaya. (Del maz.tk **tizalayyah,* n. vb. f. sing. lit. 'hundimiento, engullida por la lava'.) Lz. *Or.* Volcán en la zona sur de **Tinajo.** *Var.* Tisalay, Tisalaya, Tusalaya. || *Lex.* [Z·L·Y].

§ «Eneste d*ic*ho dia dies y nuebe de octubre del d*ic*ho año de mill y quinientos e nobenta y ocho años antel d*ic*ho gobernador paresio alonso gimenes estante enesta ysla y dijo que ponia y puso las tierras de guinaguaden con las de tisalay queseran sinquenta rr*eal*[es] poreste presente año y sementera presente con las casas y maretas y atahona que alli ay en presio de quinientos rreales y por no aber mayor ponedor se remataron enel estando presente el d*ic*ho gobernador y franc*is*[co] amado alcalde m*ay*[or] y pedro bermudes betancor y otras personas de que doy fee y se obligo de haser escritura en forma y el d*ic*ho gcbernador lo firmo alonso jimenes flores sancho de herrera ayala ante mi j*u*[a]n m*ar*tin es*criba*[no] pu*bli*[co]» [Archivo Histórico de Teguise (AHT) / Archivo Histórico de la Nobleza (AHNO), Arrendamiento de las tierras del marquesado (12-X-1598) 21-II-1636, f. 2v].

§ «TISALAYA: granja en la isla de Lanzarote, prov[incia] de Canarias, part[ido] jud[icial] de Teguise, térm[ino] jurisd[iccional] de Tinajo; se halla rodeada de las montañas de Tisalaya y de Chibusque por E., y circunvalada de lava volcánica por O. [...] La montaña de su nombre es un cráter de 2,000 pies de elevacion, y cuenta mas de 3,000 años de antigüedad [...]» [Madoz (1845-1850) 1986: 219].

§ «TISALAYA. Caserío situado en t[érmino] j[urisdiccional] de Tinajo, p[artido] j[udicial] del Arrecife, isla de Tenerife» [Olive 1865: 1.175].

§ «*Tisalaya,* caserío y montaña. Berthelot» [Chil 1876, I: 426].

§ «*Tusalaya,* véase *Tisalaya.* Maximiano Aguilar» [Chil 1876, I: 426].

§ «**Tisalaya,** C[aserío] j[urisdicción] de [Tinajo] en Lanzarote» [Álvarez Rixo (*ca.* 1860) 1991: 84].

§ «**El Volcán de Tizalaya** / C05 – Texto de paraje menor o secundario / Lanzarote – TINAJO // lat: 29º 00' 41,16" N [y] lon: 13º 39' 41,09" O» [SIT 2010].

§ «**Montaña Tizalaya** / C05 – Texto de rotulación de elevación s/espec. / Lanzarote – TINAJO // lat: 29º 01' 44,45" N [y] lon: 13º 39' 15,98" O» [SIT 2010].

Triquivijate. (Del maz.tk **trəkki-əbăghăt,* m. sing. lit. 'reventón imprevisto'.) Fv. *Top.* Lugar en Antigua. *Var.* Triquibijate. || *Lex.* [T·R·K + B·Gh·(T)].

§ «Acordaron se limpie la fuente de Río de Cabras el día 9, y como por el aprieto de la cigarra están los vecinos aprovechando las cebadas, y algunos lejos, la limpiarán los de Casillas, Ampuyenta, Triquivijate, Tétir, Sordo y Matilla, con pena de 4 ducados al que faltare. Asistirá el capitán D. Juan Mateo, vecino de la Rosa» [ACF (leg. 4, fol. 104, 3-VI-1660) 1967: 47].

§ «Donación otorgada por Melchor Luis y María Cardona, su legítima mujer, a su nieto, Juan González Peña, hijo de Gaspar Hernández y de Catalina de Cabrera, hija y yerno, de un sitio en el lugar de Triquivijate, para que en él haga una casa y cocina, corta o larga, que para ello no se limita sitio» [PPLH (12-V-1669, fol. 22r) 2005: 155].

§ «[...] Casaron a Juana de la Peña con Felipe Perdomo y le dieron por dote una casa, corral, quesero y sitio de era en Triquivijate, una vaca, un becerro, dos camellas, un camellete, una jumenta, 15 cabras, ajuar y menaje de casa y 63 doblas» [PPLH (16-III-1671, fol. 26r) 2005: 246].

§ «Los pagos dependientes de la Villa son: 2° La Antigua; 3° Aguadebueis; 4° Triquibijate; 5° La Jampuyenta; 6° El Valle; 7° Tafia; 8° Casillas del Ángel; 9° Tetil; 10° Tieme; 11° San Andrés» [Viera (1772, XI, 29) 1982, I: 841].

§ «**Triquibijate,** A[ldea] j[urisdicción] de [Antigua] en Fuerteventura. Hallándome en este lugar y tratando con un hijo de él sobre el origen de este nombre dijo era tradición se lo dio una morisca que iba allí a pastar los ganados de sus amos, cuando llamaba por otros pastores o les respondía, que de esto no me acuerdo bien; así ignoro el significado» [Álvarez Rixo (*ca.* 1860) 1991: 84].

§ «*Triquivijate.* Aldea. Viera» [Bethencourt Alfonso (1880) 1991: 365].

§ «**Triquivijate** / GRF Toponimia general / ANTIGUA FUERTEVENTURA // lat: 28° 25' 53,40" N [y] lon: 13° 58' 02,90" O» [SIT 2013].

——— **triqui.** (Del maz.tk **(e)trəkkı (ə),* n. vb. m. sing.) m. Fv. desus. Hecho de caer o venir de forma imprevista. || *Lex.* [T·R·K].

——— **vijate.** (Del maz.tk **(e)băghăt (ə),* n. vb. m. sing.) m. Fv. desus. Reventón (detonación o accidente del terreno). *Var.* bijate. || *Lex.* [B·Gh·(T)].

© M. Rachet.

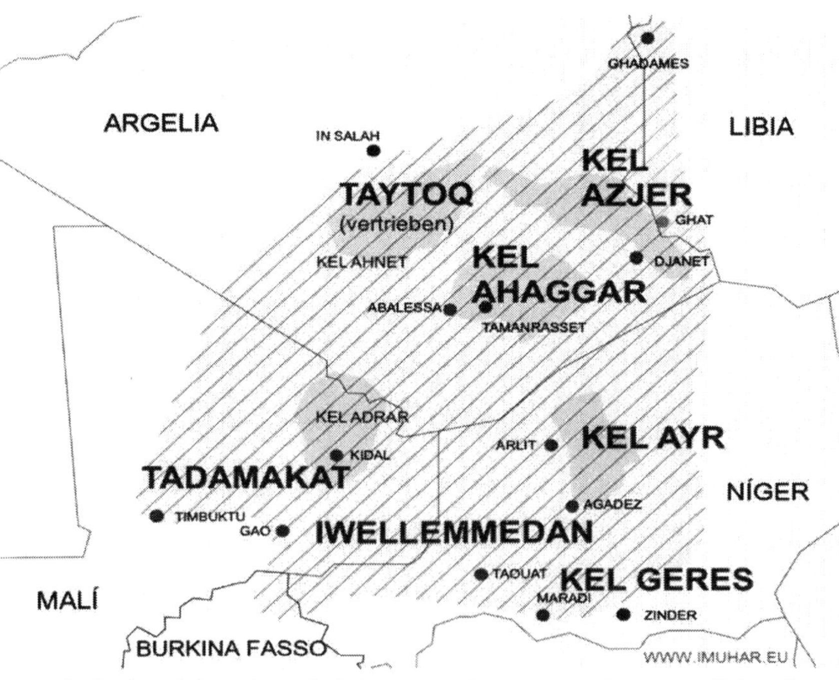

Principales núcleos (actuales) de asentamiento tuareg, impronta dialectal dominante en la antigüedad amaziq de las Islas Canarias.
© Anja Fischer (imuhar.eu).

ANEXO

A

ABAMA. Tf. *Top.* Barranco y playa en Guía de **Isora.**

ABONA. (Del maz.tk **awwuna* > *abona,* s. m. pl. ‘grandes piedras’, p. ext. ‘canteras’.) Tf. ant. *Top.* Bando o distrito **ínsuloamaziq** que comprendía los actuales municipios sureños de **Fasnia, Arico,** Granadilla, San Miguel y **Arona.** *Var.* Abone, Bona. *Cf.* **Aguane.** || *Lex.* [W·N_2].

ACENTEJO. (Del maz.tk **azən-teghăwat* > *azentegho,* m. sing. lit. ‘resonancia continua’.) Tf. ant. *Top.* Barranco y comarca en la zona norte de la Isla. *Var.* Açentejo, Azentejo, Centejo, Çentejo, Centexo, Zentexo. *Err.* Acantejo, Asentejo, Centego, Centeio, Sentejo, Sentexo. || *Fon.* *ăwa > o, por contracción. || *Lex.* [Z·N + Gh·W_1].

ACERO. (Del maz.tk **aẓărūh* > *aẓero,* s. m. sing. ‘fortaleza natural u orográfica’.) LP. ant. desus. *Top.* Nombre de uno de los antiguos bandos en que estaba dividida la Isla, conocido tras la colonización europea como La Caldera, que hoy pertenece al municipio de El Paso. *Var.* Acer, Acerò, Aceró, Asero, Aseró, Asser, Eccero, Eceró. *Var. Neso.* **Ezero. 2.** Tf. *Top.* Barranco que separa los municipios de **Icod** y **Garachico.** *Var.* Asero. || *Fon.* *-ūh > -o, por contracción. || *Lex.* [Ẓ·R].

ADEJE. (Del maz.tk **adghegh,* s. m. sing. ‘macizo montañoso’.) Tf. ant. *Top.* Demarcación socioterritorial en la banda sudoccidental de la Isla, hoy convertida en municipio. *Var.* Adege, Adex, Adexe, Dexe. **2.** GC. *Top.* Pago entre Santa Lucía de **Tirajana** y **Agüimes.** *N. B.* No confundir con el barranquillo y paraje de Adeje (**adəhi,* s. m. sing. 'colina de arena, arcilla y piedras') en el municipio de Ingenio. **3.** Fv. *Top.* Barranco, degollada y cortijo situado entre **Tuineje** y **Pájara.** *Var.* Adejes. || *Lex.* [D·Gh].

ADIRANE. (Del maz.tk **adiran,* s. m. pl.) LP. ant. desus. *Top.* Uno de los doce bandos o cantones en que estaba dividida la Isla al tiempo de producirse la ocupación europea. *Var.* Aridame, Aridane. En sing. **dar. 2.** LP. *Top. Los Llanos de Aridane,* nombre de un municipio situado en la vertiente centro-occidental de la Isla. **3.** LP. *Top.* Valle que se extiende por los municipios de El Paso, Los Llanos de Aridane y **Tazacorte.** || *Fon.* *-dir- > -rid-, por metátesis (presumiblemente acontecida en época colonial). || *Lex.* [D·R].

AFOSA. (Del maz.tk **afəsa* > *afosa,* n. ac. m. lit. 'vertido, derrame'.) Hi. *Top.* Montaña (1.232 m) y llano en el municipio de Valverde. || *Lex.* [F·S].

AGACHE. (Del maz.tk **agases* > *agaše,* s. m. sing. col. fig. 'escobonal'.) Tf. ant. *Top.* Comarca en el municipio de **Güímar,** conocida también como El Escobonal de Arriba. *Var.* Aguache. En f. **tagasaste. 2.** Hi. *Top.* Zona costera en la vertiente septentrional de la Isla. *Var.* Gaches. || *Fon.* *sis > šš > š /ʃ/, por labialización y abreviación de geminada en final absoluto. || *Lex.* [G·S·S]. *Cf.* [G·S_2], [G·S·Y].

AGAETE. (Del maz.tk **agăḍăy* > *agäḍe,* n. vb. concr. m. sing. lit. 'hondura, cuenca', p. ext. 'charca, depósito natural, lago pequeño', 'escorrentía, río', 'valle'.) GC. ant. *Top.* Valle enclavado en el cuadrante NW de la Isla, sus favorables condiciones para las actividades agrícola y ganadera permitieron el desarrollo de un próspero asentamiento indígena. Hoy recibe este nombre un municipio de 45,5 km^2, que limita con el de **Gáldar,** al Norte y al Este, y con el de **Artenara,** al Sur y al Oeste. *Var.* Agaethe, Gaete. *Err.* Lagaete. || *Fon.* *-ăy > -e, por contracción. || *Lex.* [G·Ḍ·Y_1].

N. B. No hay base suficiente para ponderar hasta qué punto la etimología popular que asocia el diminutivo *laguete* con la antigua versión hispánica *Lagaete* (El o La Agaete), prefijada por el artículo romance engastado al topónimo nativo (como en Letime, lesque, etc.), obedece a una reminiscencia oral o a una simple casualidad (de inspiración fonética). En cualquier caso, aunque esa correspondencia tuviera algún fundamento, la ensenada o «puerto del Agaete» o «Lagaete» (hoy, de Las Nieves) parece el accidente geográfico más oportuno para explicar esa presunta relación.

Sin embargo, los paralelos continentales sugieren una masa de agua corriente o estancada en alguna depresión del terreno. La abrupta orografía del Valle ofrece condiciones apropiadas para haber albergado tanto un curso constante como un embalse natural, pues quedan bien acreditadas en este ámbito las escorrentías y las elevaciones más o menos violentas del nivel del mar. A este respecto, la constatación de depósitos paleontológicos de origen marino en el Valle (incluso hasta los 90 m de altitud) o el establecimiento colonial de toda la infraestructura necesaria para la producción de azúcar (cañaverales, ingenio, molino, etc.) abonarían, siquiera sea de manera indirecta, cualquiera de estas lecturas.

Con los escasos conocimientos históricos disponibles acerca de las antiguas sociedades isleñas, aún más lejos queda rastrear una eventual dimensión simbólica del topónimo, suscitada por la «Charca del Paraíso» y el carácter «legendario» del curso fluvial que son acogidos en el correlato continental.

Tomadas en consideración este conjunto de reflexiones, se podría decir que el vocablo define una 'cavidad' etimológica que fluye, es decir, la 'cuenca' o el 'Valle' que todavía hoy comparte la identificación social de este enclave insular.

AGUAIDE. (Del maz.tk **aggayd,* s. m. sing. lit. 'colina'.) Tf. *Or.* Tf. Elevaciones montuosas (morro y miradero) en la comarca de **Anaga.** *Var.* Aguayde. En f. **tagayde.** *Cf.* **Gaida.** || *Lex.* [G·Y·D].

AGUAMACHE. (Del maz.tk **awa-amaššăy > awamašše,* m. sing. lit. 'lo silícico'.) Go. desus. *Top.* Lugar sin ubicación precisa en el municipio de Hermigua (**Armiguar**), entre **Taguluche** y Punta Lorenzo. *Cf.* **Amache.** || *Fon.* *-ăy > -e, por contracción. || *Lex.* [W_1 + M·Š·(Y)].

N. B. El espacio litoral delimitado por esos dos extremos presenta los topónimos Baja del Borrallo, Punta Borrallos y Playa de los Incendios, lo cual lleva a pensar en la presencia de cenizas o sales más o menos ricas en sílice.

AGUANE. (Del maz.tk **awwan,* s. m. sing. lit. 'bloque de piedra', fig. 'roque'.) GC. desus. *Top.* Nombre nativo del Roque Partido (o *Dedo de Dios*), eminencia pétrea situada en la costa del municipio de **Agaete,** cuya fracción superior y más representativa desapareció por la acción de una tormenta en el año 2005. En f. **Taguane.** *Cf.* **Abona.** || *Lex.* [W·N_2].

AGUAYRO. (Del maz.tk **agayur > agg^{w}ayro,* s. m. sing. lit. 'tocón', fig. 'roque'.) GC. ant. *Top.* Roque basáltico, con una altura de 542 m, enclavado en el municipio de **Agüimes,** entre el Barranco de **Temisas,** por el Norte, y el de **Balos,** por el Sur. || *Fon.* *g > ggw > w(w), por labialización. || *Lex.* [G·Y·R].

AGÜIMES. (Del maz.tk **agūmăs > aggûmes > agguimes,* n. vb. m. sing. lit. 'embeleso, encanto, hechizo', p. ext. 'santidad', p. ext. 'lugar de especial virtud'.) GC. ant. *Top.* Municipio en el sureste de la Isla, ubicado entre Ingenio y Santa Lucía de **Tirajana.** *Var.* Aguimes, Aguimez, Agüímez, Aguymes, Agüymes, Aguymez, Guemes, Guimes. || *Fon.* *g > gg^w > w(w), por labialización. *ū > ui, por refracción o armonización (de la vocal tónica) con la vocal característica (ă) (abierta). || *Lex.* [G·M·S].

N. B. En la cultura **amaziq,** es frecuente la existencia de lugares sagrados e inviolables, por lo general reservas de pastos comunales o provisión de algún otro bien material o místico, que extienden además su excepcionalidad al refugio, amparo o asilo de personas. Pero, en cualquier caso, si esta lectura sugerida por una parte de las fuentes coloniales no fuera la adjudicada al lugar de Agüimes en el pasado, la acepción 'pómulo' o 'mejilla', que de igual manera exhibe este lexema [G·M·S], se podría invocar como base para otra creación toponímica que habría tomado como referencia el Roque **Aguayro.**

AHENGUAREME. (Del maz.tk **ahen-warem,* m. sing. lit. '(nombre de planta)'.) LP. ant. desus. *Top.* Nombre del bando o distrito meridional de la Isla antes de producirse la invasión europea, hoy ocupado por el municipio de Fuencaliente. *Var.* Abenguareme, Agjenguareme. *Cf.* **Timbaromos.** || *Fon.* *b > b^w (> g^w = w), por labialización (y correspondencia regular). || *Lex.* [H·N·B·R·M].

N. B. Puede tratarse de dos endemismos canarios: la 'ruda salvaje' *(Ruta ramosissima)* o el 'incienso' *(Artemisia thuscula).*

AIFARAGA. (Del maz.tk **ayfarag,* s. m. sing. lit. 'cercado'.) LP. ant. desus. *Top.* Lugar en el bando de **Tegalgen,** en la comarca septentrional de la Isla. || *Lex.* [F·R·G].

N. B. Según advirtió el cronista luso Gaspar Frutuoso (1522-1591), es el nombre original del sitio más conocido desde entonces por la lectura invertida del vocablo, *i. e.* **Garafía.**

AJO. (Del maz.tk **aghwu > agho,* n. vb. m. sing.) m. Lz. desus. Resonancia. En f. **tejo.** V. *Top.* **Tinajo.** || *Lex.* [Gh·W_1].

AJONSE. (Del maz.tk **ăghunza,* s. m. aum. sing. lit. 'cazo'.) Hi. *Or.* Macizo situado en la comarca de **Asofa.** En su vertiente occidental, forma una hoya con agua y pastos abundantes. *Var.* Ajonce, Aonse. *Cf.* **Bentejís.** || *Fon.* *z /z/ > j /ʒ/ > š /ʃ/ > h /ɦ/, por palatalización /ʒ/, ensordecimiento /ʃ/ y pérdida del rasgo labial /ɦ/. || *Lex.* [Gh·N·J].

ALAJERÓ. (Del maz.tk **ăr-aghraw > alaghero,* m. sing. lit. 'barrillar'.) Go. ant. *Top.* Lugar, hoy municipio, situado en el sur de la Isla, fronterizo entre los bandos de **Orone** e **Ipalan.** *Var.* Alaeró. || *Lex.* [R + Gh·R·W].

ALGUASEGA. (Del maz.tk **alwa-əsăgāw,* m. sing. lit. 'bestia radiante'.) m. LP. ant. desus. *Antr.* Varón de 26 años vendido en el mercado esclavista de Valencia (28-VI-1494). || *Fon.* *-ă- [ɛ] > -o-, por metafonía vocálica con [u̯]. *-(ā)w > -ø, caída en final absoluto después de vocal larga plena. || *Lex.* [L·W + S·G_1].

AMAZIQ. (Del maz.tk **amazīgh,* pl. *imazīghăn,* adj. vb. m. lit. 'intrépido', p. ext. 'hombre libre', 'noble'.) adj. ant. *Etno.* Habitante indígena del

África septentrional (continental e insular). En pl. amazighes. Ú. t. c. s. *Var.* amazigh. *Sin.* (esp.) bereber (gr. *βάρβαρος,* adj. m. desp. lit. 'que balbucea', 'bárbaro', 'extranjero'). **2.** adj. Perteneciente o relativo a la población indígena del África septentrional (continental e insular). **3.** m. *Ling.* Conjunto de los dialectos y hablas de la lengua **tamaziq.** || *Fon.* *ɣ (gh) > /ʁ/ > qq > q, por correspondencia regular y abreviación de geminada en final absoluto (Prasse 1972: 44). || *Lex.* [M·Z·Gh].

N. B. El concepto «amazigh» lo asentó (1985-1987) en la producción cultural isleña el investigador Hermógenes Afonso de la Cruz (1945-1996), aunque a partir de la preciada influencia que ejerció el insigne antropólogo, lingüista y escritor cabilio Mouloud Mammeri (1917-1989) en los análisis, las ideas y el proyecto político del Movimiento para la Autodeterminación e Independencia del Archipiélago Canario (MPAIAC), organización de la que fue su responsable del área cultural. Por esas fechas, junto al profesor de literatura canaria Pablo Quintana Déniz, fundó la *Revista del Occidente de África (ROA),* donde se popularizó también la variante «amasik», aunque sin duda el mayor impacto social quedará ligado a la publicación en 1987 de su libro *Magos, Maúros, Mahoreros o Amasikes.* Un poco más tarde, entre 1989 y 1990, el escritor y lexicógrafo Manuel Suárez Rosales (1990) acuñó también el neologismo «mazigio».

La preferencia que se expresa aquí por la castellanización «amaziq» abunda en un modelo adoptado también en catalán: <amazic>. Es verdad que, para este concepto, la lengua contempla la cu final (-q) sobre todo en femenino: (Gh) *tămâziq;* (WE, Y, G, Gh) *tȧmăjəq;* (D, WW, N) *tȧmăšəq;* (H) *tȧmȧhȧq.* Pero tampoco se trata de una excepción fonética. Sirvan de ejemplo los vocablos: [Š·W·R·Gh] (Mc) *ašewraq* 'rubio', 'bermejo' o [B·Q] (Kb, Taš, Sns) *abquq,* s. m. 'aro (planta), pie de becerro'.

Esto se observa de igual manera en las hablas isleñas. Véase una noción tan conocida y bien documentada en fuentes orales y escritas como «Magec», restituida *Maɣeq* o *Magheq.* O bien el topónimo de la comarca que en la actualidad ocupa Valverde, la capital herreña, «Amoco» *Amoq,* o la designación grancanaria de la resina, «zumeque» *zumeq,* o la tardía alusión al atardecer, «enac» *enaq.*

ANAGA. (Del maz.tk **anaga,* loc. adv. de lugar, lit. 'arriba, encima', p. ext. 'el Oriente'.) Tf. ant. *Top.* Comarca oriental de la Isla. *Var.* Ahanaga, Anagas, Anagla, Anagua, Hanaga, Hanagua, Naga, Nagas. **2.** GC. desus. *Top.* Aldea de cuevas en **Moya.** Usáb. m. Naga. **3.** LP. *Top.* Roques en la costa de Fuencaliente. || *Lex.* [N·G_1].

ANÇOFE. (Del maz.tk **an-əsuf,* m. sing. lit. 'el río, lo que es río'.) GC. ant. *Hidr. Top.* Barranquillo que discurre por la linde que separa los municipios de **Gáldar** y Santa María de Guía. *Var.* Anzofé. *Err.* Anzo. **2.** GC. ant. *Top.* Localidad enclavada en el antiguo bando socioterritorial de **Gáldar,** pero hoy adscrita al municipio de Santa María de Guía. || *Lex.* [N_1 + S·F].

ARAFO. (Del maz.tk **araffu,* n. vb. m. sing. 'deslizamiento, talud'.) Tf. ant. *Top.* Comarca en el sur de la Isla, hoy municipio. || *Lex.* [R·F_1].

ARAGU. (Del maz.tk **araw,* s. m. sing.) m. GC. desus. Genio o espíritu maligno. En pl. **yrguan, yruene.** En f. **Taraire.** || *Lex.* [R·G_1]. || V. **maragulla.**

ARICO. (Del maz.tk **arăkkăw > ariko,* n. vb. m. sing. lit. 'pudrimiento', acaso en relación con el proceso de mirlado de los cadáveres.) Tf. ant. *Top.* Municipio en el SE de la Isla, entre **Fasnia** y Granadilla de **Abona. 2.** Tf. *Top.* Paraje en el entorno de **Tegina,** municipio de La Laguna. || *Fon.* *-ăw > -o, por contracción. || *Lex.* [R·K_1].

ARMIGUAR. (Del maz.tk **ăr-mig^w^ar,* m. sing. 'lugar de recolección', p. ext. 'lugar de reunión', 'feria'.) Go. ant. desus. *Top.* Lugar ubicado en el cuadrante nororiental de la Isla, en el bando de **Mulagua.** *Var.* Armiga, Armigua, Armiguo, Arnigua, Hermigua. || *Lex.* [R + M·G·R].

ASOFA. (Del maz.tk **asuf,* s. m. sing. lit. 'río', 'torrente', p. ext. 'valle'.) Hi. ant. desus. *Hidr.* Nombre de una fuente. *Var.* Acof (Açof), Azofa. En f. dim. **Taçofote.** *Cf.* **Ançofe. 2.** Hi. ant. *Top.* Comarca situada al sur de Valverde, entre las localidades de San Andrés e **Isora.** Ú. m. Azofa. || *Fon.* La pervivencia de este topónimo bajo la forma *Asofa* o *Azofa* no deja lugar a dudas acerca del verdadero estatuto fonológico de la consonante representada por la grafía -c-. Es seguro que la transmisión textual ha ocasionado la pérdida de la cedilla que debió exhibir en origen (ç), aunque los paralelos continentales reclaman la restitución de un fonema abiertamente fricativo /s/. || *Lex.* [S·F].

B

BALOS. (Del maz.tk **aballāw > (a)ballo,* m. sing.) m. ant. *Bot.* Arbusto de la familia de las Rubiáceas que se cría en los terrenos arenosos, pedregosos y áridos cercanos al mar *(Plocama pendula)*. *Var.* bale, balo, balot, valo. *Sin.* (palo) **bufo. 2.** m. Hi. *Bot.* Arbusto leñoso que abunda en zonas de laurisilva y pinar, sobre riscos y paredes *(Phyllis nobla)*. || *Fon.* *a- > ø-, por aféresis facultativa de la vocal de estado. *-āw > -o, por contracción. || *Lex.* [B·L·W].

BENAHOARE. (Del maz.tk **wen-ahūwwār > benahoar,* m. sing. lit. 'el lugar del ancestro (ahuwwâra)', fig. 'patria'.) LP. ant. desus. *Neso.* Nombre dado a la Isla por su antigua población **amaziq.** Con 708 km² de superficie, es la más noroccidental de las que integran el archipiélago canario. *Var.* Benahorare, Benajoare, Benehoare. *Err.* Benahoave. || *Fon.* *w > /ß/ > b, por consonantización [w > ß] y posterior neutralización [ß – b]. *z /z/ > j /ʒ/ > š /ʃ/ > h /ɦ/, por palatalización /ʒ/, ensordecimiento /ʃ/ y pérdida del rasgo labial /ɦ/. *-ūw(w)- > -o-, por disimilación. || *Lex.* [N_2 + H·W·R].

N. B. Este lexema parece la base del etnónimo Huwwāra, conjunto poblacional amaziq asentado antes de la invasión islámica en Tripolitania y el Fezzan, ámbitos continentales donde es posible situar uno de los focos originales de las comunidades isleñas:

> Lors de la conquête musulmane, toutes les tribus portant le nom générique de Hoouara, tant celles qui remontent leur origine à El-Abter que celles qui ont Bernès pour ancêtre, habitaient la province de Tripoli et la partie du territoire de Barca qui en est voisine; fait que rapportent également El-Masoudi et El-Bekri. Les unes possédaient des demeures fixes, les autres vivaient en nomades. Parmi elles, il s'en trouva une qui traversa les sables jusqu'àu Désert et s'établit à côté des Lamta porteurs du voile, qui habitaient auprès de Gaugaua, localité située dans le pays des Noirs, vis à vis de l'Ifrîkïa. On reconnaît l'origine hoouaride de cette peuplade au nom qu'elle porte et qui est une altération du mot Hoouara; car ayant changé le ou de ce mot en une espèce de k dont le son est l'intermédiaire du k doux et du k guttural, ils en ont formé Heggar [Ibn Jaldún 1925, I: 275-276].

Ibn Jaldún
(1332-1406)

Un dato que ya recuperó y actualizó el monje y viajero francés Charles E. de Foucauld (1858-1916).

> [...] on peut admettre que la tribu berbère des Houara, dont le nom s'est transformé en *Ahaggar*, a émigré du Fezzan vers le massif montagneux qui a près son nom, l'a conquis, a réduit à l'état de plébéiens vassaux *(ămeṛid)* les fractions berbères qui l'habitaient, que

> son nom y est devenu syn. de 'noble' parce qu'elle était la tribu conquérante et souveraine, et qu'après s'être communiqué au massif montagneux central qui est comme la citadelle de la contrée et en est la seule partie touj. habitée, il s'est étendu à toute la région soumise à sa domination [Foucauld 1951, I: 533-534].

Esta opción retoma la sugerencia expresada por M. Gast (2000: 3.513) en cuanto a la relación semántica que se establece entre la 'ancianidad' y la 'autoridad': «Le terme générique de *Huwwâra* signifierait donc, par extension, 'Suzerains', 'Dominants'».

BIN. (Del maz.tk **wi-n,* loc. det. m. pl.) m. Hi, Tf. ant. desus. *Gram.* Los de. *Var.* bim. En sing. **guan.** En f. pl. **tin. 2.** gent. Can. ant. desus. p. ext. *Soc.* Hijos de, gentes de. || *Fon.* *w > /ß/ > b, por consonantización [w > ß] y posterior neutralización [ß – b]. || *Lex.* [W·N_1].

BINCHENI. (Del maz.tk **wi-n-Zənzən > wi-n-əšenšen > winšen > binšeni,* conj. det. m. pl. lit. 'los de Achineche'.) gent. Tf. ant. desus. *Soc.* Habitantes amazighes de esta isla. En sing. guanchini (**guanche**). || *Fon.* *w > /ß/ > b, por consonantización [w > ß] y posterior neutralización [ß – b]. *z /z/ > j /ʒ/ > š /ʃ/ > h /ɦ/, por palatalización /ʒ/, ensordecimiento /ʃ/. La reduplicación expresiva del tema *(zən-zən),* que todavía se advierte en el nesónimo (**Achineche**), sufre una haplología en el gentilicio *(guanchini / bincheni)* por economía de lenguaje. || *Lex.* [W·N_1 + Z·N].

BOFE. (Del maz.tk **buffăy,* n. vb. m. sing.) m. GC. Materia blanda y pegajosa que sale de algunas cosas, al derretirse o romperse, así como de los frutos al pudrirse. *Sin.* **bufo.** || *Lex.* [B·F·(T)].

BUFO. (Del maz.tk **buffăy,* n. vb. m. sing.) m. Can. Ventosidad que se expele sin ruido. *Var.* bufio, gufo. Ú. t. en Portugal, Extremadura y Galicia. *Sin.* **bofe. 2.** m. GC. *Bot.* Arbusto de la familia de las Rubiáceas que se cría en los terrenos arenosos, pedregosos y áridos cercanos al mar *(Plocama pendula). Var.* palo bufo. *Sin.* **abalo.** || *Lex.* [B·F·(T)].

C

CANARIA. (De ***canario.***). GC. ant. *Neso.* Isla atlántica del archipiélago canario, situada a 28° de lat. N y 15° 35′ de long. O, con una superficie de 1.560 km^2.

CANARIO, RIA. (Del maz.tk **kanar,* n. vb. concr. m. lit. 'frente grande', fig. 'frente de combate, vanguardia', y adición del morfema hispano de género.) adj. ant. *Etno.* Habitante **amaziq** de la isla de Gran Canaria. **2.** adj. ant. p. ext. Natural de las Islas Canarias. || *Lex.* [K·N·R].

N. B. En buena lógica, la investigación científica tiende a pensar que este gentilicio isleño debe de corresponderse con el continental, dedicado a una tribu situada por Plinio al norte del río Ger, en la vertiente oriental del Atlas Medio marroquí, hoy dispersa:

§ «[...] qui proximos inhabitent saltus, refertos elephantorum ferarumque et serpentium omni genere, Canarios appellari, quippe victum eius animalis promiscuum iis esse et dividua ferarum viscera» [Plinio (*Nat. Hist.* V, 1) 1967: 366].

§ [Que se traduce:] «Los que habitan las regiones más próximas llenas de elefantes, fieras y serpientes de todo tipo son llamados canarios, puesto que su régimen no se distingue del de los perros y comparten con estos animales las entrañas de las fieras».

En los últimos años, ha comenzado a tomar arraigo otra formulación latina de este concepto, el nominativo plural *Canārii (-ōrum),* considerada de forma errónea una acuñación **amaziq** del etnónimo continental.

CÁRISCO. (Del maz.tk **karəs-sihik > karisk,* m. sing. lit. 'madera para construir', y adición del morfema hispano de género.) m. Hi. *Bot.* Viñátigo, árbol perennifolio perteneciente a la familia de las Lauráceas, endémico de Madeira, Azores y Canarias *(Persea indica).* De corteza gris obscura, su madera de color rojo pardo es muy apreciada en construcción y ebanistería. || *Lex.* [K·R·S + Š·K_1].

N. B. El ilustrado orotavense Juan Antonio de Urtusáustegui (1731-1794) recogió cómo en las casas de El Hierro, isla donde fuera Gobernador de Armas, el «piso se compone, sin vigas, de tablones de cárisco (viñátigo)».

CHABORA. (Del maz.tk **tabōra > čabora,* s. f. sing., y adición del morfema hispano de género.) Tf. *Bot.* Nombre de diferentes especies de plantas labiadas *Leucophae (Sideritis). Var.* chagorra, chahorra, chajorra, chaorra, obajora, tajora. *Sin.* **chajora.** || *Fon.* *t- /t/ > č- /ʧ/, por palatalización. || *Lex.* [B·R_2].

CHAJORA. (Del maz.tk **šaghor,* s. m. sing., y adición del morfema hispano de género.) Tf. *Bot.* Nombre de diferentes especies de plantas labiadas *Leucophae (Sideritis). Var.* chagorra, chahorra, chajorra, chaorra, obajora, tajora. *Sin.* **chabora.** || *Fon.* *š /ʃ/ > č /ʧ/ > t /t/, por analogía con la palatalización de la dental en **chabora.** || *Lex.* [Š·Gh·R_1].

CHASNA. (Del maz.tk **tasna > časna,* s. f. sing. lit. 'grada, escalona'.) Tf. ant. *Top.* Comarca en el municipio sureño de Vilaflor. *Var.* Chasnia, Chazna. || *Fon.* *t /t/ > č /ʧ/, por palatalización. || *Lex.* [S·N1].

CHEQUE. (Del maz.tk **asəhək (ə) > asəβək > šek,* s. m. sing. lit. 'vegetal, planta, árbol'.) m. Tf. desus. *Bot.* Planta (por antonomasia). *Cf.* **choco, escán, isco.** || *Fon.* *s + h (s + ß) > š /ʃ/, por labialización. || *Lex.* [Š·K1].

CHIMICHI. (Del maz.tk **timessi > čimišši,* s. f. sing. lit. 'fuego'.) m. Tf. p. us. *Rel.* Infierno. Usáb. c. top. *Var.* Chimeche, Chimiche. Ú. m. **chíniche.** || *Fon.* *t /t/ > č /ʧ/, por palatalización. || *Lex.* [M·S].

CHINGUARIME. (Del maz.tk **ti-n-warem > činwarime,* conj. det. f. lit. 'una(s) de la ruda o el incienso'. Go. *Top.* Barranco y playa en el municipio de S. S. de La **Gomera,** entre los lomos de Cascante y del Joradillo. *Var.* Chingarime, Chinguarim, Chinguarima, Chingüarime, Chinguaromo, Chinguereme, Chunguarime, Tinguarime. *Cf.* **Ahenguareme; Timbaromos.** || *Lex.* [T·N + W·R·M].

CHÍNICHE. (Del maz.tk **tinəzzăy > činišše,* n. vb. f. pl. 'agobios', 'aniquilaciones', 'lo peor'.) m. Tf. *Rel.* Infierno. Usáb. c. top. *Var.* chinechi, chiniche, chinichi. *Sin.* **Chimichi.** || *Fon.* *t /t/ > č /ʧ/, por palatalización. *zz > šš /ʃ.ʃ/, por labialización. *-ăy > -e, por contracción. || *Lex.* [N·Z].

CHÍÑACO. (Del maz.tk **izənzagh > šiñaq,* n. vb. concr. m. pl. lit. 'arañazos', fig. 'acantilados'.) Tf. *Top.* Roque y escarpe en Buenavista del Norte. *Var.* Chinaco, Chíniaco. || *Fon.* *z /z/ > j /ʒ/ > š /ʃ/ > h /ɦ/, por palatalización /ʒ/ y ensordecimiento /ʃ/. *-nz- > ñ /ɲ/, por palatalización. *-ɣ (gh) > -qq > -q, por correspondencia regular y abreviación de geminada en final absoluto. || *Lex.* [N·Z·Gh].

CHIRRINGUE. (Del maz.tk **zărzăr-əngăy > širirənge > širringe,* m. sing. 'desborde abundante de un líquido'.) m. GC. Primer líquido, el más claro, que se obtiene al presionar el queso. *Sin.* **tabefe, tabique.** || *Lex.* [Z·R + N·G·Y1].

CHISO. (Del maz.tk **təssəwt > čisso,* n. vb. f. sing. 'estera de lecho fino'.) m. GC. Ceniza, residuo polvoriento de alguna cosa [Víctor Perera Mendoza, com. pers. de Patricio Suárez Gil y Heraclio González

Rodríguez, vecinos ambos de Artenara, 2007]. || *Fon.* *t /t/ > č /ʧ/, por palatalización. || *Lex.* [S·W$_1$].

CHOCO. (Del maz.tk **asəhək (ə) > šuku,* s. m. sing. lit. 'madera'.) m. Hi. *Bot.* Trozo pequeño de madera, tronco o gajo seco. **2.** m. Hi. Leño, tronco. **3.** m. Madero para apoyar las cosas que se cortan. **4.** m. GC. *Bot.* Cierta planta de secano. *Cf.* **cheque, escán, isco.** || *Fon.* *s + h (s + ß) > š /ʃ/, por labialización. || *Lex.* [Š·K$_1$].

D

DAR. (Del maz.tk **(a)dar,* s. m. sing.) m. GC. ant. desus. *Geog.* Fondo, parte baja, pie de montaña, aval, parte baja de un río, lecho (de un valle). En pl. **Adirane.** || *Lex.* [D·R$_1$].

E

ECHEIDE. (Del maz.tk **eššăḍ,* n. vb. m. sing. 'malignidad'.) Tf. ant. desus. *Rel.* Infierno. *Var.* Echeyde, Egeide, Eheida, Eheide. *Err.* Echeydey. || *Fon.* *z /z/ > j /ʒ/ > š (sh) /ʃ/ > h /ɦ/, por palatalización /ʒ/, ensordecimiento /ʃ/ y pérdida del rasgo labial /ɦ/. || *Lex.* [Š·Ḍ].

ERJOS. (Del maz.tk **erghəs > erqqes,* s. m. sing. lit. 'lugar cubierto de roca caliza', 'toba'.) Tf. ant. *Top.* Pago en los municipios de Los Silos, El Tanque y Santiago del **Teide.** *Var.* Herjos, Hergos. *Sin.* **Erques.** || *Fon.* *ɣ (gh) /ʁ/ > qq, por correspondencia regular. || *Lex.* [R·Gh·S].

ERQUES. (Del maz.tk **erghəs > erqqes,* s. m. sing. lit. 'lugar cubierto de roca caliza', 'toba'.) Tf. *Top.* Barranco que discurre por el cuadrante sudoriental de la Isla, entre los municipios de **Fasnia** y **Güímar.** *Err.* Erque, Hercos, Herque, Herques, Xerques. *Sin.* **Erjos.** || *Fon.* *ɣ (gh) /ʁ/ > qq, por correspondencia regular. || *Lex.* [R·Gh·S].

ESCÁN. (Del maz.tk **esəhəkan > esəkan,* s. m. pl. lit. 'hierbas', p. ext. 'lechos o tapices vegetales'.) m. Lz. *Bot.* Nombre de diversas especies de líquenes tintóreos que suelen formar praderas más o menos extensas sobre suelos volcánicos. *Var.* ajicán, alicán, escar, jaicán, jicán. En sing.

isco. *Cf.* **cheque, choco.** *Cf.* **Escanfraga. 2.** Lz. Nata fresca. *Sin.* **tabefe.** || *Fon.* *-h- > -ø-, elisión por tendencia (dialectal) reductiva en posición (débil) intervocálica (o intrarradical). Para evitar una eventual geminación o asimilación de -h- intrarradical, algunas hablas tuaregs (D, N) provocan una metátesis (s-h > h-s), que explicaría también las variedades isleñas con fonema posterior en posición inicial: **ahisəkan* > *ahihkan* > *ahikan,* s. m. pl. *-s- > -h- /ħ/ > ø, por asimilación armónica y contracción (-hih- > -hi-). || *Lex.* [Š·K₁].

EZERO. (Del maz.tk **ēẓărūh* > *eẓəro,* s. m. sing. 'lugar fuerte, fortaleza natural u orográfica'.) Hi. ant. desus. *Neso.* Nombre dado a la Isla por su antigua población **amaziq.** Es la más pequeña (269 km^2) y meridional de las que integran el archipiélago canario. *Var.* Eccero, Écerro, Esero. *Var.* **Acero.** || *Fon.* La vocal de estado presenta una realización más anterior que la de su paralelo continental *(āẓărūh),* pero no es posible determinar si también se abrevia o, por el contrario, mantiene su cantidad para así compensar la pérdida del último radical *h (Prasse 1974: 213-214). *ă > ä > ə, por asimilación a la vocal característica e influencia de la vocal de estado (ē-). *-ūh > -u > -o, por contracción y asimilación a la consonante vibrante (r). || *Lex.* [Ẓ·R].

N. B. Ya el profesor Álvarez Delgado (en Marcy 1962: 275) excluyó como formas romances las versiones que aparecen en los portulanos (Gaddiano, 1351; Pizzigani, 1367; Cresques, 1375; Villadestes, 1413) de los siglos XIV y XV: *fero* y *fer,* con el valor en catalán, italiano y francés de la 'herradura' que representa a esta isla en todos los mapas de la época. De ahí derivan luego las voces portuguesa *(ferro)* y castellanas *(hierro > hero).*

Problemas paleográficos y etimologías dudosas aparte, el dato más verosímil acerca de la denominación nativa de la Isla lo suministra Abreu Galindo: *Esero* (*ca.* 1590: I, 17 > d. 1676: 22r), *Écerro* (*ca.* 1590: III, 3 > d. 1676: 78v), *Ezero* (*ca.* 1590 > 1787: 17r), con la típica imprecisión en la ortografía de las sibilantes, que acentúa la anotación de Marín de Cubas (1694, I, 20: 40r) *(Eccero).* Como es lógico, estamos fuertemente tentados de interpretar estas vacilaciones gráficas en la representación de la sibilante como un síntoma de la dificultad que representa para el oyente castellano transcribir el sonido enfático de la alveolar -ẓ-. La mayoría de los investigadores ha convenido en observar aquí un radical biconsonántico, [Ẓ·R], cuyo campo semántico, 'roca', se expresa en numerosas voces de diferentes dialectos. La opción expuesta aquí, procedente del habla tăhăggart, atiende a la traducción que mejor describe el aspecto dominante en la geografía de esta isla, pues «la rodea una especie de muralla de lava que la hace sumamente áspera, montuosa y casi inaccesible á los viajeros» [Madoz (1845-1850) 1986: 125]. Una circunstancia que se explica por:

> [...] el rápido ascenso que experimenta el terreno a partir de su línea de costa, merced a la relación habida entre la altura máxima y reducida extensión de su territorio, la convierten en la isla de mayor pendiente media del Archipiélago, sólo superada en el planeta por la Isla de Fogo,

en el Archipiélago de Cabo Verde, con 443 Km. de extensión y 2.835 m. de altitud [Jiménez Gómez 1993: 33].

F

FAINA. (Del maz.tk **fāh-inagh* > *faina,* m. lit. 'nuestra luz'.) f. Lz. ant. *Antr.* Esposa de **Zonzamas.** Tuvo una hija (**Ico**) de su relación con el navegante vizcaíno Martín Ruíz de Avendaño, acogido en aplicación del principio de hospitalidad. *Var.* Fayna. || *Lex.* [F_1 + N·Gh].

N. B. El enunciado, a pesar de su morfología masculina, queda acreditado como antropónimo con valor sociolingüístico femenino. Igual que su estructura (substantivo + pronombre sufijado) también conoce paralelos continentales: p. ej. (Y) *Tənfəna,* (WE) *Tənfa-ana* < *(*Tənfa-anăgh).*

FAJANA. (Del port. de Madeira **fajã,* f. 'terreno de maior ou menor extensão formado pela queda de terrenos situados a montante, sendo geralmente bastante produtivo; formam-se pelo desabamento de terras que se desagregaram das vertentes das montanhas', y éste del esp. *faja,* f. 'franja mucho más larga que ancha', y éste del lat. *fascia,* f. 'cinta, banda, faja'.) f. ant. Go, LP, Tf. *Geog.* Terreno llano al pie de laderas o escarpes, formado comúnmente por materiales desprendidos de las alturas que lo dominan (DDEC 1996: 607). *Var.* faya, fayan(a), fayança, hajana (DHECan 2001: 626-627).

N. B. No deja de resultar significativo que también sea posible especular con un eventual antecedente **amaziq** a partir del lexema [F·Gh]: *faghan-a,* m. lit. 'la saliente o salida', 'la eclosión, dispersión, separación'.

FASNIA. (Del maz.tk **făsna,* s. m. aum. sing. 'escalera'.) Tf. ant. desus. *Top.* Comarca, hoy municipio, que formaba parte del territorio de **Agache,** en el bando **insuloamaziq** de **Güimar,** lindante con la zona de **Chasna,** en el distrito de **Abona.** *Var.* Fasna, Fasnea, Fásnia. *Err.* Farnaea, Farnia. || *Lex.* [F·S·N].

G

GAIDA. (Del maz.tk **gayd-a,* s. m. sing. lit. 'la colina'.) Lz. *Or.* Montaña (563 m) en La Asomada, municipio de Tías. *Var.* Gáida. En f. **tagayde.** *Cf.* **Aguaide.** || *Lex.* [G·Y·D].

GÁLDAR. (Del maz.tk **(ă)gal-dar,* m. sing. lit. 'vega extensa, grande o mayor'.) GC. ant. *Top.* Comarca y municipio del noroeste de la Isla. Fue asiento y capital de uno de los dos grandes bandos o distritos amazighes en los que se agrupaba la población isleña al tiempo de producirse la ocupación europea. *Var.* Agaldar, Aregaldan, Aregaldar, Gadar, Galda, Gálda, Galdal, Galdar. || *Lex.* [G·L + D·R_1].

GARACHICO. (Del maz.tk **gara-iššk (gara-ašišk) > garaššik,* m. 'roque separado', lit. 'saliente (o altura) retirado'.) Tf. ant. *Top.* Roque costero en el noroeste de la Isla, que identifica en la actualidad a un municipio cuyas tierras se extienden hacia el mar desde los flancos noroccidentales del volcán Pico Viejo. *Err.* Garachice, Garachizo. **2.** LP. *Top.* Aldea en San Andrés y Sauces. **3.** Go. *Top.* Localidad en Vallehermoso. || *Lex.* [G·R_4 + Š·K_2].

GARAFÍA. (De ***Aifaraga.***) LP. ant. *Top.* El análisis lingüístico corrobora la información que aporta Gaspar Frutuoso (1590, XVIII), por cuanto revela una identidad morfosemántica completa en el ámbito **amaziq** para el vocablo **Aifaraga** (el inverso correcto), mientras la voz Garafía sólo concita paralelos complicados e inseguros.

GAROÉ. (Del maz.tk **gărăw,* s. m. sing. 'laguna', 'río'.) m. Hi. ant. *Bot.* Nombre de un famoso til *(Ocotea foetens),* árbol de la familia de las Lauráceas, cuyo follaje captaba la humedad ambiental y la escurría hasta una alberca colocada al pie. *Var.* gan, garao, garoa, garoe, garre, garsé, geroe, haroe. || *Lex.* [G·R·W].

GOFIO. (Del maz.tk **gŭfūw > gofô,* s. m. sing. lit. 'montón'.) m. Can. ant. Harina de cereal tostado. *Var.* goffio, gofia. *Err.* gosio. Ú. t. en América. || *Fon.* En la vocal penúltima: *ŭ > ə > ŏ, acaso por el contacto con la consonante velar (g). En la vocal característica: *ūw > ū/u > ô/o, especie de disimilación que trata de evitar la contracción del grupo final (*-ūw) (*cf.* Prasse 1972: 87 y 91). || *Lex.* [G·F].

N. B. La rápida adopción del vocablo por los cronistas puede haber influido en que los registros cubran la totalidad del Archipiélago. Sin embargo, no deja de ser cierto que su origen lingüístico en la tradición tuareg, presente en todas las islas, admite también esa posibilidad.

Adenda

§ *Cf.* «ac primum silici scintillam excudit Achates succepitque ignem foliis atque arida circum nutrimenta dedit rapuitque in fomite flammam. tum Cererem corruptam undis Cerealiaque arma expediunt fessi rerum, frugesque receptas et torrere parant flammis et frangere saxo» [Vergilius Maro (*ca.* -18, I: 174-179) 1969].

§ [Que se traduce:] «Acates hace brotar el primero chispas de un pedernal, recoge el fuego en un montón de hojas, y poniéndole alrededor áridos pábulos, levanta una gran llamarada; entonces los fatigados náufragos sacan de las naves el trigo mareado y los instrumentos de Ceres, y se aprestan a tostar en la llama y a moler con piedras los granos salvados de la tempestad» [Virgilio Marón (*ca.* 18 a.n.E.) (1951) 1976: 13].

GOGA. (Del maz.tk **găwga,* s. m. sing. lit. 'vapor caliente'.) f. Tf. Pequeña cantidad de **gofio** que se coge con la yema de los dedos. *Var.* gogia. *Cf.* **Tiniguiga.** || *Lex.* [G·G].

GOMER. (Del maz.tk **ghumār > qqumâr,* n. vb. m. sing. 'grande, notable, jefe'.) m. Go. ant. desus. *Antr.* Nombre de un supuesto «Gran Rey» de la Isla. || *Fon.* *ɣ (gh) > /ʁ/ > qq, por correspondencia regular. || *Lex.* [Gh·M·R_2].

N. B. Las resonancias bíblicas de este vocablo hacen desconfiar de su autenticidad como nombre **amaziq.** Ahora bien, su morfología encaja perfectamente en la organización sociocultural de esta comunidad, aunque el epónimo que sugiere, y acaso la tradición del Gran Rey insular, alcanzaría al conjunto de las tribus ghomaras, establecidas en el norte de Marruecos y el Rif. De ellas hablaba ya el historiador tunecino Ibn Jaldún (1332-1406):

> Les Berbères ont aussi leurs voyants. Le plus connu était Mûsâ b. Ṣâliḥ, des Banû Ifrân ou des Ghomâra *(Ghummart).* Il Faisait ses prédictions en vers berbères. Il s'agissait, presque toujours, des dynasties zénètes qui, un jour, régneraient sur le Maroc [Ibn Jaldún (1377) 1968, II: 680].

GOMERA. (De *Antr.* ***Gomer.***) Go. ant. *Neso.* Isla atlántica del archipiélago canario, que ocupa una superficie de 370 km^2. *Var.* Gommaria, Gommera, Gumera, Jumera, Gumela.

GONEY. (Del maz.tk **gunăy,* n. vb. m. sing. lit. 'acecho'.) Fv. desus. *Top.* Punto de observación desde el que se contempla un **malpaís** en el municipio de Antigua. || *Lex.* [G·N·Y_1].

GORO. (Del maz.tk **gurur,* s. m. sing. lit. 'recinto circular'.) m. Fv, Go, Hi, LP, Lz, Tf. Pequeño corral o cercado de piedras, dispuesto de forma circular, para guardar el ganado menor. *Var.* gora, goran, gore, gorona, guro, gurona. En f. **tagoror. 2.** m. Fv, GC, LP. Pequeña cerca formada con piedras para resguardarse del viento. || *Lex.* [G·R_2].

GUADARFIA. (Del maz.tk **wadarfi,* n. est. m. sing. lit. 'el liberado o protegido de un ataque'.) m. Lz. ant. desus. *Antr.* Jefe de la isla de Lanzarote al tiempo de producirse la llegada del conquistador normando Jean de Bethencourt (1402). || *Lex.* [D·R·F].

GUAN. (Del maz.tk **wa-n, we-n,* pl. *wi-n,* loc. det. m.) Can. ant. desus. *Gram.* El, lo de. *Var.* ban, ben. En pl. **bin.** En f. **tan. 2.** gent. Can. ant. desus. p. ext. *Soc.* Hijo de. **3.** m. Can. ant. desus. p. ext. *Soc.* Hombre. || *Lex.* [W·N_1].

GUANCHE. (Del maz.tk **wa-n-Zənzən > wa-n-əšinə(šẽ) > wančini,* conj. det. m. sing. lit. 'el de Achineche'.) gent. Tf. ant. desus. *Soc.* Habitante **amaziq** de esta isla. *Var.* guanchini. *Err.* ganche, guanchinés, guancho, guanhe. En pl. **bincheni. 2.** m. Can. ant. p. ext. *Soc.* Habitante **amaziq** de las Islas Canarias. || *Fon.* *z /z/ > j /ʒ/ > š /ʃ/ > h /ɦ/, por palatalización /ʒ/, ensordecimiento /ʃ/. La reduplicación expresiva del tema *(zən-zən),* que todavía se advierte en el nesónimo (**Achineche**), sufre una haplología en el gentilicio *(guanchini / bincheni)* por economía de lenguaje. || *Lex.* [W·N_1 + Z·N].

N. B. Los informes documentales permiten establecer la forma «guanche» como deformación romance del gentilicio nativo «guanchini», voz citada como nesónimo por Marín de Cubas, pero acreditada como versión singular del exacto plural «bincheni» que aporta Abreu Galindo. También Núñez de la Peña acuñó otra torsión, «Guanchinet», similar a la variante «guanachínet» que Marín deslizó en sus adiciones a la obra de Cedeño. Pero ambos autores aplicaron una corrección errónea fundada, no obstante, en una pertinente observación de Abreu (d. 1676, I, 5: 9), cuando éste afirmó que los isleños pronunciaban la -t- «con la medía lengua» o bien «en su acento sin finalizar», como luego recogió el propio Marín (1694, II, 20: 81v) casi al pie de la letra. De esta manera, se entendía que la consonante paladial (ch) de los registros antiguos debía corresponderse con el alófono palatalizado de la dental (t > č), cambio fonético frecuente en el habla de **Tenerife,** pero de ninguna manera referente exclusivo de esa dicción chicheante.

Tampoco quedaría probada una supuesta vinculación del par guanche / guanchinet con el etnónimo africano *cinithi* (Desanges 1962: 75, 80-81, 86, 116-177, 118, 125, 134, 135, 148, 155 y 166), cuya evolución desde el latín clásico al castellano medieval se puede restablecer en los siguientes términos: cinithi /kiní:θi/ > [$k_j$iní:θi] > /ʧiniṭɪ/ > [ʦiniṭɪ] → /cinítе/. El único enunciado atestiguado en Tenerife como nesónimo es *Achinech* (Espinosa, Abreu), *Achineche* (Abreu), *Chineche* (Abreu) o *Chinechi* (Torriani), que presenta radicales extremos idénticos, el fonema postalveolar /ʃ/. Por tanto, no existe constancia de la menor oposición en esa denominación insular con otro fonema ápico-dental /t/ – /θ/ o, inclusive, alveolar africado /ʦ/, que carece hasta ahora de registros acreditados en las hablas isleñas.

GUAYOTA. (Del maz.tk **wayəwta,* s. m. sing. lit. 'el destructor'.) m. GC, Tf. ant. desus. *Rel.* Entidad maligna (demonio) *Var.* guaiot, guaiota, guaiotta, guayotta, huayota. *Err.* gabio, gabiota, galiot, gauiota, gaviot, giaiota. || *Lex.* [W·T].

N. B. Las localizaciones de este enunciado fuera de **Tenerife,** donde posee un contexto preciso, resultan muy dudosas, en especial la que remite a las islas más orientales (Bory de Saint-Vincent 1803: 51).

GUEHEBEY. (Del maz.tk **wăgh-ăwwăy > geghebbey,* m. sing. 'barrera de un canal, embalse'.) LP. ant. desus. *Top.* Nombre de un antiguo bando situado en el cuadrante sudoccidental de la Isla, lugar conocido por los colonizadores europeos como El Charco. *Var.* Guegebei, Guehevey, Guevehey, Gucheves, Guchevey. *N. B.* Subsiste en el topónimo Los Charcos. || *Fon.* *w > *g, por alternancia voluntaria. *w > /ß/ > b, por consonantización [w > ß] y posterior neutralización [ß – b]. || *Lex.* [W·Gh + W·Y].

GÜÍMAR. (Del maz.tk **aghimar > (a)-qqʷimmar > gʷimar,* s. m. sing. 'ángulo, esquina, rincón'.) Tf. ant. *Top.* Denominación de un antiguo bando o distrito enclavado en la vertiente sudoriental de la Isla, entre **Anaga** y **Abona.** Hoy, aunque con una extensión más reducida, da nombre a un municipio. *Var.* Agoyma, Aguimar, Agüímar, Aguydmad, Aguymar, Goymad, Goymar, Goymat, Guidmad, Guima, Guimar, Güimar, Guirmad, Guydmad, Guyma, Guymad, Guymar, Guymur, Vymar, Ygoymad. **2.** Tf. ant. desus. *Top.* Barranco en la vertiente noroccidental del antiguo bando de **Anaga.** *Var.* Aguímar, Guímar. || *Fon.* *ɣ (gh) /ʁ/ > qq > qqʷ, por correspondencia regular y labialización. || *Lex.* [Gh·M·R_1].

N. B. Según la tradición oral, el núcleo de poblamiento original del enclave sureño se conoce como (San Juan de) *El Recodo.*

I

ICO. (Del maz.tk **iqqu,* n. vb. m. sing. lit. 'náusea', fig. 'lividez, palidez'.) f. Lz. ant. desus. *Antr.* Madre de **Guadarfia,** era hija de **Faina** y el navegante vizcaíno Martín Ruíz de Avendaño, que habría arribado a la Isla en el año 1377 a causa de un temporal. Fue sometida a una ordalía (o juicio sobrenatural), para que la divinidad determinara si era noble o mestiza. La prueba ritual consistió en encerrarla con tres criadas en una cueva, ahumada por una hoguera, de la que debía salir indemne si, en efecto, su sangre era nativa. Sólo ella consiguió sobrevivir, pero gracias a un ardid ideado por su ama de cría, que le facilitó una esponja de mar para que respirase a través de ella. *Var.* Yco. || *Fon.* *ɣ (gh) /ʁ/ > qq > q, por correspondencia regular (y eventual abreviación de la consonante geminada). || *Lex.* [Gh·W_2].

N. B. El enunciado, a pesar de su morfología masculina, queda acreditado como antropónimo con valor sociolingüístico femenino.

IGUESTE. (Del maz.tk **igăsət,* adj. vb. m. sing. 'húmedo'.) Tf. ant. *Top.* Barranco que discurre por el municipio de Candelaria, que en época precolonial pertenecía al bando de **Güímar.** *Var.* Gueste, Hueste, Yguesta, Ygueste. En f. **Tegueste.** **2.** Tf. *Top.* Barranco en la vertiente sur de la comarca de **Anaga.** Ú. m. Igueste de San Andrés. *Var.* Gueste, Queste. || *Lex.* [G·S·(T)].

ÍNSULOAMAZIQ. (Del esp. *ínsula* y maz. **amazīgh > ínsuloamaziq.*) adj. Can. *Neol.* Habitante indígena del archipiélago canario. Ú. t. c. s. En pl. ínsuloamazighes. **2.** adj. Can. Perteneciente o relativo a la población indígena de las Islas Canarias. **3.** m. Can. *Ling.* Conjunto de las modalidades de habla de la lengua **tamazight** realizadas en el archipiélago canario con anterioridad a la colonización europea, extintas entre los siglos XV y XVI como vehículos dominantes de comunicación social. Aunque con matizaciones insulares importantes, su composición general se define por la convergencia de dos flujos dialectales de ese milenario idioma de raíz afroasiática: de una parte, un heterogéneo surtido septentrional, con especial representación de las hablas residenciadas en el Marruecos central [Mc] y la Cabilia argelina [Kb]; y, de otro lado, un decisivo caudal meridional, donde las variedades *(tămâjəq)* que desarrollan las poblaciones establecidas hoy en la región nígero-malí del Azăwagh [WE, Y] aportaron su contenido fundamental. *Cf.* **tasekenit.** || *Fon.* *ɣ (gh) > /ʁ/ > qq > q, por correspondencia regular y abreviación de geminada en final absoluto (Prasse 1972: 44). || *Lex.* [M·Z·Gh].

N. B. Como representación abreviada, se recomienda: «maz.tk».

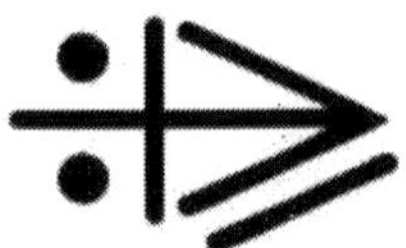

Hist. De origen **amaziq** (*amazigh,* pl. *imazighăn,* m.; *tamazight,* pl. *timazighen,* f.), diversos grupos de esta antigua etnia norteafricana habrían arribado a las Islas entre el -500 y la transición a la Era (aunque investigaciones recientes han puesto en cuestión los análisis de laboratorio que dieron como resultado esa primera datación (500 a.n.E.), por lo que las pruebas arqueológicas disponibles hasta ahora sólo permiten garantizar un poblamiento **amaziq** del Archipiélago durante la transición a la Era). La imposición del colonialismo europeo a partir del siglo XV puso fin a ese período de veinte siglos de soberanía nativa, abriendo hasta el presente una etapa de profundo mestizaje demográfico y cultural.

IPALAN. (Del maz.tk **ifallan,* s. m. pl. lit. 'altos', fig. 'cimas, cumbres'.) Go. ant. desus. *Top.* Antiguo bando o distrito que, presumiblemente, ocupaba el cuadrante sudoriental de la Isla. *Var.* Hipalan, Pala, Palan, Ypalan. En sing. **pala.** *Fon.* *f > p, por oclusión labial (sin antigüedad confirmada). || *Lex.* [F·L].

ISCO. (Del maz.tk **esəhək* > *isk,* s. m. sing. lit. 'hierba', p. ext. 'lecho o tapiz vegetal'.) m. Hi. *Bot.* Madera (materia). En pl. **escán.** *Cf.* **cárisco.** || *Fon.* *-h- > -ø-, elisión por tendencia (dialectal) reductiva en posición (débil) intervocálica (o intrarradical). || *Lex.* [Š·K_1].

ISQUE. (Del maz.tk **ikăs,* pl. *ikăswan,* n. vb. m. lit. 'calor'.) m. LP. ant. desus. fig. Severidad, dureza, dificultad. V. Tenisque; Teniquisguan. || *Fon.* -ik- > -isk-, por epéntesis de la sibilante. || *Lex.* [K·S].

J

JABLE. (Del fr. **sable,* m. 'arena', o bien del port. *saibro,* m. 'sablón, sábulo, arena gruesa con piedras pequeñas', gall. *xabre,* m. 'arena gruesa'.) m. ant. Fv, Gr, Lz. Arena fina de la playa, en particular cuando es blanca. *Var.* hable, jabre, sable, xable (DHECan 2001: 829-831). **2.** m. Hi, LP, Tf. Arena de origen volcánico, más o menos gruesa, utilizada en los sembrados para conservar la humedad. **3.** m. Terreno arenoso, de origen volcánico (Hi, LP, Tf) o formado por el arrastre de la arena por el viento (Fv, Lz), que no suele ser apto para el cultivo (salvo en Lz, donde se utiliza para cultivar batatas y sandías) (DDEC 1996: 756).

N. B. No se conocen materiales en la lengua **amaziq** que permitan cuestionar la ascendencia romance de este vocablo.

JAMEO. (De **xam,* s. m. sing. 'casa', y éste del ár. *jáymatun,* f. 'tienda', y adición del morfema hispano de género.) m. Lz. Cueva volcánica muy grande y muy profunda. **2.** m. Lz. Tubo volcánico. || *Lex.* [X·M].

JIGUALA. (Del maz.tk **ghiwăl,* adj. vb. m. 'sombrío, negro, ennegrecido'.) Go. *Top.* Puerto, zona costera de Vallehermoso. *Var.* Iguala, Ishiguale, Yohiguale. *Sin.* **Juel.** || *Lex.* [Gh·W·L].

JUEL. (Del maz.tk **ghəwăl,* adj. vb. m. sing. 'sombrío, negro, umbroso'.) Go. ant. *Top.* Zona en la costa de Hermigua (**Armiguar**). *Sin.* **Jiguala.** || *Lex.* [Gh·W·L].

M

MALPAÍS. (Del fr. ant. *mauvais pays,* 'terreno abrupto y de vegetación espesa', p. ext. 'terreno peligroso'.) m. Fv, Hi, LP, Tf. ant. *Edaf.* Terreno de lava. *Var.* maipé(s), maipeis, majipé, malpai, malpaiz, malpé(s), malpeis, malpeís, meipei, mapié. *Cf.* **Isora, Isorana. 2.** GC, Lz. p. ext. Pedregal, terreno improductivo.

Hist. Aunque especializado muy pronto para nominar los terrenos lávicos, este insulismo de origen francés no designaba en principio nada relacionado con tal tipo de suelo o material volcánico. Fue introducido por la crónica normanda de la Conquista, *Le Canarien* (1402-1404), para describir el entorno de la Vega de Río Palmas o Vega del Río de Las Palmas, enclave situado a unos 2 km al sur de Betancuria, en la isla de Fuerteventura. Tanto la feracidad del valle, poblado por cientos de palmeras y otras especies vegetales, como los escarpes próximos, hicieron presumir al conquistador Gadifer de la Salle (1340-1415) que la zona estaría habitada y podía entrañar cierto riesgo adentrarse en la región. Y son todas estas características las que trata de reflejar el texto cuando califica este territorio de *«fort pays»* y *«mauuait pays»* (LC *ca.* 1420, 17v, 18r: 68-71) o *«fort pais»* y *«mauues pais»* (LC d. 1494, 27r: 252-253). Porque no sólo la orografía y el peligro son referencias que tienen cabida en los adjetivos galos *fort* y *mauvais,* pues también por esa época se documenta en esta lengua el uso de la expresión *«fort pais»* para definir un 'territorio arbolado' (V. Gasse (o Gace) de La Buigne (o Bigne), *Le Romant des Deduis,* 1377: 67v, verso 9.091).

MAR DE LAS CALMAS. (*Cf.* **Tecorone.**)

MARAGULLA. (Del maz.tk **m-aragu-yar,* f. sing. 'la que tiene espíritu maligno'.) f. GC. Fantasma, duende, coco. Ú. m. en m. *Var.* marabullo. || *Lex.* [M_1 + R·G_1-Y·R_1].

MAZO. (Del maz.tk **mazu,* s. m. sing. 'vertiente frontal', 'falda de montaña'.) LP. ant. *Top.* Nombre de un término, hoy municipio, en la comarca sudoriental de la Isla. *Var.* Maso, Mazote. || *Lex.* [M·Z_1].

MENCEY. (Del maz.tk **manzay > mənzəy,* adj. vb. sgvo. m. sing. 'principal, primero, primate'.) m. Tf. ant. *Soc.* Hombre que ostentaba la más alta jefatura en la sociedad **amaziq** de **Tenerife.** *Var.* mancey, mencei, mensey. *Err.* menceit. || *Fon.* *z /z/ > j /ʒ/ > š /ʃ/ > h /ɦ/, por palatalización /ʒ/ y ensordecimiento /ʃ/. *-y [i:] > -éi, por refracción vocálica. || *Lex.* [N·Z·Y].

MESDACHE. (Del maz.tk **məs-ddaš,* (adj. vb. caus.) n. ag. m. sing. lit. 'lo que hace caminar a pasos cortos'.) m. desus. Tf. *Med.* Esguince, luxación. *Cf.* **Masdache.** || *Lex.* [D·Š].

MIREGUA. (Del maz.tk **mirəga,* adj. vb. m. sing. lit. 'el que contribuye, el afluente'.) Fv. *Hidr.* Fuente y pico (o morro) en **Tetir.** *Var.* Milegua. || *Fon.* *g > gg^w> w(w), por labialización. || *Lex.* [R·G_2].

MOGÁN. (Del maz.tk **(e)məgăn,* s. m. pl. '(campos de) Nauplius o Pullicarias'.) GC. ant. *Top.* Nombre de un valle, hoy también municipio, situado al sudoeste de la Isla. *Sin.* **Moya.** || *Lex.* [M·G].

MOYA. (Del maz.tk **(a)măyo,* s. m. sing. lit. '(cierto tipo de) margarita'.) GC. ant. *Top.* Nombre de un valle, hoy también municipio, situado en el norte de la Isla. Aunque las condiciones naturales no eran propicias para los asentamientos humanos, el lugar proveía de maderas, hierbas medicinales y frutos a las poblaciones amazighes instaladas en la costa cercana. *Var.* Moia, Moja. *Sin.* **Mogán.** || *Lex.* [M·Y].

MULAGUA. (Del maz.tk **mulawa,* adj. vb. perf. m. sing. lit. 'centelleo, brillo'.) Go. ant. desus. *Top.* Antiguo bando o distrito localizado presumiblemente en el cuadrante nororiental de la Isla. *Var.* Amilgua, Amulaga, Amulagua, Amulga. || *Lex.* [M·L·W].

N

NAPAY. (Del maz.tk **anffay > napay,* n. vb. m. sing. fig. 'irritación, locura'.) m. Lz. desus. Supuración. V. **Guanapay.** *Cf.* **Timanfaya.** || *Fon.* *f > p, por oclusión labial (sin antigüedad confirmada). || *Lex.* [F·Y_2].

O

ORONE. (Del maz.tk **urunne,* n. vb. m. sing. 'victoria, supremacía'.) Go. ant. desus. *Top.* Nombre del antiguo bando o distrito sudoccidental de la Isla. *Var.* Acene, Arome, Arone, Ozones. || *Lex.* [R·N_2].

P

PÁJARA. (Del maz.tk **b-ăghăr > paghar-a,* n. vb. m. sing. lit. 'gran ventura, suerte, fortuna, riqueza'.) Fv. *Top.* Comarca centro-occidental y meridional de la Isla, convertida hoy en un municipio de 383 km^2. *Var.* Pajara. **2.** Tf. desus. *Top.* Lugares en **Tacoronte** y **Güímar.** *Var.* Pajara. || *Fon.* *b > p, por ensordecimiento. || *Lex.* [B·Gh·R].

N. B. Aunque en las hablas nigerianas y malíes la raíz posee ya un aspecto trilítero [B·Gh·R], la constancia del mismo concepto en el Marruecos central bajo la forma [Ɛ·R] *aɛr(i),* permite observar en el radical [B] el morfema expresivo de intensidad *b-,* lo cual lleva la traducción del vocablo isleño hasta la 'gran o fuerte ventura' que ha quedado como denominación insular.

PALA. (Del maz.tk **fălla > palla,* s. m. sing. lit. 'alto, arriba', fig. 'cima'.) Go. desus. Alto, cima, cumbre, región elevada. *Var.* fala. En pl. **Ipalan.** || *Fon.* *f > p, por oclusión labial (sin antigüedad confirmada). || *Lex.* [F·L].

R

RESTINGA. (Del maz. **res-təḍinga,* m. sing. lit. 'descenso en el mar', p. ext. 'baja, bajío'.) f. Can. *Geog.* Punta o lengua de arena o piedra debajo del agua y a poca profundidad. Ú. t. en castellano y portugués. **2.** Hi. *Top.* Localidad costera en el municipio de El Pinar. **3.** GC. *Top.* Antiguo asentamiento nativo en la costa del municipio de **Telde,** junto a la Playa de Bocabarranco. **4.** Rif. *Top.* Lugares en la costa de Tetuán y Nador. || *Lex.* [R·S + Ḍ·N·G].

ROFO. (Del port. **rofo,* adj. 'áspero, rugoso', y éste del lat. **rūfus,* adj. 'rojo, bermejo'.) m. Fv. Arena gruesa de origen volcánico, utilizada en los sembrados para retener la humedad (DDEC 1996: 1.123). *Var.* rofe (Fv, p. us.; Lz).

N. B. Quizá la convivencia con el lexema **amaziq** [R·F_2] 'tostar' haya podido contribuir a la consolidación de este enunciado romance en el habla insular. Cabe evocar por ejemplo el término **triffa,** que fue anotado por el oficial francés Jean-Baptiste Bory de Saint-Vincent (1803: 51) para estas islas orientales, cuya literalidad remite a los 'cereales tostados'.

S

SEGA. (Del maz.tk **asăgāw (ə) > asega,* s. m. sing.) m. LP. ant. desus. Macho fuerte y vigoroso, bestia de carga. *Cf.* **sogo.** *Cf.* **Tanganasoga.** V. *Antr.* **Alguasega.** || *Fon.* *-(ā)w > -ø, caída en final absoluto después de vocal larga plena. || *Lex.* [S·G_1].

SOGO. (Del maz.tk **(a)săgāw (ə) > sogo,* s. m. sing. lit. 'bestia de carga'.) m. Tf. desus. En los juegos públicos isleños, competición que medía la velocidad y resistencia de los contendientes, obligados a transportar a la carrera un peso considerable, salvando el desnivel ascendente que arrancaba en un punto de la costa y se desarrollaba hasta al de llegada en las medianías. *Cf.* **soga.** || *Fon.* *-ă- [ɛ] > -o-, por metafonía vocálica con [u̯]. *-āw > -o, por contracción. || *Lex.* [S·G_1].

T

TABEFE. (Del maz.tk **tabăffă,* n. vb. f. sing. 'riachuelo, arroyo'.) m. Suero o líquido que escurre la cuajada. Ú. t. en Andalucía y Portugal. *Var.* tabeife, tabese, taefe. *Sin.* **chirringue, escán, tabique.** || *Lex.* [B·F·(T)].

TABIQUE. (Del maz.tk **tabiqăy,* n. vb. concr. f. sing. lit. 'chorro'.) m. GC. p. us. Suero, líquido que escurre la cuajada en el expremijo. *Sin.* **chirringue, tabefe. 2.** Tf. *Hidr.* Fuente en **Igueste** de Candelaria. || *Fon.* *t /t/ > č /ʧ/, por palatalización. || *Lex.* [B·Q·Y].

TABONA. (Del maz.tk **tawunt > tabon,* s. f. sing. 'piedra', y adición del morfema hispano de género.) f. Tf. ant. Navaja, cuchillo o lanceta de obsidiana. *Var.* tauona, tavona, tubona. *Sin.* **tafigue, tauas.** || *Fon.* *w > /ß/ > b, por consonantización [w > ß] y posterior neutralización [ß – b]. || *Lex.* [W·N_2].

TAÇOFOTE. (Del maz.tk **tasuft,* s. f. dim. sing. 'riachuelo, arroyo'.) Tf. ant. desus. *Hidr.* Nombre de una fuente en **Abona,** encima del puerto de Los Abrigos. En m. **Asofa.** || *Lex.* [S·F].

TACORONTE. (Del maz.tk **takur-n-ttăy > takoronte,* m. sing. fig. 'monte de la vuelta'.) Tf. ant. *Top.* Comarca, hoy municipio, situada en el norte de la Isla. *Var.* Taconte, Tacoront, Tacoronta, Tagoronte, Taraconte. **2.** Go. *Top.* Pequeña montaña en **Alajeró.** || *Lex.* [T·K·R + N_3 + T·Y].

N. B. La denominación parece aludir a cierta condición de linde o frontera de este enclave.

TAFIGUE. (Del maz.tk **tafigt,* n. vb. concr. f. sing. lit. 'cuchilla'.) m. GC. ant. desus. Navaja, cuchillo o lanceta de obsidiana, utilizada como arma por los antiguos isleños para cortar y desollar. *Var.* tafiague, tafiaque, tafique, tafrigue, tafrique (Fv, Lz). *Sin.* **tabona, tauas.** || *Lex.* [F·G].

TAGASASTE. (Del maz.tk **tagasast,* s. f. sing. fig. 'escobón'.) m. GC, Go, Hi, LP, Tf. *Bot.* Arbusto leguminoso, alto, de hojas trifoliadas y flores en racimos axilares de color blanco *(Chamaecytisus proliferus* y *Ch. palmensis). Var.* satagaste, sestagaste, tagasate, tasagaste, tegasaste. En m. **Agache.** || *Lex.* [G·S·S].

TAGAYDE. (Del maz.tk **tagayd > tagaire,* s. f. sing. lit. 'colina'.) f. GC. ant. desus. *Or.* Colina, elevación montuosa, sierra. En m. **Aguaide.** *Cf.* **Gaida.** || *Fon.* *d > r, l, por debilitamiento espontáneo de la oclusión. || *Lex.* [G·Y·D].

TAGOJA. (Del maz.tk **tagoghayt,* s. f. sing. lit. '(cierta planta de propiedades medicinales) *Artemisia*'.) LP. desus. *Top.* Lugar montuoso en S/C de La Palma. *Sin.* **Tagojaite.** || *Fon.* *-y > -ø, pérdida (o abreviación) sin asimilación de la consonante débil. || *Lex.* [G·Gh·Y].

N. B. La presencia del radical débil (Y) no queda atestiguada en las versiones continentales, exclusivamente localizadas en las variedades nigerianas y malíes del dialecto tuareg. Sin embargo, su participación en el habla isleña aparece confirmada por el topónimo **Tagojaite,** el cual mantiene el lexema completo [G·Gh·Y] y la marca de género (-t).

TAGOJAITE. (Del maz.tk **tagoghayt,* s. f. sing. lit. '(cierta planta de propiedades medicinales) *Artemisia*'.) LP. desus. *Top.* Lugar en El Paso. Ú. m. *(Err.)* Tajogaite. *Sin.* **Tagoja.** || *Lex.* [G·Gh·Y].

N. B. La presencia del radical débil (Y) no queda atestiguada en las versiones continentales, exclusivamente localizadas en las variedades nigerianas y malíes del dialecto tuareg.

TAGOROR. (Del maz.tk **tagururt,* s. f. sing. lit. 'cercado circular'.) m. Tf. ant. *Soc.* Recinto, dispuesto de forma circular, para celebrar reuniones. *Var.* tagora, tagoro, tagóror. En m. **goro. 2.** m. Tf. p. ext. Asamblea, consejo. **3.** f. Tf. Muro semicircular hecho con piedra, de un metro de altura aproximadamente, que se construye como resguardo del viento. Ú. m. tagora. **4.** m. Tf. ant. desus. Choza hecha con piedras, que sirve como refugio, especialmente a los pastores. Ú. m. **tagoro.** || *Lex.* [G·R_2].

TAGRAGITO. (Del maz.tk **tagart-ăḥittaw > tagraḥitto,* f. sing. 'pequeña corriente de agua muy caliente'.) LP. ant. desus. *Top.* Nombre de un lugar, hoy municipio, conocido por los europeos como Fuencaliente. *Var.* Tabegigo, Tagargigo, Tagragigo, Tagragrito. || *Lex.* [G·R_1 + Ḥ·T].

TAGUANE. (Del maz.tk **tawwan,* s. f. sing. lit. 'bloque de piedra', fig. 'roque'.) Tf. desus. *Or.* Nombre nativo de la Montaña de La Altura, frente a Paso Alto, en el municipio de Santa Cruz de Tenerife. En m. **Aguane.** || *Lex.* [W·N_2].

TAGULUCHE. (Del maz.tk **tagulast-(š) > tagulač,* s. f. ¿dim.? sing. lit. 'campo para forraje'.) Go. ant. *Top.* Nombre de varios lugares en distintos puntos de la Isla. *Var.* Tagoluche, Tagulache, Tugulache. || *Fon.* La voz isleña presenta un tercer radical postalveolar que confiere cierto crédito a la variante Taguluche, ya que la vocal posterior que exhibe en la sílaba final (-lus > -luš) favorece la labialización del fonema alveolar /s/ que muestran los paralelos continentales. *t /t/ > č /ʧ/, por palatalización. Este cambio fonético, menos frecuente que el aplicado al mostrativo inicial, se puede explicar también por la asimilación del sufijo con valor diminutivo o peyorativo *-š,* aunque una simple asimilación en el grupo final (-st > -št > -č) tampoco se puede descartar. || *Lex.* [G·L·S].

TAJAME. (Del maz.tk **ətagham,* s. m. sing. lit. 'cono'.) m. Fv, Lz. *Bot.* Planta umbelífera herbácea, perenne, de tallos floríferos de hasta un metro de altura *(Rutheopsis herbanica). Var.* tájama, tájame. *Cf.* **Chajamanga.** || *Lex.* [T·Gh·M].

TAJAROTE. (Del maz.tk **tagharŭht > tagharot,* n. vb. f. sing. lit. 'invocación'.) Tf. *Top.* Degollada en **Igueste** de Candelaria. || *Fon.* *ŭh > ŭ > ŏ, por contracción. || *Lex.* [Gh·R_1].

TAJASE. (Del maz.tk **(a)tăghăs,* s. m. sing. lit. 'planicie improductiva, raso'.) Hi. *Top.* Paraje y núcleo de población en la comarca de **Isora.** *Var.* ¿Tejise? *Err.* Tajace. || *Lex.* [T·Gh·S].

TAMAZGHA. (Del maz. **tamazgh-a,* f. sing. lit. 'la tierra **amaziq**'.) *Geog. Neol.* Territorio del África septentrional habitado desde hace milenios por poblaciones de etnia y cultura amazighes. En latitud, abarca desde la costa mediterránea hasta el Sahel. Y en longitud, se extiende desde las Islas Canarias hasta el oasis de Siwa, en la actualidad tras la frontera de Egipto. *Sin.* (esp.) Berbería, (ár.) Maghreb. || *Lex.* [M·Z·Gh].

TAMAZIGHT. (Del maz. **tamazīght > tamaziq,* adj. f. sing.) adj. f. ant. *Etno.* Mujer indígena del África septentrional (continental e insular). Ú. t. c. s. **2.** *Ling.* Conjunto de los dialectos y hablas de la lengua autóctona del África septentrional (continental e insular) o **Tamazgha,** perteneciente a la familia de lenguas afroasiáticas. *Var.* tamaziq. *Sin.* (esp.) bereber (gr. *βάρβαρος,* adj. m. desp. lit. 'que balbucea', 'bárbaro', 'extranjero'). || *Fon.* *ɣ (gh) > /ʁ/ > qq, por correspondencia regular. *qt > qq > q, por asimilación progresiva. || *Lex.* [M·Z·Gh].

TAN. (Del maz.tk **ta-n, te-n > ča-n, če-n,* loc. det. f. sing.) f. Can. ant. desus. *Gram.* La de. *Var.* chan, chen, ten. En pl. **tin.** En m. **guan.** || *Fon.* *t /t/ > č /ʧ/, por palatalización. || *Lex.* [T·N].

TASACORTE. (Del maz.tk **tasakkurt,* n. vb. f. sing. 'terreno o suelo llano por donde corre el agua'.) LP. ant. *Top.* Lugar, hoy municipio, en el bando de **Adirane.** Ú. m. Tazacorte. *Var.* Taçacorte, Tasacortey, Tassacort, Tassacorta, Tazzacorte, Terzacorte. || *Lex.* [S·K·R].

TASEKENIT. (Del maz.tk **tasăkănit* [taˈsɛkɛnit], s. f. sing. lit. 'la isleña'.) f. *Neol.* **Tamazight** insular, conjunto de las antiguas hablas amazighes de las Islas Canarias. *Cf.* **ínsuloamaziq.** || *Lex.* [S·K·N_1].

TAUAS. (Del maz.tk **tawas,* s. f. dim. sing. lit. 'lanceta'.) f. GC. ant. desus. Navaja, cuchillo o lanceta de obsidiana, utilizada como arma por los antiguos canarios. *Sin.* **tabona, tafigue.** || *Lex.* [W·S_1].

TECORONE. (Del maz.tk **teghurăn > teqqoron,* n. vb. perf. f. pl. 'inanimadas, calmas'.) Hi. ant. *Top.* Nombre de una zona en la costa sudoccidental de la Isla, conocida en la actualidad por Mar de las Calmas. Ú. m. Tacorón, Tecorón. || *Fon.* *ɣ (gh) /ʁ/ > qq > q, por correspondencia regular. || *Lex.* [Gh·R_2].

TEGALGEN. (Del maz.tk **tewalt-aghen >tegalt-əghen,* f. sing. 'encierro vigilado, coto cerrado', 'ahijadero', fig. 'vedado'.) LP. ant. desus. *Top.* Nombre del bando más noroccidental de la Isla, comarca conocida en la actualidad como **Garafía.** *Var.* Galguen, Galguén, Tagalgen, Tegalguen. || *Fon.* *w > *g, por alternancia voluntaria entre fonemas velares. || *Lex.* [W·L + Gh·N_2].

TEGINA. (Del maz.tk **təghənnăwt,* n. vb. f. sing. lit. 'comienzo', 'creación'.) Tf. ant. desus. *Top.* Barranco y montaña en el municipio de Guía de **Isora.** Ú. m. Tejina. *Var.* Tegyna. **2.** Tf. ant. desus. *Top.* Localidad en la vertiente septentrional de la Isla, adscrita al municipio de La Laguna. Ú. m. Tejina. *Var.* Teguyna, Texina, Tigina. **3.** Tf. ant. desus. *Antr.* Según el poeta Antonio de Viana (1604), nombre de la hija del **mencey** de **Tacoronte,** casada con el **mencey** de **Tegueste.** || *Lex.* [Gh·N_1].

N. B. Con la información disponible, las dos acepciones que incluye la hipótesis aducida aquí, una lectura más territorial ('comienzo') y otra más mística o simbólica ('creación'), podrían resultar pertinentes (y acaso convergentes).

TEGUESTE. (Del maz.tk **tegăsət,* adj. vb. f. sing. 'húmeda'.) Tf. ant. *Top.* Nombre de una comarca y antiguo bando **amaziq,** hoy municipio, situada en la vertiente nordeste de la Isla. *Var.* Tegeste, Teghest. En m. **Igueste. 2.** GC. *Top.* Barrio del municipio de **Gáldar. 3.** GC. *Top.* *Umbría de Tagaste,* zona situada a unos 750 m de altura en la comarca de **Tejeda.** En m. **Igueste.** *Cf.* **Yaiza.** || *Lex.* [G·S·(T)].

Hist. Tagaste, lugar de nacimiento del teólogo cristiano de origen **amaziq** Agustín de Hipona (354-430), era también el nombre antiguo (númida) de la localidad argelina conocida en la actualidad por Souk Ahras, ubicada a unos 700 metros de altura, en una posición estratégica muy cerca de la frontera tunecina.

TEGUISSE. (Del maz.tk **tegyzăy,* f. 'talle', 'tatuaje' o bien 'sobrina'.) f. Lz. ant. desus. *Antr.* Esposa isleña de Maciot de Bethencourt. *Var.* Teguise, Teguse, Teuguisse, Theguisa. **2.** Lz. ant. *Top.* En tiempos de la colonización francesa, se dio este nombre a un valle situado en la vertiente occidental del volcán **Guanapay.** El lugar, un importante núcleo de poblamiento **ínsuloamaziq,** ha sido identificado como la Gran Aldea que se menciona en la crónica normanda (LC 2003: 34 y 187). || *Fon.* *-ăy > -e, por contracción. || *Lex.* [G·Y·Z].

TEJEDA. (Del maz.tk **tāghidāwt > tăghda,* s. f. sing. 'extremidad puntiaguda'.) GC. ant. *Top.* Una de las diez demarcaciones o fracciones que integraban la comunidad **amaziq** de la Isla, hoy convertida en municipio. Sus 103 km^2 de superficie se extienden desde el centro de la Isla por su vertiente sudoccidental. *Var.* Texeda. *Sin.* **Téjida. 2.** Hi. *Top.* Barranco, playa y punta en el municipio de Frontera. **3.** Fv. *Top.* Lugar en el municipio de **Pájara.** || *Fon.* *-(ā)w(t) > -(ā)ø, elisión después de vocal larga plena y por el contacto con la desinencia de género [w → ø / v: — -t]. || *Lex.* [Gh·D_1].

N. B. Existe también una *Sierra de Tejeda* en la cordillera Penibética, entre las provincias españolas de Málaga y Granada (Andalucía). No obstante, su denominación se atribuye a la presencia de tejos *(Taxus)* en el pasado.

TÉJIDA. (Del maz.tk **tāghidāwt > teghida,* s. f. sing. lit. 'extremidad puntiaguda'.) Lz. p. us. *Or.* Montaña, la más destacada de un conjunto que también integran otras dos más pequeñas dispuestas hacia el norte, que a su vez da nombre a un barranco y una hacienda en el municipio de **Teguise,** el mayor de la Isla. Ú. m. Tejía. *Var.* Tegia, Tejea, Tejia. *Sin.* **Tejeda.** || *Fon.* *-(ā)w(t) > -(ā)ø, elisión después de vocal larga plena y por el contacto con la desinencia de género [w → ø / v: — -t]. || *Lex.* [Gh·D_1].

TEJO. (Del maz.tk **teghăwat > tegho,* n. vb. f. sing.) f. Tf. ant. desus. Resonancia. En m. **ajo.** V. *Top.* **Acentejo.** || *Fon.* *ăwa > o, por contracción. || *Lex.* [Gh·W_1].

TELDE. (Del maz.tk **teləddăyt > telde,* n. vb. f. sing. lit. 'mal vista', 'débil'.) GC. ant. *Top.* Comarca y municipio del sureste de la Isla. Fue asiento y capital de uno de los dos grandes bandos o distritos amazighes en los que se agrupaba gran parte de la población isleña al tiempo de producirse la ocupación europea. *Var.* Telda, Teldes, Telli, Tyldet. || *Lex.* [L·D·Y].

TENERIFE. (Del maz.tk **tēner-efey > tenerife,* f. sing. lit. 'resplandor en la frente', fig. 'monte claro'.) LP. ant. *Neso.* Denominación que la antigua población **amaziq** de **Benahoare** (La Palma) confirió a la isla de **Achineche,** cuyo volcán central, el Pico del **Teide,** con una altura de

3.718 metros sobre el nivel del mar, inspiró esta referencia. Con una extensión de algo más de 2.000 km^2, es la mayor del archipiélago canario. *Var.* Tanarife, Tanariffe, Tenarife, Tenerefix, Tenerefiz, Ténerfix, Teneriffe, Tenerifi, Tenerify, Theneref, Thenerife, Thenerifie, Tinerfe, Tonerfiz. *Err.* Chinerfe, Therrife. || *Lex.* [N·R + F·Y_1].

TENISQUE. (Del maz.tk **te-n-ikăs,* conj. det. f. sing. lit. 'una de mucho calor o dificultad', fig. 'corazón duro'.) LP. *Top.* Barranco que discurre por El Paso, Los Llanos y Tazacorte (**Tasacorte**). Ú. m. Tenisca. *Cf.* **Teniquisguan. 2.** LP. *Top.* Montaña en el municipio de Los Llanos. **3.** m. LP. desus. *Antr.* Nombre de un guerrero nativo (no acreditado). Usáb. m. Tenisca. || *Fon.* -ik- > -isk-, por epéntesis de la sibilante. || *Lex.* [T·N + K·S].

TEREQUEY. (Del maz.tk **terăkăy,* n. vb. f. sing. lit. 'barrera, lodazal, barrizal'.) Fv. desus. *Top.* Valle y majada en **Pájara. 2.** Fv. desus. *Hidr.* Fuente en **Pájara.** Usáb. m. Tereque. || *Fon.* *-ăy > -e, por contracción. || *Lex.* [R·K·Y].

TETIR. (Del maz.tk **teḍărt > teṭir,* s. f. sing. 'valle pequeño'.) Fv. *Top.* Vega en el municipio de Puerto Cabras (o del Rosario). *Var.* Tétir, Tetil. || *Lex.* [Ḍ·R].

TEYDA. (Del maz.tk **teyda,* s. f. sing. lit. 'pino', y éste del lat. *tæda,* f. 'pino', p. ext. 'antorcha', y éste del indo. *deuə-* 'largo (duración)'.) Tf. ant. desus. *Top.* Valle en **Anaga. 2.** Tf. ant. desus. *Top.* Montaña y barranco en **Taoro. 3.** Tf. ant. desus. *Top.* Montaña situada en las cercanías del **Teide.** || *Lex.* [Y·D_2].

N. B. El pino era para los griegos un símbolo de inmortalidad, tanto por la perennidad de sus ramas como por la incorruptibilidad de su resina.

TICERA. (Del maz.tk **tyəẓra,* s. f. pl. 'pitones o espigones rocosos muy altos'.) Tf. *Top.* Zona acantilada contigua a la playa de **Abama,** perteneciente hoy al municipio de Guía de **Isora,** en el cuadrante sudoccidental de la Isla. *Var.* Tisera, Tixera. *Cf.* **Acero, Ezero.** || *Lex.* [Ẓ·R].

TIFIRAVE. (Del maz.tk **tifiraw > tifirab,* s. f. pl. lit. 'recipientes', p. ext. 'charcos'.) Hi. *Hidr.* Nombre de unos charcos o albercas naturales en la comarca de **Asofa,** cerca de donde estuvo enclavado el **Garoé.** *Var.*

Tifirabe. En m. sing. **Fireva.** **2.** Hi. *Top.* Nombre de una punta en el Mar de las Calmas, al SO de la Isla. *Var.* Tifirabe. || *Fon.* *w > /ß/ > b, por consonantización [w > ß] y posterior neutralización [ß – b]. || *Lex.* [F·R·W].

TIJUYA. (Del maz.tk **tighuya,* n. vb. f. pl. 'gritos', 'llamadas', 'invocaciones', 'alertas'.) LP. ant. desus. *Top.* Nombre de un bando sudoccidental, situado entre **Adirane** y **Guehebey.** *Var.* Tajuya, Tehiaja, Tehuvia, Tehuya, Teuguia, Tiguya, Tihuya, Tinihuya, Tixuya. *Err.* Tifuya. **2.** LP. *Top.* Pago en el municipio de El Paso. Ú. m. Tajuya. || *Lex.* [Gh·Y·(T)].

N. B. Esta expresión parece vincularse a la actividad pastoril que se registró en la zona incluso durante la colonización europea, aunque también el vulcanismo pudo producir sonidos de referencia:

> El término Tejuya se reservó desde la conquista de la isla para pasto // común de ganados, y ya desde el año 1581, y aún antes, tomaba disposiciones el cabildo, porque algunos vecinos rozaban y cercaban de paredes algunos trozos de estos mismos terrenos, sin título ni facultad para ello. Todas estas propiedades que los vecinos habían usurpado al Cabildo, en perjuicio de la ganadería, desaparecieron con el terrible *Volcán* que reventó el día *15 de mayo de 1585*, el cual duró hasta el 10 de agosto del mismo año, día de San Lorenzo [Lorenzo Rodríguez (a. 1900) 1975: 230-231].

TIMBAROMOS. (Del maz.tk **ti-n-əbərūmăw > timbarômo,* conj. det. f. sing. lit. 'una de la (planta) amarilla', *i. e.* 'ruda'.) Hi. p. us. *Top.* Paraje (llano y montaña) cerca de **Afosa,** en el municipio de Valverde. *Var.* Timbarombo. *Cf.* **Ahenguareme; Chinguarime.** || *Fon.* *-nb- > -mb-, pronunciación habitual (Prasse *et al.* 2003: IX). *-ăw > -o, por contracción. || *Lex.* [T·N + B·R·M].

N. B. El análisis practicado aquí sugiere su correspondencia con el antiguo Valle de la Ruda.

TIME. (Del maz.tk **timmăy > timme,* s. f. sing. 'frente o borde de un relieve', 'acantilado'.) amb. GC, Hi, LP. ant. Roca, risco alto, cima, eminencia. *Var.* chimi, etime, hetimen, letime, tyme. **2.** amb. Go. Borde de una ladera o precipicio. **3.** Fv, Hi, LP. Ú. c. top. Ú. m. Letime (Fv, Hi). *Var.* Tieme, Tiemé, Timé, Times. || *Fon.* La vocal inicial (e-) que figura en algunos registros parece un residuo del artículo romance (esp. *el,* fr. *le*). *t /t/ > č /ʧ/, por palatalización. *-ăy > -e, por contracción. || *Lex.* [M_2].

TIN. (Del maz.tk **ti-n > či-n,* loc. det. f. pl.) f. Can. desus. *Gram.* Las de. *Var.* chin. En sing. **tan.** En m. pl. **bin.** || *Fon.* *t /t/ > č /ʧ/, por palatalización. || *Lex.* [T·N].

TIJARAFE. (Del maz.tk **tiḥaraft,* n. vb. concr. f. lit. 'zancada', 'el paso'.) LP. ant. *Top.* Nombre de un bando en el cuadrante noroccidental de la Isla, situado entre **Tegalgen** y **Acero.** *Var.* Tixarafe, Tixarafé. || *Lex.* [Ḥ·R·F].

TINDAYA. (Del maz.tk **ti-n-ddaya,* conj. det. f. lit. 'una del puntiagudo', lib. 'lugar del junco'.) Fv. ant. *Top.* Comarca en la vertiente septentrional de la Isla, más conocida por la montaña del mismo nombre. *Var.* **Tindayejas.** || *Lex.* [T·N + D·Y].

TINDAYEJAS. (Del maz.tk **ti-n-ddaya,* conj. det. f. lit. 'una del puntiagudo', y adición del suf. hispano diminutivo y despectivo *-ejas.*) Fv. desus. *Top.* Nombre de un valle en **Jandía.** *Var.* **Tindaya.** || *Lex.* [T·N + D·Y].

TIRAJANA. (Del maz.tk **tirahanna,* n. vb. f. sing. lit. 'enfermedad', lib. 'malsana, insalubre'.) GC. ant. *Top.* Abrupta comarca en el SE de la Isla, adscrita en época precolonial al bando de **Telde.** *Var.* Atrahanaca, Tirahana, Tiraháná, Tiraxana. || *Lex.* [R·H·N].

TONÁTICA. (Del maz.tk **tunătəka,* adj. vb. f. sing. lit. 'la que echa, arroja, sacude o impele'.) f. LP, Tf. *Bot.* Planta herbácea perenne perteneciente a la familia de las labiadas *(Nepeta teydea).* Habita en las zonas del **malpaís** y riscos de Las Cañadas y en las cumbres de La Palma. Presenta unas pequeñas flores azul-moradas (a veces, blancas) y puede alcanzar hasta 1,5 m de altura. Endémica del Archipiélago, es conocida también como *salvia de cumbre* y utilizada en medicina popular por sus propiedades expectorantes, diuréticas e hipoglucemiantes. || *Fon.* *g > k, por ensordecimiento. || *Lex.* [N·T·G].

TRIFFA. (Del maz.tk **tiriffa,* n. vb. f. pl. 'cereales tostados'.) Fv, Lz. Trigo, grano. || *Lex.* [R·F_2].

TUINEJE. Fv. *Top.* Municipio en el flanco sudeste de la Isla.

TYTEROGAKA. (Del maz.tk **ti-tərūghăy-akk > titerôqqak,* f. sing. lit. 'una toda amarilla'.) Lz. ant. desus. *Neso.* Nombre dado a la Isla por su antigua población **amaziq.** Con 846 km² de superficie, es la más nororiental de las que integran el archipiélago canario. *Var.* Tite, Tyte, Tytheroygaka. || *Fon.* *ū > ô, por asimilación a la consonante uvular ɣ /ʁ/ (*cf.* Prasse 1974: 343). *ɣ (gh) /ʁ/ > qq > q, por correspondencia regular (y eventual abreviación de geminada en final absoluto). || *Lex.* [T₁ + R·W·Gh + K].

N. B. La lengua **amaziq** moviliza dos raíces para expresar el color amarillo: [W·R·Gh], en los dialectos septentrionales, y [R·W·Gh], con metátesis de las dos primeras consonantes, en el Sahara meridional. La forma isleña coincide exactamente con esta última, por cuanto adelanta la vibrante a la posición del primer radical, lo cual abona la hipótesis de un poblamiento lingüístico de esta isla, sobre todo en su vertiente más próxima a Fuerteventura, por grupos adscritos al ámbito conocido hoy como tuareg.

Y

YACO. (Del maz.tk **ədihak > jak,* s. m. sing. lit. 'campamento pequeño', y adición del morfema hispano de género.) || m. Tf. desus. Campamento. **2.** Tf. *Top.* Localidad del municipio de Granadilla de **Abona.** En este paraje, reciben también esa denominación varios accidentes geográficos (barranco, montaña, morro, caldera, llanos). || *Fon.* *di > j /ʒ/, por fricatización. *-ha- > -a-, por contracción. || *Lex.* [J·K].

N. B. La forma primaria establecida aquí no ha podido ser atestiguada todavía, pero es la mejor explicación para el enunciado insular y el plural continental (*idăkkăn*).

YAIZA. (Del maz.tk **gayaz > ğayaz > yayəz-(a),* n. vb. concr. m. sing. lit. 'incisión, tatuaje, raya', p. ext. 'cinturón', y adición del mostrativo de proximidad **amaziq** *-a,* frecuente en toponimia, o del morfema hispano de género.) Lz. ant. *Top.* Municipio situado al sur de la Isla, en la antigua comarca de El Rubicón (quizá **Tyterogaka**), extiende sus algo más de 211 km² por el ámbito geológico más arcaico de Lanzarote. *Var.* Haiza, Hiaiza, Hiayza, Iaiz, Iaiza, Yaisa, Yaise, Yaisia, Yaissa. **2.** f. Lz. *Antr.* A pesar de su similitud con **Teguisse,** no se conoce soporte heurístico alguno que avale la adjudicación de este término a una supuesta princesa indígena. || *Fon.* *g > ğ /ʤ/ > y /j/, por palatalización. || *Lex.* [G·Y·Z].

N. B. Esta interpretación sugiere que, en origen, el topónimo habría dado nombre a la Montaña de la Cinta (436 m), caracterizada por la presencia de un dique volcánico que la circunda en su tramo medio-superior.

YRGUAN. (Del maz.tk **irugăn* > *irugg*^{w}*ăn,* s. m. pl. 'espíritus malignos'.) Go. ant. desus. *Rel.* Entidad o divinidad maligna (demonio) que, según la tradición, se aparecía en forma de perro de pelo espeso. *Var.* hirguan. *Var.* **yruene.** En sing. **aragu.** || *Fon.* *g > gg^{w} > w(w), por labialización. || *Lex.* [R·G_1].

N. B. Este concepto sigue vivo en la tradición **amaziq** continental:

> [...] los *Ireg*^{w}*an* se presentan, en los cuentos beréberes, con frecuencia, en grupos, en contraposición con el *amziu*, el ogro, y su mujer, *tamza*, que prefieren actuar individualmente.
> Los *Ireg*^{w}*an* viven, según la creencia popular beréber, juntos en una casa [Vycichl 1952: 184].

YRUENE. (Del maz.tk **irugăn* > *iruwwăn,* s. m. pl. 'espíritus malignos'.) m. LP. ant. desus. *Rel.* Entidad o divinidad maligna (demonio) que, según la tradición, se aparecía en forma de perro de pelo espeso. *Var.* irune, irvene, yrune. *Err.* irnene, irueñe, yruena, yruñe, yurena. *Var.* **yrguan.** En sing. **aragu.** || *Fon.* *g > gg^{w} > w(w), por labialización. || *Lex.* [R·G_1].

N. B. La voz **Yurena,** que se ha consolidado en las últimas décadas como nombre personal femenino, tiene su origen en una deformación gráfica que introduce el oficial francés Jean-Baptiste Bory de Saint-Vincent (1803: 51) en la transmisión textual del vocablo [yruene > yruena > yurena].

YURENA. (V. **yruene.**)

Z

ZONZAMAS. (Del maz.tk **zamzâm,* adj. vb. m. sing. 'rostro alegre'.) m. Lz. ant. *Antr.* Jefe de la isla de Lanzarote hacia 1377. || *Lex.* [Z·M].

ZUMEQUE. (Del maz.tk **zămăgh* > *zumeq,* n. prim. m. sing. lit. 'savia seca'.) m. GC. *Bot.* Resina. || *Fon.* *-ɣ (gh) /ʁ/ > -qq > -q, por correspondencia regular y abreviación de geminada en final absoluto. || *Lex.* [Z·M·Gh].

Túmulos funerarios en el Maipés de Agaete (Gran Canaria).

MAIPÉS. (Del can. *malpaís,* 'terreno de lava', y éste del fr. ant. *mauvais pays,* 'terreno abrupto y de vegetación espesa', p. ext. 'terreno peligroso'.

LÉXICO AMAZIQ

A a	B b	Č č ch	D d	Ḍ ḍ	E e	F f	G g	Ğ ğ
Gh gh ɣ	H h	Ḥ ḥ	I i	J j ž	K k	L l	M m	N n
Ñ ñ	Q q	R r	Ṛ ṛ	S s	Ṣ ṣ	Š š sh	T t	Ṭ ṭ
Ţ ţ	U u	W w	X kh ẖ	Y y	Z z	Ẓ ẓ	Ẓ̧ ẓ̧	Ɛ ɛ

A

A / U
Este, esta, esto, estos, estas.
(Taš, WE, H, D, R, Senh) *-a;* (Y) *-a, -ă;* (Mc) *-a, -ya;* (Kb) *-a, -agi, -ayi;* (Mb, Teg, Izn) *-u, -yu;* (AŠ, R, Sw) *-u* || adj. dem. invar. de prox.
Ej. *agmar-a,* 'este caballo (de aquí)'.

B

B·B —*Cf.* [G·G], [Ḥ·Ḥ], [Ḥ·T], [R·G3]
Humear, ahumar, echar humo ardiendo sin llama. **2.** Estar ahumado.
(Kb) *bubb;* (Ghad) *bu̱bu* || vb. n.
Humo. **2.** Humo espeso (Kb).
(Kb) *abbu (wa);* (Ghad) *u̱bu* || n. vb. concr. m. sing. sin pl.
Chimenea (lit. 'la del humo').
(Mc) *tinibba* || conj. det. n. f. (lexicalizado).
Bot. Tabaco, planta *(Nicotiana rustica)* y producto para fumar.
(WE, Y) *taḅa,* pl. (WE) *taḅiwen,* (Y) *taḅawen* || s. f.

B·F·(T)
[Anexo, *s. v.* **bofe; bufo; tabefe**].
Desprender, soltar (en forma de chorro) el gas o el polvo.
(WE, Y) *băffăt* || vb. ac.
Hecho de soltar en forma de chorro.
(WE) *abəffi (ə),* (Y) *ebəffi (ə),* pl. *ibəffităn* || n. vb. m.

B·G·W
Ser inyectado (un líquido) por el ano.
(WE, Y) *băgăw* || vb. ac.

B·Gh·R < B + Gh/Ɛ·R

[Anexo, *s. v.* **Pájara**].

Hecho de ser afortunado, de tener fortuna, suerte, ventura.

(Y) *ebəghər (ə),* pl. *ibəghirăn* || n. vb. m.

Fortuna, riqueza. **2.** (Buena) suerte, (golpe de) fortuna.

(WE, Y) *tabăghort (tă),* pl. *šibăghoren (tə), tibăghoren (tə)* || n. vb. f.

B·Gh·(T)

[Glosario, *s. v.* **Triquivijate**].

Estallar, reventar, entreabrirse reventando (fruto maduro; p. ext. cualquier cosa capaz de reventar de forma espontánea). **2.** Crujir, abrirse (cascabillo del grano). **3.** Crepitar (fuego). **4.** Ser o estar perforado. **5.** Ser o estar descuartizado (animal muerto).

(WE, Y) *băqqăt* || vb. cual.

B·J·W·G — *Cf.* [B·J·W·T]

[Glosario, *s. v.* **Bayuyo**].

Flotar en el aire (cabellos, tejido, etc., fijados a una extremidad). **2.** Ir flotando en el aire el vestido de una persona. **3.** p. ext. Vagar, errar, pasearse libremente, a su gusto.

(Y) *bəjiwəg* || vb. n.

Hecho de flotar u ondear en el aire. **2.** p. ext. Hecho de vagar.

(Y) *ebjiwəg (ə),* pl. *əbjiwigăn* || n. vb. m.

B·J·W·T — *Cf.* [B·J·W·G]

Flotar en el aire.

(Y) *bəjiwət* || vb. n.

Hecho de flotar u ondear en el aire.

(Y) *ebjiwi (ə),* pl. *əbjiwităn* || n. vb. m.

Fluctuación en el aire.

(Y) *bəjiwa,* pl. *bəjiwatăn* || n. vb. m.

B·L·M·(T)

[Glosario, *s. v.* **Bilma**].

Hundirse, derrumbarse (pozo).

(WE, Y) *bələmmət* || vb. cual.

Hundimiento, derrumbe.

(WE) *abələmmi (ə),* pl. *ibələmmităn;* (Y) *ebləmmi (ə),* pl. *əbləmmităn* || n. vb. m.

Top. Valle ubicado a 90 km al sur de Agadez (capital del Ayər, Níger central).

(WE, Y) *Abălămma (ă)* || m. sing.

Top. Gran oasis del Kăwar (Níger oriental), muy conocido por sus salinas. **2.** *Poét.* Sal de Bilma (Y).

(WE, Y) *Bălma* > *Bilma* || m. sing.

B·L·W

[Anexo, *s. v.* **Balos**].

Bot. Nombre de una planta umbelífera *(Eryngium visnaga)*.

(Kb) *abellaw,* f. *tabellawt* || s. sing. sin pl.

B·Q·T

Estallar, reventar, entreabrirse reventando (fruto maduro; p. ext. cosa capaz de reventar de forma espontánea). **2.** Crujir, abrirse. **3.** Crepitar (fuego). **4.** Ser o estar perforado. **5.** Ser o estar despiezado, desmembrado (animal muerto) (Y).

(WE, Y) *băqqăt* || vb. cual.

Estallido, reventón. **2.** Crujido, apertura. **3.** Crepitación. **4.** Perforación. **5.** Despedazamiento (Y).

(WE) *abəqqi (ə),* (Y) *ebəqqi (ə),* pl. *ibəqqităn* || n. vb. m.

B·Q·Y

[Anexo, *s. v.* **tabique**].

Salir, brotar, escaparse en chorro violento y continuo (líquido, vapor, humo). **2.** Precipitarse (Kb).

(Mc) *buqy;* (Kb) *bbuqqi* || vb. n.

B·R$_1$

[Glosario, *s. v.* **Bergoyo**].

Morfema expresivo.

br, mr || pref. invar. Prefijo expresivo nominal y verbal que indica intensidad, aumento, reforzamiento o adición de un matiz peyorativo o negativo.

B·R$_2$ — *Cf.* [Š·Gh·R$_1$]

[Anexo, *s. v.* **chabora**].

Bot. Sorgo de granos gruesos.

(H) *ăbōra* || s. m.

B·R$_3$ — *Cf.* [B·R$_2$]

Enorme, muy grande. **2.** En gran cantidad (talla o volumen). **3.** Carácter, personalidad, individualidad. **4.** Cosa sorprendente, extraordinaria. **5.** Acto reprensible, censurable; bajeza.

(Kb) *abarar (u)*, *iburar*, pl. *ibararen (i)* || n. m. ant.

B·R$_4$

Camino, ruta. **2.** Huella del pie. **3.** Instrumento (plancha de estampación) para hacer diseños (dibujos).

(WE, Y) *aber,* pl. *aberăn;* (Y) *eber,* pl. *eberăn* || s. m.

Camino, ruta. **2.** *Cron.* Semana (WW).

(WE, WW) *taberăt,* pl. *taberatăn* || s. f.

B·R·G·(T) — *Cf.* [B·R·W·(T)]
Excavar, abrir una cavidad en el suelo con las manos (agujero, pozo, etc.). **2.** Desenterrar.
(WE) *əbrəg;* (Y) *əbrək* || vb. ac.

B·R·M — *Cf.* [W·R·M]
[Anexo, *s. v.* **Timbaromos**].
Bot. Especie de planta *(Andropogon gayanus),* utilizada para la construcción de chozas.
(WW) *abărom (ă),* pl. *ibərâm* || s. m.
Bot. Especie de planta perenne, *Andropogon laniger* Desf. (B.T.), de color amarillo paja, con un perfume agradable y cuya semilla sirve de medicamento (Foucauld 1951, I: 95).
(H) *tebărimt,* pl. *tibrâm* || s. f.
Bot. Especie de planta gramínea perenne *(Cymbopogon schoenantus* L., subsp. *proximus).* **2.** *Bot. Andropogon laniger* Desf. ? (Prasse *et al.* 2003: 45). **3.** Encofrado de un pozo (con *tebăremt*). **4.** p. ext. Panel de varillas de *tebăremt* entrelazadas, que sirve de pared a los cuchitriles o a los cercados.
(Y) *ebărem (ă),* pl. *ibərman* || s. m. p. us.
(WE, Y) *tebăremt (tă),* pl. *tibərmen (tə);* (WE) *tabăremt (tă),* pl. *šibərmen (tə)* || s. f.

N. B. (a) Muy apreciada por el asno. (b) La paja proporciona las varillas verticales de las esteras de pared del *ekărbăn* ('choza estival de los nómadas del Azăwagh'). (c) La ceniza de la *tebăremt,* mezclada con el sebo de cabra fundido, sirve para tratar las heridas. (d) En un agujero calentado con fuego, se extiende un lecho de *tebăremt,* se rocía con orina de cabra y se cubre con ramas de *tădant,* luego se acuesta encima al enfermo afectado de alguna rotura muscular después de haberle dado una comida muy caliente para hacerle sudar (Prasse *et al.* 2003: 45).

Estera que sirve de mampara o biombo, confeccionada por los Ibărogăn con paja de *tebăremt.*
(WE, Y) *tabărămmat (tă),* pl. *šibărămmaten (tə)* || s. f.
Ser o estar de color amarillo paja (color de la *tebăremt*).
(H) *berumet;* (WE) *ibram;* (Y) *bărăm* || vb. cual.
Cf. (chádico) *burum* 'amarillo' (Naït-Zerrad 1998: 114).
Hecho de ser o estar de color amarillo paja.
(H) *ăbrûmu* || n. ac. m. sing.
Color amarillo paja.
(H) *tebberûmet,* sing.; (WE, Y) *tăbbărămt (tă),* pl. *tăbbărămen (tă)* || adj. vb. f.

B·R·W
Expulsar produciendo detonaciones, traquidos, pedorretas.
(H) *əbru* || vb. ac.

B·R·W·(T) — *Cf.* [B·R·G·(T)]
Hundir(se).
(WE, Y) *bərəwwət* || vb. ac. y r.

B·S·K — *Cf.* [B·S·Y]
[Glosario, *s. v.* **Chimbesque**].
Fundirse, derretirse, licuarse.
(Y) *əḅsəy, əḅsək;* (WE) *əfsəy*|| vb. ac.
Fusión, fundición, licuación, derretemiento.
(Y) *aḅăsak (ă),* pl. *iḅăskăn* || n. vb. m.

B·S·Y — *Cf.* [B·S·K]
Fundir(se), derretir(se) (mantequilla, etc.), licuar(se). **2.** vb. n. Calmarse.
(Y) *əḅsəy, əḅsək;* (WE) *əf*səy || vb. ac.
Cron. Primavera.
(Y) *taḅsəyt (tə),* pl. *tiḅəssay (tə)* || s. f.
Meteor. Nubes ligeras (en filamentos transparentes).
(WE, Y) *iḅəssayăn, ifəssayăn* || s. m. pl.
Nombre de una marca *(ejwăl)* (corte hecho en el borde exterior de la oreja del animal). Marca de propiedad de los Isăḳărănăn del subgrupo de los Irăwăttan (Kəl-Fərwan). **2.** Trozo cortado de la oreja izquierda (Ghoubeïd Alojaly). **3.** *Bot.* Planta (desconocida).
(WE, Y) *tebăsăyt (tă), tabăsăyt (tă),* pl. *šibăsăyen (tə), tibăsăyen (tə)* || s. f.

D

D·G₁ — *Cf.* [D·G₂]
Picar, perforar. **2.** Decorar con pespuntes o bordados. **3.** Perforar en la garganta. **4.** Dirigirse hacia, descender recto hacia. **5.** Ser o estar picado.
(H) *edeğ;* (WE, Y) *ədəg;* (Gh) *eddeğ* || vb. ac.
Pinchazo (golpe con un objeto puntiagudo). **2.** p. ext. Juego infantil donde se intercambian puntadas (lit. 'la picada'), lucha tradicional entre dos grupos equivalentes.
(Y) *tamădok (tă),* f. sing.; (WE) *sămmădog,* pl. *sămmădogan* || adj. vb.
Apuñalar, asestar un pinchazo, asesinar, matar.
(Teg) *dugg* || vb. ac. (< ár. dial. Delheure 1987: 47-48).
Trocear, triturar, machacar.
(Teg) *ddəgdəg* || vb. ac. (< ár. dial. Delheure 1987: 47).
Cf. (ár.) *degdeg,* tr. 'trocear, triturar'.
Hacer la guerra, combatir.
(Teg) *dagga, dəgg* || vb. ac. (< ár. dial. Delheure 1987: 47).
Batalla, guerra, combate.
(Teg) *ləmdaggət,* pl. *ləmdəggat* || n. vb. concr. m. (Delheure 1987: 48).

N. B. Para Naït-Zerrad (1999: 300), se trataría de un término arabizado en su esquema, pero no de origen árabe.

D·G₂ — *Cf.* [D·G₁]
Campo de batalla. **2.** Penuria, miseria (Y) (?).
(WE, Y, G) *ădagga,* pl. *idaggan* || s. m.

D·Gh
Montaña, macizo montañoso.
(WE, Y) *adghagh (ă),* pl. (WE) *idghaghăn (ə),* (Y) *ədghaghăn* || s. m.
Piedra.
(Nef) *dghagh,* pl. *idghaghen* || s. m.

D·K > J·K
Campamento pequeño. **2.** p. ext. Morada, refugio (de animal o del cazador). **3.** fig. Base, centro, hogar (Y).
(WE) *ədik,* pl. *idăkkăn;* (Y) *əjik,* pl. *ijikăn* || s. m.

D·K·N·Y
Ser redondo.
(Kb) *dek*ʷ*nenni*; (Ntf) *knunni* || vb. n.
Geom. Redondo.
(Kb) *adk*ʷ*ennay, adek*ʷ*nennay;* (Ntf) *akunennay, akumennay;* (Mb) *agnunnay,* pl. *ignunnayən* || adj. vb. m.

D·K·(T)
Estar, permanecer o quedarse tranquilo, apacible (calma, sosiego, ausencia de agitación).
(H) *dəkət* || vb. cual.
Tranquilidad.
(H) *adəki* || n. vb. abstr. m. sing. sin pl.
Hacer las paces.
(H) *səddəkət* || vb. caus.

D·R₁ — *Cf.* [D·R₂]
[Anexo, *s. v.* **Adirane; dar; Gáldar**].
Apretar muy fuertemente alguna cosa que está en posición horizontal, cargando sobre ella de arriba hacia abajo. **2.** Bajar. **3.** Enterrar. **4.** Cubrir. **5.** Suplicar.
(Kb, Šw, Mc, H) *ader;* (Mb, WE) *adər* || vb. ac. prim.
Descender. **2.** Disminuir.
(Kb) *ader;* (H) *edir* || vb. n.
Presión.
(WE) *addar,* pl. *addarăn* || n. vb.
Fondo (de algo profundo o hueco: pozo, agujero, saco, etc.). **2.** Fundamento, base. **3.** Parte más baja, alejada, apartada o hundida (en el interior de un país). **4.** p. ext. Pie (de montaña, roque, árbol, muro, etc.). **5.** p. ext. Raíz

comestible. **6.** p. ext. Lecho (de un valle). **5.** p. ext. Aval, parte baja de un río.

(WE, Y) *eder (ă),* pl. *iderăn;* (H) *edir,* pl. *ediren, idîren;* (Gh) *idir,* pl. *idiren* || n. prim. m.

Lo bajo. **2.** Vieja cepa, buena raza o casta. **3.** Fondo interior (de un recipiente, pozo o cosa hueca cualquiera) (WE). **4.** Fundamento. **5.** Bajío.

(WE, Y) *eder (ă),* pl. *iderăn* || n. prim. m.

Tocón, cepa, raíz (de árbol, planta). **2.** Tronco (de árbol). **3.** p. ext. Origen. **4.** p. ext. Fundamento, base. **5.** *Neol. Gram.* Raíz consonántica, base, lexema.

(WE, Y) *tadra,* pl. *tadriwen;* (Y) *todra,* pl. *todriwen* || n. prim. f.

Pie.

(Nef) *ṭar,* pl. *iṭaren* || s. m.

Cuidar, mantener, sostener.

(WE) *ədər* || vb. ac.

D·R$_2$ — *Cf.* [D·R$_1$]

Endurecimiento, rigidez (por ejemplo, de la mano).

(Y) *ədur,* pl. *idurrăn* || s. m.

D·R·F

Libertar, ser liberado, manumitido (esclavo). **2.** vb. n. p. ext. No estar domado o adiestrado (camello, buey).

(Y) *dărăf;* (WE) *dărfu* || vb. ac.

Liberación, manumisión.

(Y) *edəraf (ə),* pl. *idərifăn;* (WE) *adərfi (ə),* pl. *idərfităn* || n. vb. m.

Liberación, manumisión. **2.** Perdón total, beneficio o favor general. **3.** *Neol.* Amnistía.

(WE) *tădarfit (tə),* pl. *šidarfiten (tə)* || n. vb. f.

D·Š < D·W + Š$_2$

[Glosario, *s. v.* **Masdache.** || Anexo, *s. v.* **mesdache**].

Andar como un niño, lentamente o con pasos pequeños.

(Kb) *ddaš, ddadaš* || vb. n. (leng. infantil e irónico).

A pasos pequeños, lentamente.

(Kb) *ddaš ddaš* || adv. modo.

Andar, caminar del bebé.

(Mc) *dadduš* || vb. n.

Primeros pasos del bebé.

(Mc) *dadduš* || n. vb. m. (leng. infantil).

D·W < W·D·W

Marchar, ir, caminar, desplazarse. **2.** Irse, marcharse, partir. **3.** Venir. **4.** Correr (agua) (Mc).

(Mc, Kb, Taš, Ntf, Zen) *ddu* || vb. n.

Ir con, acompañar. **2.** Reunir. **3.** vb. n. Casar(se).

(H, WE, Y, D) *idaw;* (Teg, Gh) *əddiw* || vb. ac.

Conjunto (de ingredientes). **2.** Reunión, grupo, aglomeración de personas, multitud. **3.** *Neol.* Sociedad o comunidad (humana).

(WE, Y) *idawăt,* pl. *idawăten* || n. vb. concr. f. (Prasse *et al.* 2003: 121).

Conjunto (de ingredientes). **2.** Reunión, grupo, aglomeración de personas, multitud. **3.** *Neol.* Sociedad o comunidad (humana).

(WE) *tidawăt,* pl. *tidawăten* || n. vb. concr. f.

Reunión.

(WE) *tidăwt,* pl. *tidăwen* || n. vb. concr. f.

Compañía, acompañamiento. **2.** Reunión, agrupamiento. **3.** Boda, casamiento, matrimonio.

(Y) *tədewt,* pl. *tədewen; tədăwt,* pl. *tidăwen, tədăwen* || n. vb. concr. f.

D·Y — *Cf.* [D·G₁]

[Anexo, *s. v.* **Tindaya; Tindayejas**].

Bot. Hierba puntiaguda que se encuentra al lado del agua y se parece a la caña.

(Fg) *taddayt* || s. f.

Ḍ

Ḍ·Gh·S

[Glosario, *s. v.* **Bentejís**].

Estallar, explotar, reventar. **2.** Salir (disparo). **3.** *Bot.* Eclosionar, florecer, nacer, brotar. **4.** tr. Romper, reventar. **5.** tr. Desflorar.

(Mc) *ṭṭiqes, ḍiqes*|| vb. n.

Explosión, estallido, deflagración. **2.** *Bot.* Eclosión, florecimiento. **3.** *Med.* Supuración (absceso). **4.** Brote, grano.

(Mc) *aṭiqs*|| n. vb. m. sing.

Ḍ·N·G

[Anexo, *s. v.* **Restinga**].

Ola (de mar). **2.** Masa de agua. **3.** Mar abierto, alta mar.

(Taš) *taḍḍanga, taṭṭanga,* pl. *tiḍḍangiwin;* (Ntf) *tadinga,* pl. *tadingiwin* || s. f.

Ḍ·R

[Anexo, *s. v.* **Tetir**].

Anat. Pie. **2.** p. ext. *Anat.* Pierna entera, comprendido el muslo. **3.** fig. Deformación, defecto en general (en un producto artesano, un texto, etc.). **4.** Pata trasera (animal). **5.** Cuartos traseros (de animal sacrificado y despiezado). **6.** Rueda (de vehículo, motorizado o no). **7.** m. p. ext. *Hidr. Top.* Afluente pequeño (de un valle grande), valle pequeño. **8.** *Cron.* Fin, término (plazo, etc.).

(WE, Y) *aḍăr (ă),* pl. *iḍarăn,* m.; *taḍărt (tă),* pl. *tiḍaren,* f. || s.

Anat. Pie. **2.** p. ext. *Anat.* Pierna entera, comprendido el muslo. **3.** Pata trasera (animal). **4.** *Hidr.* Afluente.

(Zen) *aḍaṛ,* pl. *əḍaṛan* || s. m.

Anat. Pie. **2.** p. ext. *Anat.* Pierna. **3.** Pata (animal). **4.** Conducta. **5.** Defecto en un tejido.

(Kb) *aḍaṛ (u),* pl. *iḍaṛṛen* || s. m.

Anat. Pie. **2.** p. ext. *Anat.* Pierna. **3.** Pata (animal).

(H, N, W) *aḍăr,* pl. *iḍarăn* || s. m.

Anat. Pie. **2.** p. ext. *Anat.* Pierna. **3.** Pata (animal) (Šw). **4.** Pivote (Šw).

(D, Gh, Ghad) *aḍar,* pl. *iḍaren;* (Senh) *aḍar,* pl. *iḍaren,* m.; *taḍarṯ,* pl. *ṯiḍarin,* f. y dim.; (R) *ḏar, ḍar,* pl. *iḍaren,* m.; *ṯeḍaret, əddaret,* pl. *ṯiḍarin,* f. y dim.; (Taš, Ntf) *aḍar,* pl. *iḍarən;* (Mc) *aḍar (u),* pl. *iḍarən,* m.; *taḍartt (tə),* pl. *tiḍarin (tə),* f. y dim.; (Fg) *ḍaṛ (u),* pl. *iḍaṛen;* (Mb) *ḍar (u),* pl. *iḍarən, iḍarrən;* (Teg, Ac, Šn, Šw) *ḍar,* pl. *iḍarən;* (Sns) *ḍar (u),* pl. *iḍarən,* m.; *ḍaret,* pl. *tiḍarin,* (f.) dim. || s. m.

Anat. Pie.

(Awj) *aṭar,* pl. *ṭarin;* (Kb.or.) *aṭar,* m.; *taṭṭaret,* (f.) dim.; (Sw, Nef, Snd) *ṭar,* pl. *ṭarən* || s. m.

F

F1 < F·W < F·H·W

[Anexo, *s. v.* **Faina**].

Ser de día, amanecer, clarear, dar claridad. **2.** Ser, estar o ponerse claro.

(H, WE) *ifaw,* aor.; *ăffăw,* perf.; (Y) *ifu;* (R) *effu;* (Izn) *ufu(d);* (Taš) *fau, ifiu* || vb. n. y ac.

Haber luz, ser luminoso.

(Taš) *ifiu* || vb. n.

Claridad.

(H) *afa,* m. sing. (sin pl.); (Taš) *tifaut,* pl. *tifawin,* f.; (Y) *taf̣f̣awt,* pl. *taf̣f̣awen,* f.; (WE) *taf̣f̣ăwt (ta),* pl. *taf̣f̣ăwen (ta),* f. || s.

Luz, claridad.

(Mc) *tafat,* pl. *tafatin,* f.; (Taš) *tufaut (tu),* pl. *tufawin;* (Nef) *tfaut;* (Sns) *tfâûṯ, ṯafaṯ, ṯafat;* (WE, Y) *ăf̣a (ă),* pl. *if̣ăttăn,* m.; (H) *afa,* m. sing. || s.

Mañana.

(H) *tufat* < **t'ūfhătt,* pl. *tufâtîn;* (WE, Y) *tufat (tu),* pl. *tufaten (tu)* || n. vb. f.

Fuego. **2.** Relámpago, destello (Taš).
(Taš, Ntf) *afa;* (Ghad) *ufa;* (Awj) *afiw* || s. m.
Fuego, infierno.
(Mc) *afa,* pl. *afaten* || s. m.

F₂ — *Cf.* [Gh·F], [X·F]
Sobre (encima).
(AŠ) *x, xf;* (Kb) ghef, *af, f;* (Mb) *ghəf, ghif, f;* (Nef) *af, ghəf;* (R) *xaf;* (Mc) *xf;* (H) *f;* (Sw) *af, f, fəl* || prep.
Geog. Cima, cúspide de una montaña.
(Taš) *afa*, pl. *afaten* || s. m.

F·G
[Anexo, *s. v.* **tafigue**].
Volar, levantar el vuelo, desaparecer. **2.** Correr (Fg).
(Izn) *afi, afey;* (Fg) *afey;* (Kb, Taš) *afeg* || vb. n.
Dejar el nido (Fg). **2.** Hacer volar, desaparecer. **3.** Cortar, suprimir (Kb).
(Fg) *ssifey;* (Kb, Taš) *ssifeg* || caus.
Cf. [P·Ḥ·Ğ] (eg.) *pêğ,* vb. ac. 'separar, cortar'.
Cf. [F·Ḥ·Ğ] (ár.) *fêğ,* vb. ac. 'separar las piernas'.
Ser o estar descubierto, revelarse, manifestarse, aparecer.
(WE, Y) *făggu;* (Mc) *ffegh, effeg* || vb. n.
Hecho de ser o estar descubierto, revelado.
(WE) *afəggi (ə)*, pl. *ifəggităn;* (Y) *efəggi (ə)*, pl. *ifəggităn* || n. vb. m.

F·G·L
Excavar, ahondar; desfondar, socavar, hundir, cavar.
(Kb) *fəggəl* || vb. ac.

F·Gh
Salir, separarse de, retirarse, dejar. **2.** Aparecer, surgir, manifestarse. **3.** Eclosionar, ver la luz.
(Mc) *ffəgh* || vb. n.
Acción de salir, salida, hecho de separarse de, retirarse, dejar.
(Mc) *ufugh (wu),* pl. *ufughən (wu)* || n. vb. m.
Salir.
(R, Izn, Senh) *əffəgh, əffagh;* (Fg, Šaw, Šn, Teg, Snd, Nef) *əffəgh;* (Sw) *əffəgh, əffogh, əffagh;* (Ghad) *effəε* || vb. n.
Salir, surgir, aparecer.
(WE) *əffəgh* || vb. n.
Salir. **2.** Ser inocente.
(Mb) *əffəgh* || vb. n.
Salir, partir. **2.** vb. ac. Dejar, abandonar. **3.** vb. n. Terminar (período).
(Taš) *ffəgh, ffugh, ffʷgh, ffagh;* (Ntf) *əffogh;* (Kb) *əffəgh* || vb. n.
Salida.
(Taš) *uffugh;* (Ntf) *ufugh*|| n. vb. m.

Salir, sacar, separar, enjambrar (abejas).
(Taš) *ssuffu* || vb. caus.

F·Gh·(T)
Ser o estar hendido. **2.** Estallar. **3.** Reventar, retumbar, detonar (un trueno, risa, etc.). **4.** Estar muy abierto. **5.** Ser muy abierto (de pensamiento, mente, espíritu).
(WE, Y) *făqqăt* || vb. cual. y n.
Hecho de ser o estar hendido. **2.** Estallido. **3.** Detonación. **4.** Apertura.
(WE) *afəqqi (ə),* (Y) *efəqqi (ə),* pl. *ifəqqităn* || n. vb. m.
Estallido, reventón, dispersión.
(WE) *tăfaqqat (tə),* (Y) *təfaqqat* || n. vb. f. sing.
Bot. Tronco podado (D). **2.** *Bot.* Leño grueso.
(D) *afăghot;* (N) *afəghot,* pl. *ifghat* || s. m.

F·Ḥ·N < F + Ḥ·N
Terraza, azotea.
(WE, Y) *fiḥina,* pl. *id fiḥina* < **f-aḥanu* 'sobre la habitación' || s. m. (Dray 1998: 472).

F·K — *Cf.* [F·Y2]
Verter. **2.** Ser vertido. **3.** Correr, fluir (líquido).
(G) *əfˤfˤək;* (Awj) *əffok, ffok* || vb. n.
Vertido.
(G) *efˤfˤak,* pl. *efˤfˤakăn* || n. vb. m.

F·L
[Anexo, *s. v.* **Ipalan; pala**].
Ser o estar cubierto (por un techo).
(WE, Y) *əfəl* || vb. ac.
Hecho o acción de cubrir (por un techo).
(WE, Y, H) *efel, ăfel,* pl. *ifelăn* || n. vb. m.
Alto, arriba, elevado. **2.** Piso superior de una casa. **3.** Terraza.
(Mc, Gh) *afella (u / wa),* pl. *ifellatən* || n. m.
Alto (arriba). Se dice de todo lo que tiene una cara superior (relieve de terreno, peñón, árbol, casa, mástil, mueble, objeto cualquiera, parte del cuerpo, etc.). **2.** p. ext. Cima, cumbre (de una montaña, colina, duna o elevación cualquiera de terreno). **3.** p. ext. Región superior (comprendiendo las mesetas superiores y las altas cimeras de un vasto macizo montañoso).
(H) *afella,* pl. *ifellâten* || adj. m.
Techo.
(H) *asfel,* pl. *isfelen* || s. m.

F·N·Ḍ
Pieza, trozo, pedazo. **2.** Vestido muy remendado. **3.** Parcela de tierra.
(Kb) *tafenṭiṭ* || n. prim. f.

F·N·K

Aislarse, separarse, ausentarse. **2.** Apartarse del buen camino, ser impío. **3.** Escapar al control (de alguien).

(WE, Y) *əfˤnək* || vb. r.

Aislamiento, separación, ausencia. **2.** Impiedad.

(WE, Y) *afănaḳ (ă),* pl. *ifănaḳăn* || n. vb. m.

F·N·N

Brotar, echar brotes.

(Ntf) *fnen,* aor; *tfnan,* intens. || vb. ac.

F·R·D

Buscar, recoger (productos naturales: granos, frutos, sal, madera, etc.).

(WE, Y) *əfrəd* || vb. ac.

F·R·G

[Glosario, *s. v.* **Escanfraga.** || Anexo, *s. v.* **Aifaraga**].

Levantar (muro, barrera, dique, seto, etc.). **2.** p. ext. Cercar, vallar. **3.** p. ext. Proteger, tomar bajo su protección o tutela (Mc). **4.** Suprimir, cortar (Kb).

(Taš) *ferg;* (Mc) *freg, frey;* (R) *fareg, farey;* (Kb) *efreg;* (AŠ) *freğ;* (H) *efreġ* || vb. ac. prim.

Cercado, redil, aprisco, corral (Mc, Kb). **2.** Cercado, vallado (de una huerta o jardín) (H, WE, Y, Senh). **3.** Seto seco de matorral espinoso (H, Mc, Šn). **4.** p. ext. Separación.

(H) *ăfaraġ,* pl. *iferġân;* (WE, Y) *afărag (ă),* pl. *ifərgan,* m.; *tafărak (tă),* pl. (Y) *tifərgen (tə), tifărgaten (tə),* (WE) *šifăragen (tə),* f.; (Mc, Šn) *afrag (u),* pl. *ifragən;* (Šaw) *afrag, afraie,* pl. *ifragen;* (Kb) *afrag (we),* pl. *ifergan;* (Kl) *aferray,* pl. *iforay;* (Bq) *aferag,* pl. *iforag;* (Senh) *isefreg,* pl. *isefrag;* (Taš) *asarag,* pl. *isaragen* || n. prim. m.

F·R·T·(T) < F·R·D·T

Desmigajar(se), desmoronar(se), desmenuzar(se), desagregar(se), pulverizar(se).

(Mc) *fərtət* || vb. ac. y cual.

Desmigajamiento, desmoronamiento, desmenuzamiento. **2.** pl. Migajas, migas.

(Mc) *ufərtut (u),* pl. *ifərtitən* || n. vb. m.

F·R·W

[Glosario, *s. v.* **Fireva.** || Anexo, *s. v.* **Tifirave**].

Colmena. **2.** Pesebre de madera para los bueyes. **3.** Alberca, estanque, pilón. **4.** Cisterna, aljibe donde se acumula el agua sacada de un pozo o traída de una fuente, de una presa. **5.** Prensa, lagar (lugar donde se exprime la uva). **6.** Alcantarilla.

(Taš) *tafrawt,* pl. *tiferwin* || n. prim. f.

Depósito, tanque, aljibe donde se acumula el agua sacada de un pozo. **2.** Tronco vaciado, ahuecado en forma de artesa donde abrevan las cabras y ovejas.

(Ntf) *tafrawt,* pl. *tifrawin,* f.; *afraw,* pl. *ifrawin,* m. y aum. || n. prim.

Atarjea. **2.** Pesebre.

(Fg) *tafṛawt,* pl. *tifṛawin* || s. f.

Colmena (Izd, AŠ). **2.** Pila, barreño, artesa (portátil o fija) para dar de beber a los animales o de comer a los perros. **3.** Alberca, pilón, cisterna o estanque que recoge aguas de un pozo (AŠ). **4.** Cubeta colectora de agua para el molino hidráulico (AƐ). **5.** *Geog.* Depresión del terreno, calvero, claro en un bosque.

(Mc) *tafrawt (tf),* pl. *tiferwin (tf)* || n. prim. f.

Abrevadero para el ganado.

(R) *t̠afəlawkt̠,* pl. *t̠ifəlawin;* (Bq) *ṯafəlawxṯ,* pl. *ṯifəlawin* || n. prim. f.

Pieza de piel que sirve de abrevadero portátil para dar de beber a los animales (H). **2.** Pila o abrevadero cualquiera.

(H, Gh) *tafărawt,* pl. *tifărwin* || n. prim. f.

F·S₁ — *Cf.* [N·F], [N·F·S]

[Anexo, *s. v.* **Afosa**].

Derramar, verter.

(Mb) *əfsa* || vb. ac.

Derramar(se), verter(se) (líquido).

(Teg) *əfsa* || vb. ac. y r.

Salir en forma de gotitas.

(H) *seffesfes* || caus.

F·S₂ — *Cf.* [N·F], [N·F·S]

Anat. Mano. **2.** Cinco. **3.** Puño, mango, asa, mancera (del arado), manivela. **4.** Sisa. **5.** Ayuda, acuerdo por el cual dos individuos se prometen ayuda recíproca para el intercambio de su mano de obra personal (Izy).

(Sw, Zer) *fūs,* pl. *ifəssən;* (B. Menacer, Teg, Mb) *fus (u),* pl. *ifassən;* (Ghad) *ōfəs,* sing.; (Nef) *ufəs,* pl. *ịfəssən;* (Mc, Kb, H) *ăfus (u),* pl. *ifassen (i);* (WE, Y) *əfus (ə),* pl. *ifăssăn* || s. m.

F·S·N

[Anexo, *s. v.* **Fasnia**].

Escalera. **2.** Escalón, peldaño. **3.** Situación (considerada en relación a otras progresivamente superiores o inferiores).

(H) *tăfəssəna* || s. f.

Escalera.

(Sok) *tafsant,* pl. *tfəssanin;* (Gh) *tafəsna* || s. f.

F·T

Agobiar. **2.** Causar bronquitis.

(WE, Y) *ăftu;* (Y) *əftu* || vb. ac. y n.

F·Y$_1$ = F·Ǧ

[Anexo, *s. v.* **Tenerife**].

Centellear, brillar, relucir, resplandecer.

(Mb) *ffəyfəy* || vb. n.

Centelleo, brillo, resplandor.

(Mb) *afəyfəy* [afifi] *(u)* || n. vb. m. sing.

De color claro y transparente.

(Mb) *afifay (u),* pl. *ififayən* || adj. vb. m. sing.

Brillar, centellear. **2.** Resplandecer de belleza.

(Kb) *feğğeğ* || vb. n.

Brillo.

(Kb) *afeğğeğ* || n. vb. m. sing.

F·Y$_2$ — *Cf.* [F·K]

[Glosario, *s. v.* **Guanapay; Timanfaya**].

Supurar. **2.** Brotar (líquido).

(Kb, Taš) *fi;* (H) *effi* || vb. n.

Verter(se), derramar(se). **2.** Fluir (líquido). **3.** Tener diarrea (animal). **4.** Divulgar (noticia, secreto, actos, asuntos, etc.).

(WE, Izn) *əffəy;* (H, D, Gh, Taš) *əffi;* (Mc) *ffey;* (Izd, Ntf, Šn) *ffi;* (Sns) *effiy;* (N) *iffăy;* (Zen) *etfi* || vb. n.

Vertido. **2.** Fluido.

(WE) *ufəy,* pl. *ufəyăn;* (Y) *effay,* pl *effayăn* || n. vb. m.

Vertido. **2.** Fluido. **3.** Circulación. **4.** Divulgación (revelación, anunciación, anuncio, etc.).

(H) *ûfuy,* pl. *ufuyen* || n. vb. m.

F·Z·(T)

Estallar, brillar. **2.** Ser difundido, estar extendido. **3.** Propagarse (luz). **4.** Arrojar luz (sobre algo), iluminar (lámpara, ráfaga).

(WE, Y) *făzzăt* || vb. cual.

G

G$_1$ — *Cf.* [B·B], [G·G]

Humear, ahumar, echar humo ardiendo sin llama. **2.** Estar ahumado.

(Kb) *bubb;* (Ghad) *b̲ub̲u* || vb. n.

Humo. **2.** Humo espeso (Kb).

(Kb) *abbu (wa);* (Ghad) *ub̲u* || n. vb. concr. m. sing. sin pl.

Chimenea (lit. 'la del humo').

(Mc) *tinibba* || conj. det. n. f. (lexicalizado).

Bot. Tabaco, planta *(Nicotiana rustica)* y producto para fumar.

(WE, Y) *taḅa,* pl. (WE) *taḅiwen,* (Y) *taḅawen* || s. f.

G₂
Meteor. Atronar, sonar truenos, tronar.
(Taš) *ut iggig* || vb. n.
Tronar (el cañón, una descarga de fusilería, la tempestad, un gran viento, una persona que habla con vehemencia contra alguien o contra algo). **2.** Explotar (Y).
(H) *eġġeġ;* (WE, Y) *əggəg;* (R) *wajjaj* || vb. n. prim.
Meteor. Trueno.
(H) *eġġaġ*, pl. *eġġaġen;* (WE) *eggag*, pl. *eggagăn;* (Taš) *iggig*, pl. *aggagen*, *iggīgen;* (R) *ajjaj*, sing. || n. vb. m.
Sacerdote, hombre religioso, teólogo. **2.** *Antr.* (medieval).
(Y) *aggag*, pl. *aggagăn;* (H, Kb) *Aggag (Aġġaġ)* || s. m.

G·B
Perforar, agujerear.
(Taš) *gbu, bgu;* (Izd) *gbu;* (Mc) *aggu* || vb. ac.
Agujero.
(Mc) *agbu (u),* pl. *igbutən* || n. vb. concr. m.

G·D
Cavidad, hueco, interior (de un tubo).
(Taš) *agddu* || s. m.

G·Ḍ — *Cf.* [G·Ḍ·Y₁], [G·Ḍ·Y·(T)]
Atragantarse bebiendo. **2.** Tener diarrea (Kb).
(WE) *əgəḍ;* (Y) *əḍəg* [sic]; (Kb) *gəḍ;* (Taš) *sgəḍ* || vb. n.
Hidr. Nombre de una charca en el Paraíso. **2.** *Hidr*. Nombre de un río legendario.
(WE) *Egăḍăy > Egăḍe (ă)* || n. prim. m. sing.

G·Ḍ·Y₁ — *Cf.* [G·Ḍ], [G·Ḍ·Y₂], [G·Ḍ·Y·(T)]
[Anexo, *s. v.* **Agaete**].
Hidr. Nombre de una charca en el Paraíso. **2.** *Hidr.* Nombre de un río legendario.
(WE) *Egăḍăy > Egăḍe (ă)* || n. prim. m. sing.

G·Ḍ·Y₂ — *Cf.* [G·Ḍ·Y₁], [G·Ḍ·Y·(T)]
Hidr. Lago pequeño. **2.** Depósito, tanque (de agua).
(Taš) *ag^wḍay, ag^wḍay, agday* || s. m.

G·Ḍ·Y·(T) — *Cf.* [G·Ḍ·Y₁], [G·Ḍ·Y₂]
Instalarse confortablemente en (lugar). **2.** Ser o estar profundo (valle, charca, balsa, etc.) (WE).
(WE, Y) *gəḍəyyət* || vb. cual.
Hecho de estar confortablemente instalado. **2.** Profundidad.
(WE) *agəḍəyyi (ə),* pl. *igəḍəyyităn* || n. vb. m.
Ser o estar profundo. **2.** Engullir, sumir, hundir, tragar(se).
(H) *gəḍyət* || vb. cual. y ac.

Profundidad, hondura.
(H) *ăgḍiyi* || n. vb. m.
Engullidor (persona, animal o cosa que engulle).
(H) *ăgəḍəyya* || n. ag. m.

G·F
[Anexo, *s. v.* **gofio**].
Duna. **2.** p. ext. Montón, montículo (de productos alimenticios, heno, etc.). **3.** Tocón (de árbol caído o cortado) (Y).
(WE, Y) *tagəfut (tə),* pl. *šigəfa (tə),* (Y) *tyəgfa (tə)* || s. f.
Duna de arena fija. **2.** p. ext. Alta meseta (de montaña) (Y).
(WE, Y) *egef (ă),* pl. *igefăn,* m.; *tegeft,* pl. *tigefen,* f. y dim. || s.
Terreno arenoso y elevado con vegetación.
(H) *eġif,* pl. *iġîfen,* m.; *teġift,* pl. *tiġîfîn,* f. y dim. || s.

G·G — *Cf.* [B·B], [G_1], [Ḥ·Ḥ], [Ḥ·T], [R·G_3]
[Glosario, *s. v.* **Tiniguiga.** || Anexo, *s. v.* **goga**].
Humear, ahumar, hacer o lanzar humo.
(Taš) *guggu;* (Izd) *gugg* || vb. n.
Humo.
(Mc) *aggu (wa),* pl. *aggutn (wa)* || s. m.
Vapor (caliente).
(Y) *ăgoga,* pl. *igogan; ăgăwga,* pl. *igăwgan* || s. m. (sing. muy p. us.).

G·Gh
Bot. Ébano.
(WE, Y) *agogh,* pl. *agoghăn* || s. m.

G·Gh·Y
[Anexo, *s. v.* **Tagoja; Tagojaite**].
Bot. Planta perenne (que da una especia).
(Y) *təguq (tə),* pl. *tigughen (tə);* (WE) *tăgguq (tă),* pl. *tăggughen (tă)* || s. f.
Bot. Planta *(Artemisia campestris)* que proporciona un pasto mediocre, aunque es apreciada por sus propiedades medicinales (Benchelah *et al.* 2000: 112).
(Tassili-n-Ajjer) *tağuq* || s. f. sing.

G·J < G·G — *Cf.* [W·Gh]
Barrera, dique, cierre de un canal. **2.** Desviación para la irrigación. **3.** Sangría.
(Mc) *ugguj,* pl. *uggujən (wu);* (AŠ) *uggug,* pl. *uggugən (wu);* (Izd) *igig,* pl. *uggugən (wu)* || s. m.

G·L
[Anexo, *s. v.* **Gáldar**].
Partir, irse. **2.** Pasar. **3.** Sobrepasar, explayarse, desbordarse. **4.** Continuar, perseverar (camino, trabajo, etc.). **5.** Desaparecer, ser o estar perdido. **6.**

eufem. Fallecer. **7.** Correr, pasar (tiempo). **8.** Estar avanzada (hora, noche, tiempo. etc.). **9.** Tener gran envergadura, ser comprehensivo, extenderse lejos, tener gran variedad. **10.** Ser flexible, resistir todas las manipulaciones. **11.** Ser duradero, definitivo (victoria, hecho, etc.). **12.** Venir (de lejos). 13. Ser inminente.

(WE, Y) *ăglu;* (Y) *əglu* || vb. n.

Partida, separación.

(WE, Y) *egəlli (ə),* (WE) *agəlli (ə),* pl. *igăllan* || n. vb. m.

G·L·M

Almádena, mazo de hierro con mango largo (herrería).

(Taš, Mc) *igiləm* || s. m.

G·L·S

[Anexo, *s. v.* **Taguluche**].

Bot. Cebada verde (que se deja para alimento de los animales). **2.** *Bot.* Planta (sobre todo trigo, cebada, maíz). **3.** *Agr.* Campo de trigo, de cebada o de maíz aún verdes.

(Mc) *agwlas (u),* pl. *igwlasən;* (R) *agulas* || s. m.

Afrecho de cebada molido como harina fina.

(Kb) *taglast* || s. f.

G·M

Estípite (pilastra en forma de pirámide truncada).

(Taš) *agumat* || s. m.

G·M·D

Vertiente de una colina, lado de un barranco, margen o ribera de un río. **2.** Lado u orilla opuesta a la del observador.

(Mc) *agemmad (u), aymmad,* pl. *igemmadn;* (Izd) *ajemmad,* pl. *igemmadn;* (Šaw) *axumaḍ, agumaḍ;* (Kb) *agʷemmaḍ (ug),* pl. *igʷemmaḍn;* (Senh) *agemmaḏ,* pl. *igemmaḏen;* (R) *ağemmaḏ,* pl. *iğemmaḏen* || s. m.

G·M·S

[Anexo, *s. v.* **Agüimes**].

Tener encanto, ser o estar encantador (físico, conversación, maneras).

(WE, Y) *guməs;* (H) *ğuməs* || vb. n.

Encanto, hechizo, atractivo.

(WE) *əggumәs,* pl. *əggumәsăn;* (H) *əğğûməs,* pl. *əğğuməsăn* || n. vb. m.

Anat. Pómulo de la mejilla. **2.** *Anat.* Mejilla, pómulo (WE, Y). **3.** Encanto, hechizo, atractivo (WE, Y).

(WE) *tăgomăst (tə),* pl. *šigomăsen;* (WE, Y) *təgomăst,* pl. *tigomăsen, tigumas,* p. us.; (H) *teğûmăst (tə),* pl. *tiğumasin;* (Gh) *tağumest* || s. f.

Mascujar. **2.** Triturar con las encías (persona o animal que ha perdido los dientes).

(Kb) *ssəgmuməs* || vb. ac.

Anat. Parte baja de la mejilla, mandíbula.
(Mc) *tigʷumst (tgʷ),* pl. *tigʷumas (tgʷ)* || n. prim. f.

G·N·G·N
Perderse en las tinieblas. **2.** Desaparecer bruscamente. **3.** fig. Perderse en las tinieblas del olvido, caer en el olvido. **4.** Ser ignorado o pasado por alto. **5.** Ser objeto de un acto mágico, ser embrujado.
(Y) *gənugən* || vb. n. y ac.
Acto mágico, sortilegio, magia.
(Y) *təgnugent,* pl. *čəgnugan* || n. vb. f.

G·N·Y$_1$
[Anexo, *s. v.* **Goney**].
Aguardar, estar a la espera. **2.** Acechar, atisbar. || vb. n. **3.** Contar con, tener confianza en.
(Mc) *ggany, ggann,* aor.; *sgany,* (AḤ) *sgann,* caus.; *mganay, myanay,* rec. || vb. ac.
Aguardar, estar a la espera. **2.** Acechar, atisbar. **3.** Esperar todo, o algo, de alguien. **4.** *Mil.* Elegir como atalaya, puesto de acecho o emboscada.
(Kb) *ggani,* aor.; *sgani,* caus. || vb. ac.
Espera prolongada.
(Kb) *agani (u)* || n. vb. m. sing.
Quien está a merced o bajo entera dependencia de otra persona; dependiente.
(Kb) *ameggani,* pl. *imegguna,* m.; *tamegganit,* pl. *timegguna,* f. || adj.

G·N·Y$_2$— *Cf.* [N·Y]
Coser.
(Mc) *gni, jni, gnu, ynu;* (Ntf) *əgnu;* (Teg, Nef) *əgni* || vb. ac.

G·R$_1$— *Cf.* [G·R·W]
[Anexo, *s. v.* **Tagragito**].
Estar muy mojado, húmedo.
(H) *gərət,* aor.; *səggərət,* caus.; (Kb) *ggəṛġəṛ* || vb. cual.
Hecho de estar muy mojado, húmedo.
(H) *agri;* (Kb) *aġəṛġəṛ* || n. vb. m. sing.
Arroyo (chorrillo de agua permanente o casi permanente que corre naturalmente por el fondo de un valle).
(H) *têġərt,* pl. *têġrîn* || s. f.

G·R$_2$— *Cf.* [G·R$_3$]
[Glosario, *s. v.* **Tagoro.** || Anexo, *s. v.* **goro; tagoror**].
Cercado, patio de la casa donde se guarda o aprisca el ganado.
(Taš, Kb) *agrur;* pl. *igurar,* m.; *tagrurt,* pl. *tigurar,* f. || s.
Montón de piedras elevado en general para conmemorar un acontecimiento o los actos de un santo. **2.** Pequeño muro de piedras utilizado para la construcción de hornos de pan. **3.** Albergue, nicho de piedras.
(Mc) *agrur (u),* pl. *igurar* || s. m.

G·R₃ — *Cf.* [Y·R₂]

Geom. Disco (Kb). **2.** *Astr.* Luna. **3.** Luna nueva, lunación. **4.** *Cron.* Mes (lunar). **5.** Mes (lunar, solar).

(Kb) *aggur (wa),* pl. *agguren (wa); ağur,* pl. *ağuren;* (Mc) *ag^{w}ur (wa),* pl. *ag^{w}urən* || s. m.

G·R₄

[Anexo, *s. v.* **Garachico**].

Ser mayor (edad, talla, volumen), ser superior (número, cantidad), aventajar, sobrepasar. **2.** Ser mejor. **3.** Levantarse un astro (Zen).

(Taš) *ag^{w}r, agr,* aor.; *iuger,* perf.; (Kb) *ag^{w}ar,* aor.; *yug^{w}ar,* perf.; (Mc) *agər,* aor.; *uger,* perf.; (AŠ, Izn, R, Fg, Teg) *ajər,* aor.; (Šaw) *ajər, ujər;* (H, Ghad) *ağər,* aor.; (WE, Y) *agər,* aor.; *ogăr,* perf.; (Gh) *uğər,* aor.; (Zen) *yugər,* perf.; (Y) *aglu,* aor. (p. us.) || vb. n.

Hecho dc sobrepasar (en edad, talla, volumen, número, cantidad, etc), hecho de ser superior. **2.** Superioridad. **3.** Ventaja.

(Mc) *agar;* (AḤ) *igr;* (Kb) *ugar;* (Fg) *ijar;* (Teg) *ajjar (a/wa)* || n. vb. m.

Más (de), más que, todavía más. **2.** Peor (Mc).

(Taš) *ugg^{w}ar n;* (Kb) *ag^{w}ar;* (Mc) *ugar, uggar;* (AŠ, Teg Ghad) *ujar;* (Fg) *ujaṛ n* || adv./adj.

G·R·D

[Glosario, *s. v.* **Guardilama**].

Granero, hórreo. **2.** p. ext. Pajar (amontonamientos levantados en campo abierto sobre pilotes). **3.** Tipo de canasta (para trabajar el millo) (WW).

(WE, Y) *egərid (ə),* (WE) *agərid (ə),* pl. (WE) *igərad,* (Y) *əgrad* || s. m.

G·R·G·S

Geog. Cárcava, zanja u hoya más o menos grande que producen las avenidas de agua o abarrancamientos.

(H) *eğərêğəs,* pl. *iğərûğas* || s. m.

G·R·T·(T)

Romperse haciendo un crujido.

(WE, Y) *gərəttət* || vb. n.

Rompimiento haciendo un crujido.

(WE) *agərətti (ə),* pl. *igərəttităn;* (Y) *egrətti (ə),* pl. *əgrəttităn* || n. vb. m.

¡Crac!

(WE) *gərət* || interj.

G·R·W

[Anexo, *s. v.* **Garoé**].

Río. **2.** (Gran) valle. **3.** Mar (Y). **4.** Gran sabio, erudito (Y). **5.** p. ext. *Poét.* Vasta extensión de paisaje. **6.** Gran memoria (para la literatura oral). **7.** Erudición, cultura (de una persona). **8.** Persona dotada de gran memoria para las tradiciones, tesoro poético y relatos históricos, "biblioteca ambulante".

(WE) *agărăw (ă),* (WE, Y) *egărăw (ă),* pl. *igărăwăn* || s. m.

Hidr. Nombre propio del río Níger.
(WE, Y) *Egărăw;* (H) *Eġĕrew;* (N, W) *Eġərəw.*
Mar, océano, lago grande, vasta extensión de agua.
(WE) *egărew (ă), agărew (ă),* pl. *igərwăn;* (H) *eġĕrew,* pl. *iġĕrewän* || s. m.
Vasta extensión de agua, río, mar.
(N, W) *eġərəw* || s. m. sing.
Lago. **2.** Bolsa de herramientas (del herrero) (WW).
(WE) *tegărăwt (tă), tagărăwt (tă),* pl. *šigərwen (tə)* || s. f. dim.

G·S₁

Bot. Especie de planta con el tallo desprovisto de hojas.
(AḤ) *agasis (u),* pl. *igasisn* || s. m.

G·S₂

Clavija de madera, estaca, tolete o escálamo, mallete.
(Taš, Ntf) *tagust,* pl. *tigusin, tigusa* || s. f.
Estaca de metal o madera, jalón.
(Mc) *tag*ʷ*ust,* pl. *tig*ʷ*usin (tə);* (Senh) *t̲aggust,* pl. *t̲iggwas* || s. f.
Estaca. **2.** Escarpia, percha. **3.** *Bot.* Esqueje tomado de una rama.
(Kb) *tag*ʷ*est, tagust,* pl. *tigusa (tə)* || s. f.
Cabrio, quilla, madera de construcción.
(Šaw) *yes,* pl. *igsan* || s. m.

G·S·S

[Anexo, *s. v.* **Agache; tagasaste**].
Bot. Meseta de macollas (fase de crecimiento de las gramíneas, en la que crecen diversos vástagos de un mismo pie).
(Kb.or) *agases* || s. m. sing.
Bot. Tronco (de árbol). **2.** desp. Cabeza.
(Taš) *agasis,* pl. *igasisn* || s. m.
Bot. Planta con el tallo desprovisto de hojas.
(AḤ) *agasis (u),* pl. *igasisn* || s. m.
Bot. Nombre de una gramínea de hoja dura. **2.** *Top.* Erg que bordea el Adrar-n-Allaghen, en la región sahariana del Ahnet, al NW del Hoggar.
(H) *tagsest* || s. f. sing.

G·S·(T)

[Anexo, *s. v.* **Igueste; Tegueste**].
Mojar ligeramente, humedecer. **2.** Ser o estar mojado, húmedo.
(WE) *găsăt* || vb. ac. y n.
Mojadura, humectación.
(WE) *agəsi (ə),* pl. *igəsităn* || n. vb. m.

G·S·Y

Bot. Especie de planta (comestible).
(WE, Y) *agăsăy,* pl. *agăsăyăn* || s. m.

G·T·R·(T)

[Glosario, *s. v.* **Tiguiter**].

Hundirse, desplomarse, caer, resbalar, deslizar (terreno por temblor).

(WE) *gətərrət* || vb. n.

Hundimiento o deslizamiento del terreno (por temblor).

(WE) *agətərri (ə),* pl. *igətərrităn* || n. vb. m.

G·Y

[Glosario, *s. v.* **Bergoyo; Teaguia**].

Fisura en el suelo.

(WE) *tagăyt (tă),* pl. *šigăyyen* || s. f.

G·Y·D

[Anexo, *s. v.* **Aguaide; Gaida; Tagayde**].

Geog. Colina.

(Ac) *taggayd,* pl. *tiggaydin* || n. prim. f.

G·Y·L

Encerrar(se), secuestrar, retener (por la fuerza), enclaustrar, recluir.

(AḤ) *gəyyəl* || vb. ac.

G·Y·R

[Anexo, *s. v.* **Aguayro**].

Bot. Tocón, tronco.

(Ntf) *agyar,* pl. *igyarən,* m.; (Taš) *agayr, agayyr, agyar,* m.; (Bq) *ṯigiyarṯ,* pl. *ṯigiyar,* f.; (Kl) *ṯiyiyarṯ,* pl. *ṯiyiyar,* f.; (R) *agiyur,* f. *ṯagiyu(r)ṯ;* (Izn) *tiyiyert,* f.; (ZK) *tagiyyurt,* f.; (Šn) *higyirt,* pl. *higyar,* f. || n. prim.

Bot. Tocón.

(Ac) *heyyert* || n. prim. f.

Bot. Tronco.

(Ac) *tagijurt* || n. prim. f.

Bot. Base de una palmera.

(Fg) *tiyyert,* pl. *tiyyar* || n. prim. f.

Bot. Parte media del tronco.

(Sns) *tiyyert,* pl. *tiyyar* || n. prim. f.

Grueso trozo de madera.

(Kb.or) *agyir* || n. prim. m.

G·Y·Y

Med. Hinchazón del vientre (de personas y animales).

(H) *ǧyay* || n. prim. m. sing.

G·Y·Z

[Anexo, *s. v.* **Teguisse; Yaiza**].

Escarificar, sajar, entallar, hacer una incisión. **2.** Vacunar (WE, Y). **3.** Sangrar en el brazo. **4.** p. ext. Tatuar.

(WE, Y) *əgyəz;* (Gh) *əggəj;* (N, WW) *əǧəš, əǧyə[š];* (H) *ǧəh* || vb. ac.

Incisión. **2.** Tatuaje (WE).

(WE, Y) *agăyaz (ă),* pl. *igăyazăn* || n. vb. concr. m.

Escarificación, incisión. **2.** Vacunación (WE, Y).

(H) *tĕğğeht,* pl. *tiğğah;* (WE) *tagəyyezt (tə), təgəyyezt,* pl. *šigəyyaz (tə)* || n. vb. concr. f.

Talle (cuerpo humano). **2.** p. ext. Rayado, *cinturón* blanco que rodea el cuerpo de un animal. **3.** *Poét.* Grupa entrecana. **4.** Detención, arresto. **5.** Sobrino, sobrina (hijo o hija de la hermana, sobrino uterino). **6.** Descendencia de la(s) hermana(s).

(Y) *tegăze (tă),* pl. *tigəzza (tə)* || s. f.

Sobrino, sobrina (hijo o hija de la hermana), sobrino uterino. **2.** Descendencia de la(s) hermana(s).

(WE) *tegăze (tă)* < *tegăzăy,* pl. *šigəzz (tə)* || s. f.

Agujero grande en suelo poco profundo (que no excede el metro de profundidad). **2.** Agujero para hacer un pozo, etc. **3.** p. ext. Pozo derruido, abandonado (WE).

(WE, Y) *tăgaza,* pl. (WE) *šigaziwen (tə),* (Y) *tigăzawen, tigəzwen (tə)* || s. f.

G·Z

[Glosario, *s. v.* **Teguseo**].

Entrar en. **2.** Penetrar. **3.** Montar en (coche). **4.** vb. ac. Tomar, asumir. **5.** vb. n. Dirigirse a. **6.** Pasar a. **7.** Poder entrar en. **8.** Introducirse entre. **9.** Ser penetrante, profundo (pensamiento). **10.** Pasar, correr (tiempo). **11.** Llegar.

(WE, Y) *əggəz* || vb. n.

Entrada. **2.** Comienzo. **3.** Introducción.

(WE) *iguz,* pl. *iguzăn;* (Y) *eggaz,* pl. *eggazăn* || n. vb. m.

Hombre o animal que entra. **2.** Recién llegado, extranjero. **3.** En f. Tipo de sable o machete largo (G).

(WE) *amugăz (ə),* (WE, Y) *əmugăz,* pl. *imugăzăn* || adj. vb. m.

Hombre o animal que entra.

(WE) *ămaggăz (ə),* (WE, Y) *əmaggaz,* pl. *imaggazăn* || adj. vb. m.

Gh

Gh — *Cf.* [R·G_4], [R·Gh]

Inflamarse, arder.

(WE, Y) *aghu, ărghu* || vb. n.

Ignición.

(WE, Y) *aqqa,* pl. *aqqatăn* || n. vb. m.

Ceniza salada de ciertas plantas.

(WE) *tăghiwa,* pl. *tăghiwaten* || s. f.

Encender(se), alumbrar, prender (fuego, luz), iluminar.
(Mc) *agh;* (Snus) *ergh;* (Sw) *qqəd* || vb. n.
Acción de encender (fuego, luz), encendido.
(Mc) *asagh (u / wa)* || n. ac. m.

Gh·D₁
[Anexo, *s. v.* **Tejeda; Téjida**].
Venablo con asta de hierro de longitud, anchura y calidad medianas (lit. 'gato salvaje'). **2.** Venablo con asta de madera (WE, Y). **3.** Extremidad puntiaguda (WE, Y). **4.** Pértiga del arado (Taš).
**tāghidāwt,* pl. *tīghudwīn;* (H, D) *taghda,* pl. *tighədwîn;* (WE, Y) *taghda,* pl. (WE) *taghdiwen,* (Y) *taghdawen;* (Taš) *tagh*[w]*da (tu),* pl. *tighĕduin* || s. f.

Gh·D₂ > Q·D
[Glosario, *s. v.* **Icod**].
Quemar. **2.** Cauterizar. **3.** Estropear o dañar por quemadura (alimento, etc.) (Y).
(WE, Y, H, Mb) *əqqəd;* (Mc, R, Kb) *qqed;* (Senh) *eqqe̲d̲* || vb. ac.
Cf. (ár.) *waqad,* intr. 'encenderse, arder' (Prasse *et al.* 2003: 270).
Quemadura.
(WE, Y) *tewăghde (tă)* < **tewăghdăy,* pl. (WE) *šiwaghdiwen (tə),* (Y) *tiwăghdawen (tə)* || n. vb. concr. f.
Quemadura.
(WE) *ighud* || n. vb. concr. m. sing. (infantil).
Quemadura (Y). **2.** Fuego o incendio (en un bosque, selva, etc.) (WE, Y).
(WE, Y) *eqqad,* pl. *eqqadăn* || n. vb. concr. m.
Cauterización. **2.** Quemadura. **3.** pl. Desgracias, infortunios (Mc).
(Mc) *tiqqett,* pl. *tiqqad;* (Y) *čəqqet,* pl. *čəqqad;* (WE) *šiqqet,* pl. *šiqqad* || n. vb. concr. f.
Cauterización. **2.** Quemadura. **3.** Cocción de la cerámica artesanal.
(Kb) *tuqqda* || n. vb. concr. f.
Rojeces, marcas de quemaduras producidas al calentarse demasiado cerca del fuego.
(Kb) *tiqqad* || n. vb. concr. f. pl.

Gh·F = X·F — *Cf.* [F₂]
[Glosario, *s. v.* **Nisdafe**].
Anat. Cabeza. **2.** Cima. **3.** Cabo, punta, extremidad.
(H) *eghef,* pl. *ighefawen;* (WE, Y) *eghăf (ă),* pl. *ighăfawăn;* (Nef) *ighf,* pl. *ighfawən;* (Mb, Kb) *ixf (yi),* pl. *ixfawən;* (Sw) *axfi,* pl. *əxfawen* || s. m.

Gh·Gh — *Cf.* [Gh]
Tronar. **2.** Explotar. **3.** Restallar con estruendo. **4.** Crepitar (fuego). **5.** Crujir un vestido nuevo (Y).
(WE, Y) *əqqəgh* || vb. n.

Trueno.
(WE, Y) *eqqagh,* pl. *eqqaghăn* || n. vb. m.
Trueno. **2.** Rayo. **3.** Resplandor esférico (en forma de bola). **4.** Aerolito, meteorito (WE).
(WE, Y) *teqqaq,* pl. *teqqaghen* || n. vb. f.

Gh·M
Ser o estar teñido, teñir.
(Kb) *ghmu, ghem, ghʷem;* (Taš) *ghem;* (Nef) *ghəmm;* (WE) *ăghmu;* (Y) *əghmu* || vb.
Teñir por frotamiento.
(H) *əghmu* || vb. ac.

Gh·M·R₁
[Anexo, *s. v.* **Güímar**].
Codo (del brazo). **2.** Cuña. **3.** Ángulo (casa, relieve montañoso, duna, etc.). **4.** Esquina (de un objeto). **5.** Lugar de desvío (WE, Y).
(Mc) *tighmert (tgh),* pl. *tighmrin (tgh);* (WE, Y, H) *taghmərt (tə),* pl. *tighəmmar (tə),* (WE) *šighəmmar (tə);* (Kl) *ṯaghemmerṯ,* (Bq) *ṯighemmerṯ,* pl. *ṯighemmar* || s. f.

Gh·M·R₂ = M·Gh·R
[Anexo, *s. v.* **Gomer**].
Ser grande, aumentar, crecer (dimensión o edad). **2.** Envejecer, ser anciano. **3.** Ser importante (posición social). **4.** Ser considerable, enorme, inmenso.
(Mc) *mghur;* (Ghad) *məqqur;* (WE) *ighmar, imghar;* (D) *imghar;* (Taš) *imghur* || vb. n.
Hombre anciano o grande, el mayor. **2.** Jefe de tribu.
(WE) *aghmar, amghar (ă),* pl. *imgharăn (ə),* m.; (Kb, Teg) *amghar (u),* pl. *imgharən,* m.; *tamghart (tə),* pl. *timgharin (tə),* f.; (H) *amghar,* pl. *imghâren,* m.; (R, Kb) *ameqqran, ameqran (u),* pl. *imeqqranən,* m.; (Mb) *aməqqəṛan,* pl. *iməqqəṛanən,* m.; (Ghad) *məqqurən,* pl. *məqqurnin,* m.; || adj.
Grandeza, importancia.
(WE) *təmghəre,* pl. *təmghərawen;* (Y) *tămmăqqărt,* pl. *tămmăqqăren* || n. vb. f.
Grandeza, importancia. **2.** Jefatura (autoridad o territorio de un jefe de tribu). **3.** Mando, autoridad, poder, jefatura, reinado. **4.** *Neol.* Departamento (división administrativa).
(WE, Y) *tămghăr,* (WE) *tăghmăr,* pl. *tămghăren* || n. vb. f.

Gh·N₁
[Anexo, *s. v.* **Tegina**].
Ser comenzado. **2.** Ser creado.
(WE, Y) *ăghnu,* (Y) *əghnu* || vb. pas.
Comienzo. **2.** Creación.
(WE, Y) *eghənni (ə),* (WE) *aghənni (ə),* pl. *ighənnan* || n. vb. m.

Comienzo. **2.** Creación.
(WE, Y) *təghənnăwt,* pl. *tighənnăwen (tə);* (WE) *taghənnăwt (tə),* pl. *šighənnăwen (tə)* || n. vb. f.

Gh·N₂
[Anexo, *s. v.* **Tegalgen**].
Atar, ligar, sujetar. **2.** Cerrar, encerrar. **3.** Poner o llevar (joya, amuleto, traje, etc.). **4.** Prometer, profesar (Kb, Teg). **5.** Estar unido sexualmente (Teg). **6.** Estar limitado o ser incapaz intelectualmente (Teg).
(Nef, Ghad) *aqqən;* (WE, Y, Mb, Teg) *əqqən;* (H) *eqqən;* (R, Senh, Kb) *eqqen;* (Mc, R) *qqen* || vb. ac.
Acción de poner. **2.** Atadura. **3.** Imposición. **4.** Tocado. **5.** Promesa. **6.** Anudamiento. **7.** Maleficio para provocar impotencia en el hombre.
(Kb) *tuqqna* || n. vb. f.
Acrobacia. **2.** p. ext. Ejercicio de fuerza, hazaña, acto milagroso en general. **3.** Competición. **4.** Desafío, problema. **5.** Enigma, adivinanza. **6.** Artificio, truco, maña (Y).
(WE) *tăqqăn,* pl. *tăqqănen;* (Y) *čăqqăn,* pl. *čăqqănen* || n. vb. f.
Cerrado. **2.** Apretado.
(Kb) *uqqin,* pl. *uqqinen,* m.; *tuqqint,* pl. *tuqqinin,* f. || adj. vb.
Agavillador.
(WE, Y) *əmaqqan,* (WE) *ămaqqan (ə),* pl. *imaqqanăn* || adj. vb. m.
Lazo, cuerda, ligadura.
(Mb) *ghan*, pl. *ighunan;* (H, WE, Y) *aghan (ă),* pl. *ighunan* || s. m.

Gh·N·D·W
Estar plegado, curvado, inclinado, encorvado.
(Y) *ghăndăw* || vb. n.
Pliegue, inflexión, curvatura, encorvadura.
(Y) *eghəndəw (ə),* pl. *ighəndiwăn;* (WE) *əqqəndu,* pl. *əqqəndəwăn,* m.; *təqqəndut,* pl. *təqqəndəwen,* f. || n. vb.

Gh·N·J < Gh·N·Z
[Anexo, *s. v.* **Ajonse**].
Cazo, cucharón grande (de madera o metal).
(Mc) *aghənja (u),* pl. *ighənjayən, ighənja,* (Izd) *ighənjawən;* (Ntf) *aghənja,* pl. *ighənjiun;* (Mb, Teg, Fg, Senh) *aghənja (u),* pl. *ighənjayən;* (Kb) *agh*[w]*ənja (u),* pl. *ighənjawən;* (WE) *ăghonja,* pl. *ighonjan* || s. m.
Cuchara.
(Nef) *teghenğit,* pl. *teghenğain* || s. f.

Gh·R₁ — *Cf.* [G·R·(T)]
[Glosario, *s. v.* **Chahorra.** || Anexo, *s. v.* **Tajarote**].
Llamar. **2.** Mencionar, nombrar. **3.** *Rel.* Invocar (a Dios, espíritus, etc.). **4.** Leer. **5.** p. ext. *Rel.* Leer en voz alta, salmodiar. **6.** Estudiar. **7.** p. ext. *Rel.* Hacer estudios religiosos. **8.** p. ext. Haber cursado estudios, ser culto. **9.** p.

ext. Estar recién alfabetizado. **10.** Señalar (algo a alguien). **11.** Reprochar (a alguien alguna cosa).

**ăghrĭh* > (WE, Y) *ăghru;* (Y) *əghru* || vb. ac.

Cf. (hb.) *qārā',* 'gritar, recitar, proclamar, llamar, invitar'; (ár.) *qara',* 'recitar, leer'; (etíope) *qaraya,* 'predecir'; (somalí) *qariyan,* 'predictor del tiempo que hará' (Cohen); (ha.) *k̂ārā,* 'gritar' (Prasse *et al.* 2003: 296).

Llamada. **2.** Mención. **3.** Invocación. **4.** Pronunciación, dicción, fórmula. **5.** Lectura. **6.** Estudio. **7.** Escolarización (que se recibe). **8.** Aprendizaje (de un artesano aprendiz) (Y).

(WE, Y) *teghăre (tə),* (WE) *teghărăy (tə),* pl. (WE) *šighərr (tə),* (Y) *tighərra (tə)* || n. vb. f.

Voto, promesa (de ofrecer algo a un santo o de organizar juegos populares para dar la bienvenida a un amigo o pariente que vuelve después de una larga ausencia).

(WE, Y) *ghărro,* pl. *ghărrotăn;* (WE) *ghărrăw,* pl. *gharrăwtăn* || n. vb. concr. m.

Llamar. **2.** Mencionar, nombrar. **3.** *Rel.* Invocar. **4.** Invitar.

(H) *aghər* || vb. ac.

Llamar.

(Kb) *ghəṛ* || vb. ac. p. us.

Llamar, interpelar, gritar.

(Kb) *əghṛət, ighṛit* || vb. ac.

Llamada. **2.** Grito.

(Kb) *tighṛi (tə),* pl. *tighṛiwin (tə)* || n. ac. f.

Llamar.

(Senh) *əghər* || vb. ac.

Llamada.

(Senh) *ṯighuri* || n. ac. f.

Llamar, interpelar.

(Teg) *ghər;* (R) *ṛagha* || vb. ac.

Llamar, interpelar. **2.** vb. ac. Leer.

(Ntf) *ghər* || vb. n.

Llamada. **2.** Estudio, lectura.

(Ntf) *tighri* || n. ac. f.

Leer. **2.** Estudiar, instruirse, aprender. **3.** Ir al colegio.

(Mc) *ghər* || vb. ac.

Lectura. **2.** Estudio. **3.** Enseñanza.

(Mc) *taghuri (tgh),* pl. *tighuiriwin (tgh)* || n. ac. f.

Leer. **2.** Estudiar.

(Kb) *ghəṛ* || vb. ac.

Lectura. **2.** Estudio.

(Kb) *tughṛin, tighṛin* || n. ac. f.

Leer.

(Senh) *ghar* || vb. ac.

Leer. **2.** Estudiar (aprender las letras).
(R) *ghər* || vb. ac.
Lección, lectura. **2.** Estudio.
(R) *ṯeghori;* (Kl) *ṯighori;* (Bq) *ṯegharixṯ* || n. ac. f.
Leer. **2.** Estudiar.
(Fg) *ghəṛ, ghər* || vb. ac.

Gh·R$_2$ > Q·R
[Anexo, *s. v.* **Tecorone**].
Ser o estar seco, secar, desecar, marchitar. **2.** Ser o estar duro, rígido (firme, consistente). **3.** p. ext. Estar inanimado, estar muerto, morir. **4.** Ser o estar estéril. **5.** Ser o estar árido (terreno, tierra). **6.** Estar agotado, vacío (depósito de provisiones). **7.** Inmovilizarse, calmarse y quedar rígido después de una crisis epiléptica, desmayarse, perder el conocimiento. **8.** Ser severo, de carácter duro, avaro (Teg). **9.** Ser magro, muy delgado, seco de cuerpo (Teg). **10.** Ser cerrado de mollera, poco inteligente (Teg).
(Kb, Mc) *ghghar > qqar;* (Teg) *qqaṛ;* (H) *ighar, eqqar;* (WE, Y) *ighar, ăqqar;* (Sns) *qar;* (Mb) *qqar;* (Taš) *ghar, ighar;* (Sw) *qor, qqor* || vb. n. y r.
Sequedad, aridez, dureza, rigidez.
(Kb) *taghart, taghara,* sing.; (WE) *tăghart,* pl. *tăgharen;* (Teg) *tqaṛit,* sing.; (Mb) *tqarit,* sing.; (H) *täghart,* pl. *täghârîn* || n. vb. perf. f.
Seco, árido, estéril, duro.
(Taš) *iqqor,* pl. *qqoren;* (Mc) *aqqurar (u),* pl. *iqqurarən,* m.; *taqqurart (tq),* pl. *tiqqurarin (tq),* f. || adj. vb.
Duro.
(Nef) *iqqer;* (Ghad) *iqqor* || adj. vb. m. sing.
Madera, leña.
(Mc) *isgharən;* (WE, Y) *ešăgher (ă),* (WE) *ašăgher (ă),* pl. *išăgherăn* || n. vb. concr. m. pl. col.
Materia seca. **2.** Amalgama. **3.** Suma, cantidad, monto, colmo, relleno, carga. **4.** *Med.* Contagio. **5.** Piel o cuero suave, sin teñir (WE).
(WE, Y) *aqqər* (Y: ə), pl. *aqqərăn* || n. vb. concr. m.

Gh·R$_3$
Correr a toda velocidad.
(WE) *ghărghăr* || vb. n.

Gh·R·Š$_2$
Mano (de mortero o almirez).
(Izd) *agh^{w}rš (u),* pl. *igh^{w}ršan* || s. m.
Rechinar los dientes. **2.** Cortar con los dientes.
(Kb < ár.) *əq^{w}ṛəš* || vb. n. (Dallet 1982: 674-675).
Cf. (ár.) *qarqas,* intr. 'crujir'; *qarqaɛ,* intr. 'hacer ruido'; (ár.-eg.) *ṣuqarqaš,* adj. 'crujiente, bien frito'.

Gh·R·(T) — *Cf.* [Gh·R_1]

Protegerse, ocultarse detrás (de un escudo u otra cosa cualquiera), poner como escudo. **2.** Ponerse detrás de (alguna cosa, para protegerse del viento, los golpes, las miradas, etc.).

(WE, Y) *ghărăt,* aor.; *səqqərət,* caus. || vb. cual.

Ruido o grito de protesta (de un camello en plena carrera). **2.** Lloriqueo alto y fuerte (de protesta o alegría) (de un adulto o niño).

(WE, Y) *taghrut (tə),* pl. *čəghruten (tə)* || n. vb. concr. f.

Gritar. **2.** Hablar fuerte. **3.** Llamar gritando fuerte. **4.** Cantar (gallo).

(H, WE, Y) *səghghərət* || vb. cual. caus.

Estar en actividad febril, actuar febrilmente. **2.** Clamar honor. **3.** p. ext. Pronunciar en voz alta, gritar (palabras inteligibles).

(WE, Y) *səqqərət* || vb. cual. caus.

Gh·R·W

[Anexo, *s. v.* **Alajeró**].

Especie de estera. **2.** p. ext. *Bot.* Manto de plantas rastreras. **3.** p. ext. *Bot.* Manto de *əmšekən* o barrilla (salsolácea que brota sobre suelo salitroso).

(WE, Y) *aghraw* || s. m. sing.

Gh·S

[Glosario, *s. v.* **Tajaste**].

Viejo volcán extinto.

(Y) *taghəst,* pl. *taghəsen* || s. f.

Gh·S·Y

Reventar(se), romper(se), morir (sin ser degollado).

(WE, Y) *aghsəy, axsəy;* (WE) *aghsi;* (H) *eghsi* || vb. n.

Gh·Š·D

[Glosario, *s. v.* **Tahiche**].

Destruir, estropear, sabotear. **2.** Ser pervertido, corrompido. **3.** Empeorar, cambiar para mal, volver malicioso o peligroso (persona). **4.** Ir mal, faltar.

(WE, Y) *əghšəd* || vb. ac. pas. y n.

Destrucción, ruina, estrago, destrozo.

(WE, Y) *təgheššat,* pl. *tigheššaden (tə);* (WE) *tagheššat (tə),* pl. *šigheššaden (tə)* || n. vb. f.

Gh·W_1

[Glosario, *s. v.* **Benxo; Majúa; Tinajo.** || Anexo, *s. v.* **Acentejo**].

Maullar (gato). **2.** Balar (cordero, cabra, antílope, gacela). **3.** Graznar (ave). **4.** p. ext. Gritar (de angustia). **5.** Retumbar, resonar (sonido, gañido, corneta, cuerno).

(WE) *ăghwu,* aor.; *săghwu,* caus.; *măghwu,* r.; (Y) *əghwu,* aor.; *səghwu,* caus.; *măghwu,* r.; (H) *ghagg* || vb. n.

Maullido. **2.** Balido. **3.** Graznido. **4.** Grito (de angustia). **5.** Resonancia.

(WE, Y) *taghăwat (tă),* pl. *šighăwaten (tə), tighăwaten (tə)* || n. vb. f.

Miedo.
(WE, Y) *măghwa,* pl. *măghwatăn* || n. vb. r. m.

Gh·W$_2$
[Anexo, *s. v.* **Ico**].
Vomitar. **2.** Tener ganas de vomitar, tener náuseas o bascas, estar mareado.
(WE, Y) **āhghŭh, *āwghŭh* > *əqqəw,* aor.; (WE) *əqqu,* imp.; *iqqu,* imperf./perf.; (Y) *əqqəw, iqqəw,* imp.; *yəqqəw, yiqqəw,* imperf.; *yəqqəw,* perf. || vb. ac.
Náuseas, bascas, contracciones del esófago como presagio del vómito.
(WE) *əqqu,* pl. *əqqutăn* || s. m.

Gh·W·L
[Anexo, *s. v.* **Jiguala; Juel**].
Ictiol. Pez de fondo (indeterminado).
(Taš) *taghwält, taghwwālt* || s. f.
Ser, estar o volver de color pardo, moreno, obscuro, sombrío, negro.
(H, WE) *ighwal;* (Teg) *əghwəl* || vb. cual.
Atezar.
(H) *tîghwâl* || vb. ac.
Color marrón, castaño, pardo.
(H) *təghûle,* pl. *təghûlawîn;* (WE) *təghule,* pl. *təghulawen* || adj. vb. f.
Color pardo, obscuro, moreno.
(WE) *tăghwălt,* pl. *tăghwălen* || n. vb. f. p. us.

Gh·Y
Anat. Maxilar.
(Izd) *aghyay (u),* pl. *ighyayən* || s. m.

Gh·Y·(T) < G·Y
[Anexo, *s. v.* **Tijuya**].
Gritar. **2.** Llamar.
(Taš) *sguyu,* (Izn, Bq, Am, Tz) *sghuyu,* (Snus) *tûwegh;* (B. Iznacen) *esghuy,* aor., *sghuyyu,* intens.; (Mc) *sghuy,* aor., *sghuyyu,* intens.; (B. Ṣalaḥ) *äiḍ (äs)* < *εayeḍ,* aor., *ṭäyyeḍ,* intens. || vb. n.
Llamada, invocación, demanda de ayuda. **2.** Lamentación. **3.** Alarma, alerta.
(Taš) *taguyt,* sing.; (Kb) *taghuyyit (tgh),* pl. *tighuyyitin (tgh);* (H) *taghuiit,* pl. *tighuiia* || n. ac. f.
Gritar, llamar a grandes gritos.
(Kb) *ssighṛet;* (Izn, Bq, Amret, Tuzin) *sghuyu* || vb. n.
Grito, rechinamiento.
(Izn) *čghuyuč,* pl. *čiğuya;* (R) *tghuyič,* pl. *čiğuya* || n. ac. f.

Gh·Y·Y
Pulular (hormigas, gusanos, p. ext. personas). **2.** Exhalar una niebla densa o un humo espeso. **3.** Formar un tupido nubarrón (de polvo, etc.) en el aire. **4.** fig. Estar nublados (pensamientos).
(Y) *əghyəy* || vb. n. y ac.

H

H·N

Tienda.

(H, N) *ehən,* pl. *ihanân;* (WE) *ehən,* pl. *ihanân, inân;* (Y) *ehən,* pl. *inân* || s. m.

Casa (edificio que sirve de vivienda). **2.** Tienda.

(Gh) *yanan, yenân,* pl. *əd-yanân;* (Ghad) *ayən,* pl. *ayənən* || s. m.

Habitación, aposento (Izd). **2.** Establo. **3.** Cuadra.

(Kb, Mc) *aḥanu (u),* pl. *iḥuna* || s. m.

Cf. (ár.) *ḥānūt,* pl. *ḥawānīt,* 'tienda, taberna'.

H·N·B·R·M < H·N + B·R·M

[Anexo, *s. v.* **Ahenguareme**].

Bot. Nombre de planta.

(WE, Y) *ahănbărom (ă),* pl. *ihănbăromăn* || s. m.

H·N·Y — *Cf.* [D·K·N·Y], [K·N·Y]

Gran roca, peñón o peñasco. **2.** *Geog.* Terreno cubierto de grandes rocas volcánicas.

(AƐ) *ahennay (u),* pl. *ihennayən* || s. m.

Pan tradicional de forma esférica, cocinado con una piedra caliente en su interior.

(Tamzlouyt, Alto Atlas, Mc) *tahnannayt* || s. f.

H·R·G — *Cf.* [R·Gh]

Zumbar, roncar, bramar (fuego). **2.** Estar extremadamente caliente (día) (WE, Y).

(H) *hərəġrəġ;* (WE, Y) *hərəgrəg* || vb. n.

Cf. (ár.) *ḥaraqa,* tr. 'quemar'; (eg.) *rkḥ,* tr. 'soplar (el fuego)', 'quemar' (Prasse *et al.* 2003, II: 661).

Zumbido, bramido (fuego). **2.** Hecho de estar extremadamente caliente (día) (WE, Y).

(H) *ahərəġrəġ,* pl. *ihərəġriġen;* (WE) *ahərəgrəg (ə),* pl. *ihərəgrigăn;* (Y) *ehrəgrəg (ə),* pl. *əhrəgrigăn* || n. vb. m.

H·W·R < Z·W·R > Z·R

[Anexo, *s. v.* **Benahoare**].

Preceder.

(H) *əhwər, iwhar, izar;* (WE, Y) *əjwər;* (Kb) *zwir;* (Ghad) *əzwər;* (R) *izwar;* (Taš) *zwur;* (H, WE, Y, D) *izar;* (Mb) *zar, zzar* || vb. ac.

Primero, anterior, precedente.

(H) *amâhwar,* m.; (Mc) *amzwaru,* m.; (Ghad) *aməzwar,* m.; (Kb) *aməzwaru,* m.; (Taš) *amzwaru,* pl. *imzwura;* m.; (Teg) *amizzar (u),* pl. *imizzar,* m.; *tamizzart (tə),* pl. *timizzar (tə),* f. || adj. vb.

Ḥ

Ḥ·Ḥ — *Cf.* [G], [G·G], [Ḥ·T]
Vapor (caliente).
(WE, Y) *ăḥoḥa,* pl. *iḥoḥan* || s. m. (sing. muy p. us.).

Ḥ·R
Precipitar, apresurar, acelerar.
(WE) *ḥărḥăr* || vb. ac. y r.
Precipitación.
(WE) *aḥərḥər (ə)*, pl. *iḥərḥirăn* || n. vb. m.

Ḥ·R·F — *Cf.* [R·F]
[Anexo, *s. v.* **Tijarafe**].
Paso, tranco, zancada.
(Mc) *aḥurif (u),* pl. *iḥurifn,* m.; *taḥurift (tḥ),* pl. *tiḥurifin,* dim. || s.

Ḥ·R·Š — *Cf.* [Ḥ·R]
Estar excitado, (fig.) calentarse, provocar, hostigar, buscar querella.
(Mc) *ḥurš* || vb. n. y ac.

Ḥ·T — *Cf.* [G], [G·G], [Ḥ·Ḥ]
[Anexo, *s. v.* **Tagragito**].
Vapor (caliente).
(WE) *ăḥotta,* pl. *iḥottan* || s. m. (sing. muy p. us.).

J

J·G·J — *Cf.* [J·Gh]
Marcha, hecho de caminar, ir.
(WE) *ijîgəj, ighjigəj* || n. vb. m. sing.
N. B. Es sinónimo de (Zen) *ibdīh,* n. ac. m. del vb. *äbdīh* (Taine-Cheikh 2008: 77, 94 y 619), variante de [W·D·W > W·D / D·W].

J·Gh — *Cf.* [J·G·J], [J·Gh·Gh]
Caminar con un paso altivo, como un noble.
(WE) *əjjəgh* || vb. n.

J·Gh·Gh > M·Z·Gh — *Cf.* [J·Gh]
Ser valiente, intrépido (sin miedo).
(WE) *jăghăgh*|| vb. n.
Valentía, intrepidez.
(WE) *ajəghəgh (ə),* pl. *ijəghighăn* || n. vb. m.

Ruido, jaleo, alboroto, tumulto.
(WE) *ăjeqqagh (ə), əjeqqagh,* pl. *ijeqqaghăn* || n. vb. concr. m.
Hombre intrépido.
(WE) *emăjjăghăgh (ă), amăjjăghăgh (ă), ămăjjăghăgh,* pl. *imăjjăghăghăn* || adj. vb. m.

J·J
Interior, dentro.
(Mc, Teg) *jaj;* (Mb) *jaj (u), daj* || adj. / adv.

J·K < D·K
[Anexo, *s. v.* **yaco**].
Campamento pequeño. **2.** fig. Base, centro, hogar.
(Y) *əjik,* pl. *ijikăn* || s. m.

K

K < H·K
[Anexo, *s. v.* **Tyterogaka**].
Totalidad, todo, enteramente. **2.** Cada.
(Nef) *ak;* (H, WE, Teg) *(h)ak, akk;* (D) *hak;* (Mc) *ak*^{w}*;* (Kb) *ak*^{w}*, ak*^{w}*k*^{w}*, yak*^{w}*;* (Taš) *akk*^{w}*;* (Ntf) *aok, ku;* (Mb) *akk* > *ašš* || invar.

K·M·D > K·N·D
[Glosario, *s. v.* **Tacande**].
Arder, consumirse, quemarse.
(Izy) *kemd, kend, kenn;* (Ntf) *kumḍ* || vb. n.
Incineración, combustión.
(Mc) *akmad (u),* pl. *ikmadən* || n. vb. m.
Incendio. **2.** Tizón.
(Mc) *akemmuḍ (u),* pl. *ikemmuḍən* || n. vb. concr. m.
Incendio.
(Mc) *takendut (tk);* (Izy) *takennut (tk)* || s. f. sing.

K·N·R — *Cf.* [N·R]
[Anexo, *s. v.* **canario, ria**].
Anat. Frente grande, enorme. **2.** f. *Anat.* Frente. **3.** p. ext. *Mil.* Frente de combate.
(Y) *eḳănăr (ă),* pl. *iḳănărăn,* m. aum.; (WE) *eḳănnăr (ă), aḳănnăr (ă),* pl. *iḳănnărăn,* m. aum.; (Y, WE) *teḳănărt (tă),* pl. *tiḳănăren (tə),* f.; (G) *teḳănert (tă),* pl. *tiḳăneren (tə),* f. || s.
Mil. Conducir al frente del ejército. **2.** *Mil.* Ponerse al frente del ejército.
(WE) *səḳḳənnər* || vb. caus.

Mil. Acción y efecto de conducir al frente del ejército. **2.** *Mil.* Acción y efecto de ponerse al frente del ejército.
(WE) *asəḳḳənnər (ə),* pl. *isəḳḳənnirăn* || n. vb. caus. m.
Mil. Hombre que conduce la tropa al frente de combate.
(WE) *asăḳḳănnar (ă),* pl. *isăḳḳănnarăn* || adj. vb. caus. m.
Antr. Nombre propio de hombre.
(Y) *Akănaru (ă)* || m. sing.

K·N·Y — *Cf.* [D·K·N·Y], [H·N·Y]
Desmoronarse, colapsar. **2.** Caer, rodar, rodar por una pendiente.
(Mc) *knunney* || vb. n.
Corrimiento, acción de rodar. **2.** Caída de piedras. **3.** Caída (dando vueltas).
(Mc) *aknunney (u),* pl. *iknunnuyən* || n. vb. concr. m.
Derrumbe. **2.** Gran roca. **3.** Roca maciza.
(Mc) *ak*^{w}*nennaỵ (u),* pl. *ik*^{w}*nennaỵən* || n. vb. concr. m.

K·R·S
[Anexo, *s. v.* **cárisco**].
Construir, edificar. **2.** Levantar (tienda). **3.** *Mil.* Estrechar las filas (WE). **4.** Anudar, atar, tramar, trabar (H, D, N).
(WE, Y, H, D, N) *əḳrəs* || vb. ac.
Construcción.
(WE, Y) *aḳăras (ă),* pl. *iḳărasăn* || n. vb. m.

K·S
[Glosario, *s. v.* **Teniquisguan.** || Anexo, *s. v.* **Tenisque**].
Estar caliente. **2.** fig. Ser severo, duro, difícil, penoso. **3.** Ser rápido. **4.** Ser caro, costoso (Y). **5.** *Med.* Ser eficaz (medicamento) (Y).
(Y) *ikas;* (WE) *uḳas* || vb. n.
Calor. **2.** Severidad, dureza, dificultad. **3.** *Med.* Abceso, tumor. **4.** Velocidad. **5.** Sabiduría (Y).
(Y) *tukse,* pl. *tuksawen;* (WE) *tuḳəse* < *tuḳəsăy,* pl. *tuḳəsawen* || n. vb. f.

L

L·D·Y
[Anexo, *s. v.* **Telde**].
Ser o estar débil, endeble, flojo. **2.** Ser o estar mal visto, no ser bien recibido.
(Y) *lăddăy* || vb. n.
Debilidad. **2.** Desestimación, desprecio, desdén (hecho de estar mal visto, de no ser bien recibido).
(Y) *eləddəy (ə),* pl. *iləddəyăn* || n. vb. m.

L·G·(W)

Ser o estar espeso, denso (líquido). **2.** Tener la consistencia de la gelatina. **3.** Estar tembloroso, inestable (cosa).

(Kb) *lleġleġ* || vb. n.

Temblar y entrechocarse, resonar temblando. **2.** Estremecer, temblar (de miedo, cólera, impaciencia, etc.).

(Mb) *lləgləg* || vb. n.

L·M₁

[Glosario, *s. v.* **Guardilama**].

Abrir. **2.** Descubrir (alguna cosa, levantando lo que la cubre; dientes; secreto). **3.** Separar, dispersar (alguna cosa, muchedumbre, familia). **4.** Quitar, retirar, sacar (tapa, cobertura). **5.** Deshacer (nudo, ligadura). **6.** Decaer, perder (Y).

(WE, Y) *aləm,* aor.; (Y) *šuləm,* (WE) *səssiləm,* caus.; *təwiləm,* pas.; (WE) *nalăm,* (Y) *nuləm,* r. || vb. ac.

Apertura, hecho de abrir, descubrir, quitar, sacar, deshacer.

(WE, Y) *allam,* pl. *allamăn* || n. vb. m.

L·M₂

Piel. **2.** Cuerpo (seres vivos). **3.** Color. **4.** Tono (piel). **5.** Pelaje (animal).

(WE, Y) *elăm (ă),* pl. *ilămawăn,* (Y) *ilămmăn* || s. m.

Piel.

(H) *ilem,* pl. *ilmawen;* (Ntf, Taš) *alem, ilem,* pl. *ilmaun* || s. m.

Piel que cubre el cuerpo del animal.

(R) *ilem,* pl. *ilmawen* || s. m.

L·T

Extremidad o borde de un vestido. **2.** *Meteor.* Viento del Norte.

(WE, Y) *ălata,* pl. *ilatan* || s. m.

L·T·Y

Ser o estar disminuido, menguado, debilitado, atenuado (pie).

(Y) *lutəy* || vb. n.

Disminución, mengua, minoración, debilitamiento, atenuación (pie).

(Y) *elutəy (ə),* pl. *ilutəyăn* || n. vb. m.

L·W

[Anexo, *s. v.* **Alguasega**].

Ser amplio, vasto. **2.** Ser abundante. **3.** Ser corriente, habitual, usual. **4.** Extenderse hasta el infinito, hasta perderse de vista. **5.** Ser durable. **6.** fig. Ser indulgente, clemente, generoso (WE). **7.** fig. Ser o estar (muy) dichoso, afortunado, encantado, radiante (WE). **8.** fig. Estar de más, ser superfluo (Y).

(WE, Y) *alwu;* (Y) *ălwu, əlwu* || vb. n.

Anchura, amplitud.

(WE) *ilwi,* pl. *ilwităn;* (Y) *əlwi,* pl. *ilwităn* || n. vb. m.

Anchura. **2.** Abundancia. **3.** Felicidad, dicha, alegría desbordante. **4.** Pena de amor, nostalgia.

(Y) *alwa,* pl. *alwatăn* || n. vb. m.

Pena de amor, nostalgia.

(WE) *elwa,* pl. *elwatăn* || n. vb. abstr. m.

M

M₁

[Anexo, *s. v.* **maragulla**].

La que tiene, quien está provista de, la mujer de, la propietaria de, la poseedora de.

(Mc, Kb) *m, mm,* pl. *id m, id mm* || part. f. de pertenencia (que requiere el estado de anexión en el nombre al que rige).

M₂

[Glosario, *s. v.* **Timanfaya.** || Anexo, *s. v.* **time**].

Frente (de montaña). **2.** Borde (de un relieve cualquiera). **3.** Acantilado. **4.** Ceja (Teg, Mb).

(H) *timme,* pl. *timmawin;* (Teg) *tammi,* pl. *tammiwin;* (Kb) *timmi,* pl. *timmiwin* || s. f.

M₃ < H·M·H

Agua(s).

(Senh, Sw, Zen) *aman* || s. m. pl. col.

Agua(s).

(Kb, Mb, Fg, Ntf) *aman (u/wa)* || s. m. pl. col.

Agua(s). **2.** p. ext. Savia, jugo, humor.

(Teg) *aman (wa)* || s. m. pl. col.

Agua(s). **2.** eufem. Esperma. **3.** p. ext. Leche.

(R) *aman* || s. m. pl. col.

Agua(s). **2.** eufem. Esperma. **3.** Moletas, tara de caballo (Izy).

(Mc) *aman* || s. m. pl. col.

Agua(s). **2.** p. ext. Líquido (en general). **3.** p. ext. Savia, jugo, leche.

(WE, Y) *aṃan*; (H) *aman* || s. m. pl. col.

M·G

[Anexo, *s. v.* **Mogán**].

Bot. Especie de zarzal, matorral, breña, de cuyas hojas se extrae un purgante *(Pulicaria crispa).*

(WE) *eməg,* pl. *emәgăn;* (Y) *emăg,* pl. *emăgăn, imăggăn* || s. m.

Bot. Flor de un día o de la maravilla, similar al *emăg.*

(Y) *temăk (tă),* pl. *timăggen (tə)* || s. f.

M·G·R

[Anexo, *s. v.* **Armiguar**].

Recolectar, segar.

(Senh) *amğwar, amgar;* (R: W, Bq, Am) *emjar;* (Kb) *emger, emğer;* (Mc, Nef) *əmgər;* (Ghad) *emjer;* (AŠ, Izy) *mjer;* (Teg, Mb) *əmjər* || vb. ac.

Recolección, siega.

(Mc) *amgar (u);* (Mb) *amjar (wə);* (Teg) *imjar* || n. ac. m. sing.

Segador.

(Mc) *amggar (u)*, pl. *imggarən* || adj. vb. m.

Recolección, siega (lo que está segado). **2.** Rastrojo (Izy). **3.** Tiempo en que se siega, verano (Senh).

(Mc, Kb) *tamegra (tə),* pl. *timegriwin (tə);* (Senh) *ṯamegra,* sing.; (Nef) *temegra,* col.; (R)*tameɣra,* col. || s. f.

Guadaña, hoz, podón (dentado).

(Kb) *amger (we),* pl. *imegran;* (Mc) *amgʷer (u),* pl. *imegʷran,* m.; *tamgʷert (tə),* pl. *timegʷrin,* dim.; (Senh) *amgur,* pl. *imegran;* (Bq) *amjar,* pl. *imejran,* (Kl) *imeɣran;* (Teg, Mb) *amjər (wə),* pl. *imǝjran,* m.; *tamjərt (tə),* pl. *timǝjran (tə),* dim. || s.

M·L·W

[Anexo, *s. v.* **Mulagua**].

Centellear (brillar vivamente con un resplandor tembloroso).

(H) *meluwet* || vb. n.

M·N·D

Estar agotado, consumido, usado por completo.

(WE, Y) *măndu* || vb. n.

M·S

[Anexo, *s. v.* **Chimichi**].

Fuego, hogar. **2.** p. ext. Hogar (familia). **3.** p. ext. Infierno (Kb).

(Kb) *timess, times (tə), timessi, timsi,* pl.; (AŠ) *timessi (tə),* pl.; (R) *ṯimessi,* pl.; (H) *temse,* pl. *tims;* (Sw, Nef) *təmsi* || s. f.

M·Š·(Y) — *Cf.* [N·Š]

[Glosario, *s. v.* **Amache.** || Anexo, *s. v.* **Aguamache**].

Mármol. **2.** Cuarzo (piedra silícea de lado cortante), sílex. **3.** Tipo de sal (silicato) que se añade a la leche o el té y que constituye un remedio contra el cólico.

(WE, Y) *tămašše (tə),* (Y) *təmašše (tə),* pl. (WE) *šimaššiwen (tə),* (Y) *timaššawen (tə)* || s. f.

Top. Región del Ayr.

(Y) *Ǝn-Təmašše* || m.

Sílex, pedernal (fusil).

(Izd) *timišša,* pl. *timaššwin,* f.; (Taš) *imišš,* m. || s.

M·Y

[Anexo, *s. v.* **Moya**].

Bot. Especie de margarita (de flores amarillas muy olorosas) *(Pulicaria undulata). Sin. P. alveolosa, P. longifolia, Asteriscus graveolens (tamăyot).*

(WE, Y) *amăyo (ă),* pl. *imăyotăn* || s. m.

M·Y·Gh

Quemarse (los granos de cereal) en su mazorca aún verde.

(WE) *əmyəgh* || vb n.

Acción y efecto de quemarse (los granos de cereal) en su mazorca aún verde.

(WE) *amăyagh (ă),* pl. *imăyaghăn* || n. vb m.

M·Z1

[Anexo, *s. v.* **Mazo**].

Ser espacioso (lugar). **2.** fig. Ser abierto (persona franca y sincera).

(H) *muzzu* || vb. n. prim.

Lugar de delante, entrada. **2.** Fachada (de casa o tienda). **3.** Vertiente, flanco o falda (de montaña).

(Y) *ămezu (ə),* pl. *imuza* || s. m.

M·Z2 — *Cf.* [M·Ẓ1], [R·G1]

Ogresa.

(Sw) *əmza, umza,* pl. *umzawən* || s. f.

M·Z3

Frotar rápidamente (antiguo método para hacer fuego, que consistía en frotar rápidamente madera seca cerca de una yesca).

(Y) *măzmăz* || vb. ac.

Hecho de frotar rápidamente para prender fuego.

(Y) *eməzməz (ə),* pl. *iməzmizăn* || n. vb. m.

M·Z·Gh > M·J·Gh < J·Gh·Gh

[Anexo, *s. v.* **amaziq; ínsuloamaziq; Tamazgha; tamazight**].

N. B. La hipótesis etimológica aducida aquí [**J·Gh·Gh**] fue expuesta ya por Ghoubeïd Alojaly (1980: 83). Como bien apunta Salem Chaker (1995: 131), la explicación propuesta [**J·Gh**] por Francis Nicolas (1950: 188) y retomada por Karl-G. Prasse (1972: 9 y 1974: 299) parece sólo una derivación de ese lexema trilítero [J·Gh·Gh > J·Gh].

Etno. Tuareg noble (miembro de la aristocracia nómada). **2.** p. ext. Tuareg (en general). **3.** Hombre o animal bravo, valiente. **4.** f. sing. Lengua tuareg. **5.** f. sing. Lengua amaziq. **6.** f. sing. Lengua tuareg correcta (*i. e.* como la habla el grupo al cual se pertenece). **7.** f. pl. Dialectos tuareg.

(WE) *ămajəgh (ə),* (WE, Y) *əmajəgh,* pl. *imajəghăn,* m.; *tămajəq (tə),* pl. *timajəghen,* f.; (D, WW, N) *ămâšəgh,* pl. *imûšagh,* m.; *tămâšəq,* pl. *timûšaq,* f. || adj. Ú. t. c. s.

Etno. Tuareg, hablante de lengua tuareg.

(Gh) *ămazigh,* pl. *imazighăn,* m.; *tămazight,* pl. *timazighen,* f.; (H) *ămâhăgh,* pl. *imûhagh,* m.; *tămâhăq,* pl. *timûhaq,* f. || adj. Ú. t. c. s.

Mujer tuareg. **2.** Lengua tuareg. **3.** p. ext. Lengua amaziq.

(Gh) *tămâziq;* (WE, Y, G, Gh) *tămâjəq;* (D, WW, N) *tămâšəq;* (H) *tămâhăq* || s. f.

Etno. Nombre dado por los Kel-Ahăggar a una tribu amaziq que habita en la Tripolitania y la región de Ghadames.

(H) *ămazigh,* pl. *imazighăn* || adj. Ú. t. c. s.

Etno. Tribu Ayt-Wälid de Ghadames.

(Ghad) *ămazeɛ,* pl. *mazeɛän (i)* || adj. Ú. t. c. s.

Etno. Amaziq. **2.** Amaziq del Marruecos central. **3.** f. Mujer amaziq. **4.** f. sing. col. Conjunto de las hablas amazighes del Marruecos central (tamazight).

(Mc) *amazigh (u),* pl. *imazighen,* m.; *tamazight (tə),* pl. *timazighin (tə),* f. || adj. Ú. t. c. s.

Geog. Neol. Territorio del África septentrional habitado desde hace milenios por poblaciones de etnia y cultura amazighes. En latitud, abarca desde la costa mediterránea hasta el Sahel. Y en longitud, se extiende desde las Islas Canarias hasta el oasis de Siwa, en la actualidad tras la frontera de Egipto.

Tamazgha || top. f. sing.

Cf. (ár.) *al-Maġrib* (Maghreb, Maghrib o Magreb), 'Poniente'; (esp.) *Berbería.*

M·Z·K

Mestizo (persona o animal).

(Y) *ămăzăkka,* pl. *imăzăkkatăn, imăzăkkan* || s. m.

M·Z·Y

Momento, instante, (lapso de) tiempo. **2.** Descanso, pausa (WE). **3.** Vez.

(WE, Y) *emăzăy (ă),* (WE) *amăzăy (ă),* pl. *imăzăyăn* || s. m.

M·Ẓ — *Cf.* [M·Z_2]

Ogresa (llamada también *ttergu,* evocada en los cuentos amazighes bajo el aspecto de una mujer con los cabellos muy largos y con unos senos caídos que tira sobre sus hombros; es antropófaga y ataca al ser humano con astucia) (Taïfi 1991: 451).

(Mc) *tamẓa (tə)* || s. f. (¿derivado de *amẓ,* tr. 'coger, atrapar'? Taïfi).

N

N_1

[Anexo, *s. v.* **Ançofe**].

Eso, aquello, lo que es o está, lit. 'lo de'.

(WE, Y) *an, ann* || deíc. comp. de pron. apoyo col. def. *(a)* + prep. *(n).*

N₂

[Glosario, *s. v.* **Bentejís; Benxo.** || Anexo, *s. v.* **Benahoare**].

Donde, el lugar donde, ahí donde.

(Mc) *ani (wa), anida (wa);* (Y) *ən* < *y-ən* || adv.

N₃

[Anexo, *s. v.* **Tacoronte**].

De.

(maz.) *n, ən, nn* || prep. (Introduce un complemento determinativo, cuyo substantivo se expresa con el estado de anexión, y sirve para señalar el origen, la pertenencia o la naturaleza de algo o alguien).

Ej. *aman n terwa* 'el agua del río'.

n, ən || prep. (introduce un complemento del nombre si está en sing.)

Ej. *išt n tmeṭṭuṭṭ* 'una mujer', lit. 'una de mujer'.

(Kb) *n* || prep. que introduce un complemento demostrativo en construcciones de valor expresivo.

Ej. *aya-d n ughrum ur yuda* 'este pan es insuficiente', lit. 'esto de pan no basta'.

N·D·F — *Cf.* [N·Ḍ·F]

Med. Ser revivido, reavivarse, reabrirse, irritarse (herida, llaga, úlcera, etc.). **2.** Med. Sufrir de una antigua herida, tener una herida que se vuelve a abrir.

(Kb) *əndəf,* aor.; *ssəndəf,* caus.; *ṭwindəf,* pas.; *msəndaf,* rec. caus. || vb. r.

N·Ḍ·(Ḍ)

[Glosario, *s. v.* **Taburiente**].

Rodear, envolver, cercar. **2.** Enrollar.

(Teg, Mb, WE, Y) *ənnəḍ;* (H, Kb, Senh) *enneḍ;* (Mc) *nneḍ* || vb. ac.

Acción y efecto de rodear. **2.** Acción y efecto de enrollar.

(WE) *inuḍ,* pl. *inuḍăn;* (Y) *ennaḍ,* pl. *ennaḍăn* || n. vb. m.

N·Ḍ·F — *Cf.* [N·D·F]

[Glosario, *s. v.* **Masintafe**].

Med. Ser revivido, reavivarse, reabrirse, irritarse (herida, llaga, úlcera, etc.). **2.** *Med.* Sufrir de una antigua herida, tener una herida que se vuelve a abrir.

(Mc) *nḍəf, ṇṇəf, nuṇṇəf,* aor.; *sənḍəf, səṇṇəf, snuṇṇəf,* caus.; *msənḍaf, msəṇṇaf,* rec. caus. || vb. r.

Med. Volver a despellejarse y abrirse de nuevo (herida, arañazo, rasguño, llaga, úlcera, etc.).

(WE, Y, H) *nănṭăf,* aor.; *sənnənṭəf,* caus. || vb. r.

N·F — *Cf.* [F·S₁], [N·F·S]

Meteor. Viento fresco y húmedo procedente de la lluvia.

(WE) *anăfˤăw* > *anăfˤo (ă)* || s. m. sing.

Meteor. Lluvia fina, llovizna.

(Mb) *ənnəfnaf* || s. m. sing.

N·F·R

Resoplar (animal o persona). **2.** Rezongar.
(WE, Y, H) *ənfər* || vb. n.

Resoplido, bufido. **2.** Acción de rezongar.
(WE, Y) *anăfar (ə),* pl. *inăfarăn* || n. vb. m.

Exhalar, espirar, (re)soplar. **2.** Fumar.
(Kb) *neffeṛ* || vb. ac.

Derramar (proyectando). **2.** Resoplar, estornudar (un animal). **3.** Divulgar. **4.** Sonarse (Zem).
(H, Zem) *nfer* || vb. ac. prim.

N·F·S — *Cf.* [F·S_1], [F·S_2], [N·F]

Asperjar, rociar, echar (un líquido) sobre (algo) para mojarlo, empaparlo, etc.
(WE, Y) *ənfˁəs;* (H) *ənfəs;* (Izy) *nəfs* || vb. ac. y pas.

Aspersión. **2.** Medicamento contra ciertas enfermedades del ganado menor.
(Y) *tənəfˁfˁust, tənəfˁfˁest,* pl. *tinəfˁfˁas (tə)* || n. vb. f.

Aspersión. **2.** *Meteor.* Lluvia fina. **3.** *Meteor.* Gotas de lluvia.
(Mc) *asnufes (u),* pl. *isnufusən* || n. instr. m.

Verter, trasegar, trasvasar. **2.** p. ext. Servir (comida).
(Mb) *ənfəs* || vb. ac. y pas.

Acción y efecto de verter, trasegar, trasvasar. **2.** p. ext. Acción y efecto de servir (comida).
(Mb) *anfas (wə)* || n. vb. m.

N·G_1 < D·N·G

[Anexo, *s. v.* **Anaga**].

Encima, arriba, de. **2.** Por encima de. **3.** Más allá de.
(Y) *ənnəg;* (WE, Y, Nef) *dənnəg;* (H) *dənnəġ* || prep.

Arriba, encima (de), sobre, en alto. **2.** Parte superior de una casa (p. ext. terraza) (Mb). **3.** Cerca, al lado de, ante (Teg).
(Izy) *nnag;* (Mc) *nnig, nniy;* (Teg) *nnəg;* (Ntf) *nnig;* (Kb) *nnig, sennig;* (Mb) *ənnəj;* (Kl) *sennej;* (Sns) *deni* || adv. / prep.

Este, oriente. **2.** *Poét.* Alba, amanecer (Y).
(Y) *ənnəg,* pl. *ənnəgăn;* (WE) *dənnəg;* (H) *dənnəġ* || s. m.

N·G_2

[Glosario, *s. v.* **Chajamanga**].

La parte baja o pie de una pendiente.
(WE, Y) *anga,* pl. *angatăn* || s. m.

N·G_3 < N·G·(Y)

Moverse. **2.** Vacilar. **3.** Menear (diente, estaca).
(Mc, Kb) *ngigi* || vb. n.

Viajero. **2.** Persona que deja su país durante un largo período de tiempo.
(Mc, Kb) *inigi (yi), iniyi,* pl. *inigan* || s. m.

N·G·N·G — *Cf.* [N·G$_3$], [N·G·Y$_1$], [N·G·Y$_2$], [N·G·(Y)]
[Glosario, *s. v.* **Tanganasoga**].
Imprimir un movimiento de vibración a, hacer vibrar. **2.** Sacudir moviendo de adelante hacia atrás, de un lado a otro, agitar con violencia moviendo de un lado a otro. **3.** Blandir, agitar en el aire. **4.** Vibrar, sacudirse, conmover (persona, animal, cuerpo). **5.** Forcejear para entrar o salir por un agujero.
(WE, Y) *năgnăg;* (Y) *năḳnăḳ* || vb. ac. y n.
Vibración. **2.** Sacudimiento.
(WE) *anəgnəg (ə),* (Y) *enəgnəg (ə),* pl. *inəgnigăn* || n. vb. m.
Acción y efecto de hacer vibrar o sacudir.
(WE) *asənnəgnəg (ə),* pl. *isənnəgnigăn;* (H) *asənəgnəg* || n. vb. caus. m.

N·G·R
Abrigarse, resguardarse o ampararse detrás. **2.** Estar bajo la protección de otro. **3.** Verterse, derramarse en (valle, etc.). **4.** Arrimarse, apoyarse contra. **5.** Acometer de nuevo una enfermedad. **6.** Caer enfermo (persona o animal). **7.** Cortejar a la mujer de otro (Y).
(WE, Y) *əngər* || vb. r.
Hecho de cubrirse, protegerse.
(WE, Y) *anăgar (ă),* pl. *inăgarăn* || n. vb. m.
Hecho de abrigarse, resguardarse o ampararse detrás. **2.** Hecho de estar bajo la protección de otro, dependencia. **3.** Vertiente de montaña (entre el pie y la cima).
(WE) *anəgger (ə), ənəgger (ə),* pl. *inəggerăn* || n. vb. m.
Hombre que se abriga o cubre detrás de algo. **2.** Hombre protegido por otro. **3.** Hombre o animal que se arrima o apoya contra algo. **4.** Hombre o animal que cae enfermo.
(WE) *ănegar (ə), ənegər,* pl. *inegərăn* || adj. vb. m.

N·G·S
Dar un cabezazo a (animal, persona). **2.** Cornear (animal). **3.** Morder, picar (serpiente, escorpión). **4.** Hacer daño a. **5.** Recibir un cabezazo.
(WE, Y) *əngəs,* aor.; *səngəs,* caus.; *măngăs,* r.; *təwəngəs,* pas. || vb. ac.
Origen bajo (de alguien), sangre inferior, pobre.
(Y) *esəngəs (ə),* pl. *isəngas* || n. instr. m.

N·G·W
Rugir, mugir, bramar (animal, sobre todo durante el celo), gritar (camello), balar (morueco). **2.** *Poét.* Rugir (guerrero, en el combate) (WE). **3.** Canturrear (mujer) (Y).
(WE, Y) *əngəw* || vb. n.
Rugido, mugido, bramido.
(WE) *təngut,* (Y) *təngəwt,* pl. *təngəwen* || n. vb. f.
Rugido, mugido, bramido.
(WE, Y) *tenăgăwt (tă),* pl. *tinăgăwen (tă);* (WE) *tanăgăwt (tă),* pl. *šinăgăwen (tă)* || n. vb. f.

Rugido, mugido, bramido. **2.** Canturreo.
(Y) *tənəggəwt,* pl. *tinəggəwen; tənəggăwt,* pl. *tinəggăwen; təniggəwt,* pl. *tiniggəwen* || n. vb. f.

N·G·Y₁
[Anexo, *s. v.* **chirringue**].
Estar creciendo (un curso de agua). **2.** Desbordar(se), inundar. **3.** Chorrear, fluir, correr.
(Mc, Kb) *ngey;* (Taš) *ngi;* (WE, Y) *əngəy;* (Y) *angəy* || vb. n. y r.
Correr en todos los sentidos.
(D) *nəgəynəgi* || vb. n.
Crecida (de un curso de agua). **2.** Desbordarmiento, inundación. **3.** Agua que corre, torrente (procedente de lluvias recientes).
(Mc, Kb) *angay (u),* pl. *ingayən;* (Mc) *angi (u), anyi (u),* pl. *ingan;* (H) *anġi,* pl. *inġiawen;* (WE, Y) *anăgay (ă),* pl. *inăgayăn;* (Y) *angəy (ə),* pl. *əngəyăn, əngəytăn, əngităn;* (WE) *angi,* pl. *ingăyăn, ingităn* || n. vb. m.
Lecho (de un valle, torrente, barranco, etc., con o sin agua).
(WE) *tămongit (tă),* pl. *šimongəyen (tə̣);* (Y) *təmongəyt (tə),* pl. *timongəyen (tə);* (H) *tăsenġit,* pl. *tisenġai* || s. f.

N·G·Y₂
Arrastrar (alguna cosa sin cuidado), vagabundear, ir tirando, estar descuidado. **2.** Ser lento y negligente, estar rezagado (una persona en su trabajo). **3.** Sufrir.
(Y) *măngăy* || vb. r.

N·G·(Y)
Moverse. **2.** Vacilar. **3.** Menear (diente, estaca).
(Mc, Kb) *ngigi* || vb. n. y r.
Viajero. **2.** Persona que deja su país durante un largo período de tiempo.
(Mc, Kb) *inigi (yi), iniyi,* pl. *inigan* || s. m.

N·Gh
[Anexo, *s. v.* **Faina**].
Nuestro, de nosotros.
(WE) *-inăgh,* (WE, Y) *-ina,* (Y) *-ină;* (Ntf) *-nnagh, -ennagh;* (Senh) *-ennegh, -ennagh;* (Teg, Mb) *-nnəgh -nəgh* > (Teg) *-na;* (Mc) *-nx, -nnex* || pron. pos. suf. 1ª pers. com. pl.

N·H·Ḍ
[Glosario, *s. v.* **Tenejote**].
Fuelle (de fragua).
(WE) *anăhoḍ (ă),* pl. *inəhaḍ,* m.; *tanăhoḍ (tă),* pl. *tinəhaḍ,* f. y dim. || s.

N·K·R < K·R
Levantarse, ponerse de pie, alzarse, sublevarse. **2.** Estar en erección (pene). **3.** Nacer, comenzar, impulsar, desarrollarse, crecer. **4.** Llegar, producirse,

aparecer, manifestarse. **5.** Ponerse rancia (mantequilla), pudrir, estropearse (grano en un silo). **6.** Ponerse a preparar.

(Mc, R) *nker, kker;* (AḤ) *nšer;* (H) *enker;* (WE, Y) *ənḳər;* (Zen) *änkur* || vb. n. prim.

Levantarse, alzarse (polvo, ruido, grito). **2.** Dispararse (fusil). **3.** Despertarse. **4.** Resucitar (muerto). **5.** Levantar el campamento. **6.** Migrar.

(WE, Y) *ənḳər* || vb. n.

Migración, transhumancia. **2.** Emigración. **3.** *Rel.* Resurrección.

(WE, Y) *tanăḳra (tă),* pl. (WE) *šinaḳriwen (tə),* (Y) *tinaḳrawen (tə)* || n. vb. f.

Rel. Resurrección (de los muertos).

(Y) *ănnăḳarăt,* pl. (WE) *ănnăḳarăten* || n. vb. f.

N·M

Estar derecho, directo, levantado, erguido.

(AḤ) *nem,* aor.; *nnam,* imperf.; *snem,* caus. || vb. n.

N·R — *Cf.* [K·N·R]

[Anexo, *s. v.* **Tenerife**].

Anat. Frente.

(Mc) *inir (yi),* pl. *inirən (yi);* (Zen) *nēr,* pl. *nērun;* (Ghad) *enar, inar;* (Sw) *enir* || s. m.

Anat. Ceja.

(H) *ener, iner,* pl. *anaren;* (WE, Y) *aṇar,* pl. *aṇarăn;* (D, N) *anhar* || s. m.

N·S·Ḍ

[Glosario, *s. v.* **Nisdafe**].

Sonarse, expulsar secreciones nasales soplando.

(Mc) *nseḍ* || vb. ac. y r.

Acción de sonarse o expulsar secreciones nasales soplando.

(Mc) *ansaḍ (u)* || n. vb. m.

N·Š — *Cf.* [M·Š·(Y)]

Sílex, pedernal (fusil).

(Kb) *tinišša,* pl. *tiniššwin (tə)* || s. f.

N·T·G

[Anexo, *s. v.* **tonática**].

Sacudir, desencajar (árbol, diente), tirar con todas sus fuerzas.

(Kb) *əntəg* || vb. ac.

Acción de sacudir, desencajar, tirar con todas sus fuerzas.

(Kb) *antag* || n. vb. m.

Echar, empujar o hacer a un lado.

(H) *əntəġ* || vb. ac.

Echar, empujar o hacer a un lado (persona, animal, etc.). **2.** Empujar, impulsar, impeler (en general). **3.** Conducir o llevar al pasto (animal). **4.** Conducir (coche). **5.** Tirar, arrojar, lanzar, echar (cualquier cosa, rienda, alfombra, tapiz, etc. sobre un animal o algo) (Y). **6.** Acompañar, escoltar, conducir (persona, animal). **7.** Rechazar, dejar de lado (Y). **8.** Separar de su cría y llevar al pasto (a una camella) (Y). **9.** Sobrepasar, aventajar, prevalecer sobre (alguien). **10.** Estar más próximo que (otra cosa o persona, con relación a un lugar) (Y). **11.** Introducir, deslizar, meter o poner en (Y).

(WE, Y) *əntəg,* aor.; *təwəntəg,* pas. || vb. ac. y pas.

Acto de echar o empujar. **2.** Acto de conducir o llevar al pasto (animal). **3.** Conducción. **4.** Acto de tirar, arrojar, lanzar, echar (Y). **5.** Acompañamiento. **6.** Rechazo (Y). **7.** Acto de separar de su cría y llevar al pasto (Y). **8.** Prevalencia. **9.** Hecho de estar más próximo que (Y). **10.** Acto de introducir, deslizar, meter o poner en (Y).

(WE, Y) *anătag (ă),* pl. *inătagăn* || n. vb. m.

Acto de ser echado o empujado. **2.** Acto de ser conducido o llevado al pasto (animal). **3.** Acto de ser conducido. **4.** Acto de ser tirado, arrojado, lanzado, echado (Y). **5.** Acto de ser acompañado. **6.** Acto de ser rechazado (Y). **7.** Acto de ser separada de su cría y llevada al pasto (Y). **8.** Acto de ser aventajado. **9.** Hecho de estar más próximo que (Y). **10.** Acto de ser introducido, deslizado, metido o puesto en (Y).

(WE) *atəwəntag (ə),* pl. *itəwəntigăn;* (Y) *etwəntag (ə),* pl. *ətwəntigăn* || n. vb. m.

Camella separada de su cría y conducida al pasto.

(Y) *tentək (tə),* pl. *čəntəgen* || n. vb. concr. f.

N·W·T·K

Estar en una fase o situación crítica.

(Y) *nəwətəḳ* || vb. n.

Crisis, fase o situación crítica.

(Y) *enwətəḳ (ə),* pl. *ənwətiḳăn* || n. vb. m.

N·Y — *Cf.* [G·N·Y₂], [S·N₂]

[Glosario, *s. v.* **Chesene; Enana, Esnene**].

Estar enhebrada (aguja).

(Kb, Ntf) *ni* || vb. n.

Enhebrar. **2.** Picar, pinchar, ensartar.

(Kb, Ntf) *ssni* || vb. caus.

Aguja gruesa. **2.** Lezna. **3.** Aguja de tricotar.

(Kb) *issegni (yi),* pl. *issegnan (yi);* (Senh, Taš, Ntf) *isegni,* pl. *isegnan* || n. instr. m.

N·Z

[Anexo, *s. v.* **chíniche**].

Estar en venta, ser vendido o comprado por (un precio). **2.** Valer, ser del mismo valor que, igualar. **3.** Valer más que, ser mejor que, sobrepasar. **4.** Conocer o hacer mejor que. **5.** Ser más fuerte que. **6.** Ser mucho para, colmar, abrumar. **7.** Ser soberbio. **8.** Ser peor que. **9.** Agobiar, aplastar, aniquilar. **10.** Ser muy grave. **11.** Rebasar, superar. **12.** Perdonar. **13.** Dejar, separarse completamente. **14.** Felicitar. **15.** Aclamar, rendir homenaje.

(WE, Y) *ănzu,* aor.; *zănzu,* caus.; (Y) *ənzu,* aor.; *zənzu,* caus. || vb. n.

Estar o estar puesto en venta.

(Mc, Kb, Mb, Teg, Taš, Ntf) *ənz;* (H) *əñh;* (Fg) *nez;* (Zen) *yänḻih* || vb. n.

Acción y efecto de perdonar, perdón. **2.** Perdón total, completo, ausencia absoluta de reproches. **3.** Obediencia. **4.** Felicitación, felicidades.

(WE, Y) *tenăze* [*tenăzăy*] *(tă),* pl. (WE) *šinəzz (tə),* (Y) *tinəzza (tə)* || n. vb. abstr. f.

N·Z·Gh

[Anexo, *s. v.* **Chíñaco**].

Estar pelado. **2.** Tener su epidermis, superficie o corteza levantada, estar pelado, mondado, descortezado. **3.** Estar despojado de su piel. **4.** Escamarse, pelarse. **5.** Estar despegado. **6.** Estar herido superficialmente, arañado.

(WE, Y) *ənzəgh,* aor.; *zənzəgh,* caus. || vb. n.

Hecho de estar pelado, descortezado, escamado, despegado, arañado.

(WE, Y) *anăzagh (ă),* pl. *inăzaghăn* || n. vb. m.

Acción y efecto de pelar, descortezar, escamar, despegar, arañar.

(WE) *azənzəgh (ə),* (Y) *ezənzəgh (ə),* pl. *izənzighăn* || n. vb. caus. m.

Obstáculo. **2.** Desafío.

(Y) *ezənzəgh (ə),* pl. *izənzagh*|| n. instr. m.

N·Z·W

Deslizar o resbalar y caer (sable, cuchillo, etc., que sale de su forro, estuche, etc.).

(WE, Y) *ənzəw,* aor.; *zənzəw,* caus.; (WE) *ənzu,* aor.; *zənzu,* caus. || vb. n.

N·Z·Y (> N·Z > N·Ẓ) ?

[Anexo, *s. v.* **mencey**].

Ser precoz, llegar, abordar, comenzar o hacer primero.

(H) *iñhy,* (WE, Y) *ənzəy;* (Kb) *nzu, ənzy, enzi* || vb. n.

Lo que viene o lo que se produce primero (hombre, cosecha, fruto...), primicia, precoz, prematuro. **2.** p. ext. Recién nacido.

(Kb) *amenzu (u),* pl. *imenza,* m.; *tamenzut,* pl. *timenza,* f.; (Taš) *amenzuy,* pl. *imenzay;* (Sw, Senh) *amənzu,* pl. *imənza,* m. || adj.

Primogénito.

Menzu, Amenzu || antropónimo masculino.

Ir o llegar de madrugada a (un lugar) o con (una persona).

(WE, Y) *ənzəy* || vb. n.

Persona o animal que parte o llega de madrugada. **2.** f. *Mil.* Grupo de guerreros que ataca de madrugada. **3.** Lluvia o tornado que se produce de madrugada.

(WE) *ămanzay (ə),* (WE, Y) *əmanzay,* pl. *imanzayăn,* m.; *tămanzăyt, təmanzăyt,* pl. *šimanzăyen, timanzăyen,* f. || adj. vb.

R

R

[Anexo, *s. v.* **Alajeró; Armiguar**].

Lugar.

(Zen) *ōr, al* || s. m.

Borde. **2.** Orilla. **3.** Lindero.

(Kb, Mc) *ir (yi),* pl. *iran (yi)* || s. m.

R·F$_1$

[Anexo, *s. v.* **Arafo**].

Resbalar, deslizar. **2.** Estar dislocado (hueso).

(WE, Y) *răffăt* || vb. n.

R·F$_2$ — *Cf.* [R·F$_3$]

[Anexo, *s. v.* **triffa**].

Tostar (granos). **2.** Cocer (Zen).

(Mb, Teg) *arəf;* (H, Mc, R) *aref;* (Zen) *ārəf* || vb. ac. y r.

Cereal (trigo, cebada o maíz) tostado.

(Mc) *turrift,* pl. *turifin;* (Taš) *tirufin,* pl. || n. vb. f.

Tipo de torta hecha con trigo tostado, molido y amasado con manteca y dátiles.

(Teg) *turrift,* pl. *turrifin* || s. f.

R·F$_3$ — *Cf.* [R·F$_2$]

Enfadarse, enojarse, irritarse, montar en cólera.

(Kb) *erfu* || vb. r.

Cólera.

(Kb) *urrif (wu),* pl. *urfan, urrifen (wu)* || n. vb. m. (pl. más usado que el sing.).

R·F$_4$

Escalar, trepar (montaña, etc.).

(WE, Y) *răfˤrăfˤ* || vb. ac.

R·F$_5$ < s-R·F — *Cf.* [Ḥ·R·F]

Pasar, atravesar de una zancada, pasar por encima, salvar de un salto, franquear, saltar. **2.** Perdonar (WE, Y). **3.** Progresar (Kb). **4.** Llegar al máximo (Kb).

(Mc) *ssurf;* (Kb) *ssuref;* (H) *suref;* (Teg, Mb) *ssuṛəf;* (WE, Y) *surəfˤ* || vb. (¿caus.?).

Zancada.

(Kb) *asurif (u),* pl. *isurifen (i)* || s. m.

Paso. **2.** Distancia corta. **3.** Paso pequeño. **4.** Zancada corta.

(Kb) *tasurift (ts),* pl. *tisuraf, tisurifin (ts)* || s. f. y dim.

R·G$_1$ — *Cf.* [M·Z$_2$], [M·Ẓ$_1$]

[Anexo, *s. v.* **aragu; maragulla; yrguan; yruene**].

Diablo, genio o espíritu maligno.

(Šn) *argu,* pl. *iruggwan* || s. m.

Ogro, coco.

(Teg) *araw (a),* pl. *arawən (a)* || s. m.

Ogresa.

(Mb) *tərgu* || s. f. sing.

R·G$_2$

[Anexo, *s. v.* **Miregua**].

Ayudar dando (algo). **2.** Contribuir, cotizar. **3.** Ofrecer (algo), brindar, gratificar (con), dotar (a alguien). **4.** Recibir una ayuda o contribución.

(WE, Y) *ərəg;* (Y) *arəg* || vb. ac. y n.

Ayuda, contribución. **2.** *Econ.* Nombre de un tributo particular antiguamente pagado al jefe tribal *(amenokal)* por los nobles (WE).

(Y) *čərgit,* pl. *čərgiten;* (WE) *širgit,* pl. *širgiten* || n. vb. f.

Econ. Cooperativa.

(Y) *mătorag,* pl. *mătoragăn* || n. vb. concr. m.

Top. Valle pequeño *(kori)* en el SO de la Təgidit (gran acantilado semicircular a 60 km SO-SE de Agadez, Níger central, al SO del Macizo del Ayr). **2.** *Top.* Región de este *kori.*

(Y) *Ǝmerəg* (lit. 'el que contribuye, afluente') || adj. vb. m. sing. (Prasse *et al.* 2003: 551).

R·G$_3$— *Cf.* [B·B], [G], [G·G], [Ḥ·Ḥ], [Ḥ·T], [R·G$_4$]

Humear, despedir vapor (alimento cocinado, líquido caliente, tierra, etc.).

(Kb) *rrag^{w}ət;* (Mc) *sruggət,* (caus.) || vb. n.

Vapores, humo que se desprende de la tierra.

(Kb) *irugg^{w}ən,* pl. sin sing.; (Mc) *arugg^{w}u (u),* pl. *irugg^{w}a* || n. vb. concr. m.

R·G$_4$ — *Cf.* [Gh], [R·G$_3$], [R·Gh]

Inflamar(se), encender(se), pegar(se) fuego.

(Mb) *ərga* || vb. ac. y r.

Inflamación, ignición.

(Mb) *aṛga (wə)* || n. vb. m. sing.

Brasas (ardientes o apagadas). **2.** Tizón.

(Kb) *tirġett (te),* pl. *tirġin (te); tireggett,* pl. *tireggtin;* (Mc) *tirregt,* (AŠ) *tirrejt,* pl. *tirrəgin;* (Ntf) *tirgit,* pl. *tirgîn;* (R) *ṯirjet,* pl. *ṯirji* || s. f.

Brasas incandescentes. **2.** Hoguera.

(Mc) *irreg (yi),* (AŠ) *irrej (yi);* (Ntf) *irgis;* (R) *arrij (n temessi)* || s. m. sing. col.

Brasa ardiente.

(Teg) *tirrixt (tə),* pl. *tirjin (tə)* || s. f.

R·Gh — *Cf.* [Gh], [H·R·G], [R·G_4], [R·W·Gh]

Estar caliente, tener calor. **2.** Calentar(se), ser calentado.

**ărghĭh* > (Kb, Taš, Mc) *regh, ergh* || vb. ac. y r.

Cf. (ár.) *ḥaraqa,* tr. 'quemar'; (eg.) *rkḥ,* tr. 'soplar (el fuego)', 'quemar' (Prasse *et al.* 2003, II: 661).

Fuerte calor desprendido por una fuente cualquiera de calor (fuego, Sol, etc.). **2.** Calefacción. **3.** Energía, vigor.

(Mc) *tirghi,* f. sing.; (Y) *erəqqi (ə),* pl. *irăqqan,* m.; (WE, Y) *terăghe (tă)* < *terăghăy,* pl. (WE) *širəqq (tə),* (Y) *tirəqqa (tə),* f. || n. vb.

Encender(se), inflamar(se). **2.** Ser o estar calentado al rojo (blanco), estar ardiente. **3.** Brillar fuerte (el color de una tela, etc.). **4.** Estar flamante (vestido). **5.** Causar estragos, castigar con rigor, desencadenarse (combate). **6.** p. ext. fig. Consumir de pasión, ser ardiente (amante) (WE).

(WE) *ărghu;* (Y) *ərghu* || vb. ac. y r.

Objeto, tejido o vestido de color brillante. **2.** Objeto, tela o vestido flamante, nuevo.

(Y) *amărgho (ă),* pl. *imərgha,* m.; *tamărghut (tă),* pl. *timərgha,* f. || adj. vb.

Objeto inflamado, encendido o calentado al rojo vivo, ardiente. **2.** Tela de color brillante. **3.** Vestido flamante, nuevo. **4.** m. pl. Cualquier combustible (WE). **5.** Carburante.

(WE, Y) *emərghi (ə),* (WE) *amərghi (ə),* pl. *imărghan,* m.; *temərghit (tə),* pl. *timărghan,* f. || adj. vb.

Quemar, arder.

(Nef) *eregh* || vb. ac.

Brasa ardiente.

(Teg) *tirrixt (tə),* pl. *tirjin (tə)* || s. f.

R·Gh·S

[Anexo, *s. v.* **Erjos; Erques**].

Roca caliza. **2.** *Edaf.* Lugar cubierto de roca caliza.

(WE) *erghəs,* pl. *erghəs;* (Y) *erghăs,* pl. *erghăsăn* || s. m.

Colina de rocas o piedra caliza(s).

(WE) *terghəst,* pl. *terghəsen;* (Y) *terghăst,* pl. *terghăsen* || s. f.

R·H·N > R·N_1

[Anexo, *s. v.* **Tirajana**].

Estar enfermo.

(D, N) *irhan* || vb. n.

Enfermedad.

(D) *turhənna, torhənna,* pl. *turhənnawen* || n. vb. f.

Ser malo, perjudicial. **2.** Ser golfo. **3.** Estar en muy mal estado, agobiado, extenuado, fatigado en exceso.

(WE, Y) *ərḥən* || vb. n.

Calidad de malo, nocivo, perjudicial.

(Y) *arăḥan (ă),* pl. *irăḥanăn* || n. vb. m.

Mal estado, fatiga extrema, sufrimiento. **2.** Mala situación, miseria.
(WE, Y) *ărrăḥan,* pl. *ărrăḥanăn* || n. vb. m.
Desgracia, desdicha, infortunio, mala suerte.
(Y) *tərrəhunt,* pl. *tərrəhunen* || n. vb. f.

R·J·M
Expulsar (materia fecal líquida).
(WE, Y) *ərjəm* || vb. ac. y pas.
Expulsión (de materia fecal líquida).
(WE, Y) *arăjam (ă),* pl. *irăjamăn* || n. vb. m.

R·K₁
[Anexo, *s. v.* **Arico**].
Pudrir, estar podrido, apolillarse, estar carcomido. **2.** Caer en decrepitud (Teg). **3.** Estar mugriento, sucio (Mc, Kb).
(WE) *ărḳu;* (Y) *ərḳu;* (H, Kb) *erku;* (Senh) *erka;* (Mc) *rku, ršu;* (Teg) *ərša* || vb. ac. y r.
Podrido.
(Senh) *ierka,* pl. *erkan,* m.; *ṯerka,* pl. *erkant,* f.; (WE, Y) *emərḳi (ə),* pl. *imărḳan,* m. || adj. vb.
Podrido.
(WE) *ərḳan (ə)* || adj. vb. m. sing.
Acción y efecto de pudrir.
(WE) *erəḳḳi (ə), arəḳḳi (ə),* pl. *irăḳḳan* || n. vb. m.
Podredumbre.
(WE, Y) *tərəḳḳăwt,* pl. *tirəḳḳăwen (tə);* (WE) *tarəḳḳăwt (tə),* pl. *širəḳḳăwen (tə); tərḳut,* pl. *tərḳuten (tə)* || n. vb. f.

R·K₂
Eructar.
(Y) *ărku, ərku* || vb. n.
Eructo.
(Y) *tərəkkăwt,* pl. *tirəkkăwen (tə)* || n. vb. f.

R·K·M·(T)
Ser o estar enteramente consumido por el fuego, el calor, las llamas. **2.** Tener un calor sofocante (lugar). **3.** Estar hecha jirones, pedazos, rota (tela).
(WE, Y) *rəḳəmmət;* (H) *rukmət* || vb. cual.
Cauterización.
(H) *tarəkkimt* || n. vb. cual.
Burbujear. **2.** Hervir. **3.** Cocinar hirviendo. **4.** vb. n. Hervir a fuego lento (Mc).
(Kb, Mc) *ərkəm* || vb. n. y ac.
Erupción (volcánica) (Mouffok 2018).
(Kb) *tarkamt (te),* pl. *tirkamin (te)* || n. vb. concr. f.

R·K·Y

[Anexo, *s. v.* **Terequey**].

Diluir, desleír. **2.** Ser diluido.

(WE, H) *ərḳəy* [ərḳi], (Y) *ərkəy,* aor.; (WE) *sərḳəy* [sərḳi], (Y) *sərkəy,* caus. || vb. ac. y pas.

Acción y efecto de diluir. **2.** Acción y efecto de ser diluido.

(WE) *arăḳay (ă),* pl. *irăḳayăn;* (Y) *arăkay (ă),* pl. *irăkayăn* || n. vb. m.

Disolución completa. **2.** fig. Descomposición, desagregación, pérdida de consistencia, debilitamiento, etc. (en el ámbito natural, material, legal, moral, psicológico, etc.).

(Y) *erkəy (ə),* pl. *ərkəyăn* || n. vb. concr. m.

Remojar en. **2.** Macerar o cocinar en. **3.** Estar irritado, excitado o furioso contra.

(Kb) *ərki,* aor.; *ssərki,* caus.; *mmərki,* r.; *ṭwirki,* pas. || vb. ac. y pas.

Acción y efecto de remojar en. **2.** Acción y efecto de macerar o cocinar en. **3.** Acción y efecto de estar furioso contra.

(Kb) *arkay (u)* || n. vb. m. sing.

Remojar en, mezclar, amasar (pasta, masa, mortero). **2.** Modelar, trabajar la masa, batir. **3.** Zurrar (tener a alguien en el suelo y darle patadas y puñetazos).

(Mc) *ərk*^{w}*əy,* aor.; *mərk*^{w}*ay,* rec. || vb. ac.

Acción y efecto de remojar en. **2.** Mezcla. **3.** Amasadura, modelado.

(Mc) *ark*^{w}*ay (u)* || n. vb. m. sing.

R·M

Probar, tantear, intentar, ensayar, poner a prueba. **2.** Sondear, reconocer, explorar. **3.** Afrontar (adversario). **4.** Ofrecer un precio. **5.** Saborear, degustar (WE, Mc).

(WE, Y) *ərəṃ;* (Y) *arəṃ;* (Mc) *arem* || vb. ac.

R·M·G

Tronar.

(Kb) *eṛmeg* || vb. n.

Rayo.

(Kb) *armag, armug* || s. m. sing.

R·M·Gh

[Glosario, *s. v.* **Tirimaga**].

Estar inquieto, confuso, tener el espíritu turbado. **2.** Estar horrorizado.

(WE, Y) *ərməgh* || vb. n.

Confusión, turbación, inquietud. **2.** Horror, espanto, miedo. **3.** Sobresalto, estremecimiento.

(WE, Y) *tərəmmegh,* pl. *tirəmmagh (tə);* (WE) *tarəmmegh (tə),* pl. *širəmmagh (tə)* || n. vb. f.

Sonido de voces débiles (de personas o animales alejados).

(WE, Y) *tərmuq,* pl. *tərmughen* || vb. n.

R·M·M

Estar pegado. **2.** Estar fijado.
 (WE, Y) *ərṃəṃ* || vb. n.

R·M·S

Asir, coger, atrapar, detener. **2.** Seducir, cautivar (Zen).
 (Y, H) *ərṃəs;* (Zen) *ärməš* || vb. ac.
Acción de asir, coger, atrapar, detener.
 (Y) *arăṃas (ă),* pl. *irăṃasăn* || n. vb. m.
Acción de asir, coger, atrapar, detención, arresto. **2.** Seducción.
 (Zen) *təräms, tərəmš* || n. vb. f.
Ribera.
 (Zen) *tărmăs* || s. f. sing.

R·M·Š

Crujir, hacer um sonido crujicntc.
 (Y) *ərməš* || vb. n.

R·N$_1$ < R·H·N

Estar enfermo.
 (WE, Y) *iraṇ;* (H) *iran;* (D, N) *irhan;* (Kb) *urnan* || vb. n.
Hombre o animal enfermo.
 (WE) *ămirăṇ (ə),* (WE, Y) *əmirăṇ (ə),* pl. *imirăṇăn* || adj. vb. m.
Ser enfermizo. **2.** Tener una sensibilidad exacerbada. **3.** Ser o estar nervioso.
 (Kb) *urnan* || vb. n.

R·N$_2$

[Anexo, *s. v.* **Orone**].
Vencer, superar las dificultades, triunfar. **2.** Añadir, agregar, acrecentar. **3.** Abundar (R). **4.** Continuar, proseguir.
 (R, Senh) *ernu,* aor.; *rennu,* intens.; (Bq) *erna,* aor.; *renna,* intens.; (Kl) *erni,* aor.; *renni,* intens. || vb. ac.
Acción y efecto de vencer, triunfar.
 (R) *ṯarniṯ;* (Senh) *ṯarnuṯ;* (Bq) *ṯarennuṯ;* (Kl) *ṯarenniṯ* || n. vb. f.
Vencer.
 (Taš, Nef) *ernu,* aor.; *rənnu,* intens. || vb. ac.
Acción y efecto de vencer.
 (Nef) *arnau* || n. vb. m.
Vencedor.
 (Taš) *amernu,* pl. *imerna* || adj. vb. m.
Vencer, triunfar, dominar, tener ventaja sobre.
 (Izd) *rnu > rru;* (Mc) *enneru* || vb. ac.
Victoria, triunfo.
 (Izd) *tirnit, tirrit* || n. vb. f.
Vencedor, ra.
 (Izd) *amernu (u),* pl. *imernutən,* m.; *tamernut (tə),* pl. *timernutin (tə),* f. || adj. vb.

Vencedor.

(Mc) *amenru,* pl. *imenra* || adj. vb. m.

Vencido, perdedor.

(Izy) *imerni,* pl. *imernan* || adj. vb. m.

Añadir. **2.** Continuar. **3.** Volver a empezar. **4.** Vencer. **5.** Rebasar, exceder, sobrepasar. **6.** intr. Sentar o ir bien, convenir, favorecer.

(Kb) *ernu,* aor.; *irennu,* intens. || vb. ac. y n.

Adición. **2.** Continuación. **3.** Victoria. **4.** Ventaja.

(Kb) *rennu* || n. vb. m.

Continuación. **2.** Superioridad. **3.** Aumento.

(Kb) *timerna (tə), timerniwt, tamerniwt* || n. vb. f.

Vencer, triunfar, ganar.

(Nef) *erni* || vb. ac.

Acción y efecto de vencer, triunfar, ganar.

(Nef) *irnai* || n. vb. m.

Vencer, triunfar, dominar, tener ventaja sobre.

(Ghad) *ərnu,* aor.; *rennu,* intens. || vb. ac.

Vencer, ganar. **2.** Ser muy difícil, pesado, fuerte (trabajo, etc.).

(H) *ernu* || vb. ac. y n.

Victoria.

(H) *ternu,* pl. *terniwin* || n. vb. f.

Vencer. **2.** Subyugar. **3.** p. ext. Lograr, llevar a cabo o a buen fin. **4.** Conocer, dominar a fondo. **5.** Ser superior a, sobrepasar. **6.** Exceder las fuerzas de. **7.** Ser irrealizable.

(WE, Y) *arṇu,* aor.; *itarṇu,* intens. || vb. ac.

Victoria, triunfo. **2.** Fuerza, poderío.

(Y) *tərṇa,* pl. *tərṇawen;* (W) *tărṇa,* pl. *tărṇawen* || n. vb. f.

Victoria, triunfo. **2.** Fuerza, poderío. **3.** Superioridad, fuerza superior.

(Y) *mərṇa,* pl. *mərṇatăn* || n. vb. m.

Vencedor. **2.** Persona o animal superior (a todos). **3.** *Rel.* Dios Omnipotente *(Emərṇi).*

(WE) *amərṇi (ə),* (WE, Y) *emərṇi (ə),* pl. *imărṇan* || adj. vb. m.

R·R

Anat. Espalda. **2.** p. ext. *Soc.* Descendencia, familia, parientes por vía masculina o paterna. **3.** p. ext. Virilidad, capacidad de reproducción (?) [Prasse *et al.* 2003: 676]. **4.** p. ext. *Geog.* Duna pequeña.

(WE) *aruru (ə), əruru,* pl. *iroran* || s. m.

Anat. Espalda (en especial, la región lumbar). **2.** p. ext. *Geog.* Loma, meseta.

(Y) *ărori, ərori,* pl. *iroran;* (WE) *aruru (ə),* pl. *iroran;* (H) *ărûri,* pl. *irûriawen;* (Mc) *aruru (u),* pl. *irurutən;* (Kb) *aɛrur,* pl. *iɛrar* || s. m.

Anat. Espalda pequeña. **2.** p. ext. *Geog.* Duna pequeña.

(Y) *tărorit,* pl. *tiroraten;* (WE) *tarurut,* pl. *širuruten, široraten* || s. f. dim.

Geog. Mamelón, colina baja en forma de pezón de teta. **2.** p. ext. Cadena pequeña de colinas.
(Mc) *tarurut (tr),* pl. *tirura (tr)* || s. f. dim.
Etno. Tribu de los Ifughas-n-Ădghagh (D: Ifoghas-n-Ăḍagh) del Adrar de Malí.
(WE) *Aruru-n-Ădghagh;* (D) *Ărori-n-Ăḍagh* || m. sing.
Top. Nombre de un camino en el Ajjăr.
(H) *Tăruret* || f. sing.

R·S
[Anexo, *s. v.* **Restinga**].
Descender, bajar, sumergir, sumir, hundir, introducir.
(Ntf) *res* || vb. ac.
Descenso, hundimiento, introducción.
(Ntf) *ars* || n. vb. m. sing.
Posarse, descender. **2.** Poner pie a tierra. **3.** Caer (nieve) (Mc). **4.** Calmarse (Kb).
(Mc, Kb) *ers, res* || vb. n.
Descender (de). **2.** Ser o estar más bajo que. **3.** Decaer, venir a menos (situación social).
(WE, Y) *ərəṣ;* (H) *eres* || vb. n.
Lo bajo, parte baja.
(WE, Y) *erəṣ (ă),* pl. *ireṣăn* || n. vb. m.
Hacer descender. **2.** Poner más bajo que, abajo (del todo). **3.** Bajar (blusa, velo, etc.). **4.** Bajar (voz). **5.** Hundirse, derrumbarse (ladera o vertiente de una montaña). **6.** Poner, colocar, depositar (Kb). **7.** Deponer, destituir (Kb). **8.** Parir, dar a luz, traer al mundo (Kb). **9.** Llegar, entrar (Kb). **10.** Calmar(se), apaciguar(se), disminuir de intensidad (Kb).
(WE, Y) *sərəṣ;* (H) *seres;* (Kb) *sers, ssers, esres* || vb. caus.
Descenso. **2.** Bajada. **3.** Hundimiento.
(WE) *asərəṣ (ə),* (Y) *esərəṣ (ə),* pl. *isəriṣăn;* (Kb) *asras* || n. vb. m.
Descenso, bajada o pendiente de terreno, declive.
(WE) *tasərəṣt (tə),* pl. *šisəraṣ (tə);* (Y) *tessərəṣt (tə),* pl. *čəssəraṣ (tə)* || n. instr. f.
Instalación, establecimiento. **2.** Estación (parada, estancia).
(Izd) *aserrus (u),* pl. *iserrusən* || n. vb. m.

R·Š·K — *Cf.* [Š·R·K]
[Glosario, *s. v.* **Archaco**].
Estornudar.
(Y) *aršək* || vb. n.
Estornudo.
(Y) *tăršăk,* pl. *tăršăken* || n. vb. f.

R·W·Gh = W·R·Gh > R·Gh

[Anexo, *s. v.* **Tyterogaka**].

Ser o estar amarillo.

(H, WE, Y) *irwagh*|| vb. cual.

De color amarillo.

(H) *tərûghe,* pl. *tərûghawîn;* (Y) *tărwăq,* pl. *tărwăghen;* (WE) *tərughe,* pl. *širughawen* || adj. vb. f.

Etno. Nombre propio de una tribu (ihăggarăn) principal del Ajjăr.

(H) *Oragh,* pl. *Oraghän,* m.; *Tûraq,* pl. *Tûraghîn,* f.; (WE, Y) *Uragh,* pl. *Uraghăn* || adj. vb.

Etno. Nombre propio de una tribu vasalla de los Iwəlləmmədăn Kəl-Ătăraṃ (Foucauld, Alojaly).

(WW) *Uragh,* pl. *Uraghän,* m.; *Turaq,* pl. *Turaghin,* f. || adj. vb.

Oro (metal). **2.** El oro fue poco usado antaño y visto por los *imghad* ('vasallos', en la sociedad tuareg) como una desgracia o portador de mala suerte. **3.** Nombre dado a un camello amarillo-rojizo. **4.** p. ext. Moneda.

**hŭrŭgh, *wŭrŭgh* > (WE) *urəgh,* pl. *urəghăn, urəghawăn;* (Y) *urăgh,* pl. *urăghăn* || s. m.

Ser o estar amarillo, volver amarillo. **2.** Ser o estar pálido, palidecer, ser o estar lívido. **3.** Palidecer intensamente. **4.** Dorarse.

(Kb) *wrigh, iwrigh;* (Teg) *əwrəgh;* (Mb) *əwṛəgh*|| vb. n.

Color amarillo. **2.** Palidez, lividez.

(Kb) *tawerghi (tw);* (Mb) *taweṛghi (tə);* (Teg) *təwrəgh* || adj. vb. f. sing.

Amarillo.

(Kb, R, Taš, Teg) *awragh (u),* pl. *iwraghən,* m.; *tawraght,* (Teg) *tawraxt (tə),* pl. *tiwraghin (tə),* f.; (Mb) *awṛagh (u),* pl. *iwṛaghən,* m.; *tawṛaxt (tə)* pl. *tiwṛaghin (tə),* f. || adj. vb.

Color verde.

(Sw) *auragh,* pl. *uraghən* || m.

Cf. (et.) *warq,* 'oro'; (akk.) *arqu,* 'amarillo, verde'; (hb.) *yāroq,* 'verde, amarillo'; (ár.) *waraq,* 'hojas', *wariq,* 'dinero' (Cohen).

S

S₁ — *Cf.* [S·G₁], [S·W₂], [Š·G]

Zool. Buey, vaca.

(H) *êsu,* pl. *êsuân,* m.; *têsut,* pl. *tisîta,* f.; (Gh) *esu,* pl. *iswan,* m.; *čisut,* pl. *čisuačin,* f. || s.

Zool. Vaca.

(WE, Y) *taṣt (tă),* pl. (WE) *šitan,* (Y) *titan* || s. f.

S₂ — *Cf.* [Š₃], [Š·K₂], [W·S₂]

Llegar, venir, presentar(se). **2.** Encontrarse. **3.** Volver. **4.** Tocar (Mc).

(H, Mc, R, Senh, Kb, Mb, Teg) *as,* aor.; *ttas,* imperf.; *yusa,* perf.; *sâsa,* caus.; (WE, Y) *aṣu;* (Nef) *as ed* || vb. n.

Estar plenamente desarrollado (feto, inteligencia, etc.). **2.** Ir bien, sentar bien, convenir, ser conveniente. **2.** Estar presto. **3.** Estar próximo, inminente (embarazo, etc.).

(WE, Y) *aṣu* || vb. n.

Llegada, venida. **2.** Buena forma (de un animal), gordura, buen desarrollo (Y).

(H) *as,* pl. *asaten;* (WE, Y) *aṣṣa,* (WE) *aṣṣ,* pl. *aṣṣatăn;* (Mb, Teg) *asa (wa);* (Fg) *isa* || n. vb. m.

S·F

[Anexo, *s. v.* **Ançofe; Asofa; Taçofote**].

Río (que corre). **2.** Torrente.

(Mb) *suf (u),* pl. *isufən;* (Nef) *usəf,* pl. *isăffən;* (Ghad, Kb, Mc, Taš) *asif (wa),* pl. *isaffen;* (Ntf) *asif, assif,* pl. *isafen, issafen;* (Senh) *asif,* pl. *asaffən* || s. m.

Valle.

(H) *ăsif, asuf,* pl. *isaffän* || s. m.

Arroyo.

(Kb) *tasift,* pl. *tisaffin (ts)* || s. f. dim.

S·G₁ — *Cf.* [S], [S·G₂], [S·W₂], [Š·G]

[Glosario, *s. v.* **Tanganasoga.** || Anexo, *s. v.* **sega; sogo**].

Animal macho fuerte y vigoroso. **2.** Bestia de carga.

(Y) *asăga (ă),* pl. *isăgatăn* || s. m.

S·G₂

Muro interior frente a la puerta de entrada: la parte mejor iluminada en la casa tradicional cabilia.

(Kb) *tasga (te),* pl. *tisegwa (ts)* || s. f.

Lado, costado, flanco, borde.

(H) *tasaga;* (Ntf) *tasga;* (Mc) *tasga,* pl. *tisgg*^{w}*in (ts)* || s. f.

Costado (parte comprendida entre la axila y la cadera). **2.** p. ext. Lado, flanco, costado, cara lateral de una cosa. **3.** Mitad. **4.** Ángulo exterior (de una casa) (WE). **5.** Esquina, rincón (interior de una casa, habitación) (WE). **6.** Costado grueso, consistente, corpulento (Y). **7.** Carga lateral (Y).

(WE, Y) *tasăga (tă),* pl. (WE) *šisəgwen (tə),* (Y) *tisəgwen (tə)* || s. f.

S·Gh

Brillar, resplandecer, relucir, lanzar una luz viva (astro, lámpara, objeto iluminado por el sol, etc.). **2.** Estar brillante por desgaste, tener pátina (madera, metal, tela).

(WE, Y, H) *əssəgh;* (Mb) *ssisəgh;* (R) *siqsiq;* (Senh) *seqsaq;* (Teg) *ṣṣəqṣəq* || vb. n.

S·Ḥ
Sufrir.
(Kb) *saḥ, siḥ* || vb. n.

S·K
Emborrar, rellenar, apretar, comprimir, amontonar, apisonar. **2.** Esconder, ocultar, tapar, cubrir.
(Y) *əsəḳ* || vb. ac.

S·K·N₁
[Anexo, *s. v.* **tasekenit**].
Geog. Isla. **2.** Islote.
(WW) *esăḳăn (ă),* pl. *isăḳănăn* || s. m.
Ling. Neol. Dialecto amaziq de las Islas Canarias *(Tatghast təmaziq n Isekenen n Tkanaren).*
(maz.tk) *tasăkănit (tă)* [tasékenit] || s. f.
Neol. Insular.
(maz.tk) *săkănan* [sekénan], pl. *săkănanen* [sekénanen] || adj. col.
Neol. Isleño, isleña.
(maz.tk) *awesăkăn* [auéseken], pl. *aytesăkăn* [aitéseken], m.; *ultesăkăn* [ultéseken], pl. *šetesăkăn* [shetéseken], f. || adj.

S·K·N₂
[Glosario, *s. v.* **Escanfraga**].
Mostrar, indicar, hacer ver (algo a alguien). **2.** Fingir, hacer como si. **3.** Amenazar (a alguien con algo) (WE, Y, H). **4.** Mostrarse, aparecer, anunciarse (Y). **5.** Informar, dar razón (Mb).
(Kb) *esskən, ezzkən, zzikən;* (Teg) *ssəkən;* (Mb) *ssəčən;* (H) *səkən;* (WE, Y) *săḳnu;* (Y) *səḳnu;* (Fg) *ššən;* (R) *exsən* || vb. ac. (caus.)
Indicación, hecho de mostrar.
(Kb) *askan, azkan, aziken;* (Teg) *asəkni (u);* (Mb) *asəčni (u);* (Fg) *iššan* || n. vb. m. sing.
Signo.
(WE) *asəḳni (ə),* (Y) *esəḳni (ə),* pl. *isəḳnităn* || n. vb. concr. m.
Geog. Cumbre de una altura (colina, duna, montaña). **2.** Señal indicadora de piedras.
(WE) *amәsәḳni (ә),* pl. *imăsăḳnan* || n. prim. m.
Hombre que muestra algo, demostrador.
(WE, Y) *əməsseḳni,* (WE) *aməsseḳni (ə),* pl. *iməssəḳna* || adj. vb. m.

S·K·R
[Anexo, *s. v.* **Tasacorte**].
Ser o estar bien colocado sobre su base (recipiente, etc.). **2.** p. ext. Ser o estar absolutamente llano (terreno, suelo). **3.** Estar bien adaptado (un objeto a otro). **4.** Ser o estar realizado, completado (trabajo, plan, proyecto). **5.** Derramarse

por tierra (líquido, lluvia). **6.** Estar bien fundado, ser razonable, válido (propósito). **7.** Estar bien hecho, ser correcto, normal, como es preciso.

(WE, Y) *əsḳər;* (H) *əskər* || vb. n. prim.

Hecho de estar bien colocado, fundado, realizado, adaptado. **2.** Derrame, vertido.

(WE, Y) *asăḳar (ă),* pl. *isăḳarăn,* m.; (WE) *tasăḳra (tă),* pl. *šisaḳriwen (tə),* f.; (Y) *səḳḳər,* pl. *səḳḳərăn,* m.; (Y) *əsəḳḳur,* pl. *isəḳḳurăn,* m. (p. us.) || n. vb.

S·N$_1$

[Anexo, *s. v.* **Chasna**].

Superficie, área, cara.

(WE) *tasṇa,* pl. *tasṇiwen;* (Y) *tasṇe,* pl. *tasṇawen* || s. f.

Grada, escalón, peldaño. **2.** pl. Escalera. **3.** Grado, rango, puesto (Mb).

(Mb) *tasənnət (tə), tsanənt, tsunt,* pl. *tisunin;* (Teg) *tsunt, tsunnət,* pl. *tisunan (tə)* || s. f.

Top. Nombre de un valle en Tăhalṛa (Foucauld 1940: 250).

(H) *Tăsenna* || s. f.

S·N$_2$ — *Cf.* [N·Y], [Š·N]

Espina. **2.** Pincho. **3.** Cardo (R).

(Mc, Kb, Teg, H, R, Senh, Ntf) *asennan (u),* pl. *isənnanən;* (Teg) *issən,* pl. *issanən;* (H) *esin* || s. m.

S·W$_1$

[Anexo, *s. v.* **chiso**].

Extender (tapiz, estera, etc.). **2.** Tapizar.

(Y) *issəw, əssəw;* (WE) *əssu* || vb. ac.

Cualquier tapiz, estera, cubierta, etc. (extendida por el suelo). **2.** Estera de lecho fino. **3.** Lecho, cama, colchón.

(Y) *təṣṣəwt,* pl. *təṣṣəwen;* (WE) *təṣṣut,* pl. *təṣṣuten* || n. vb. concr. f.

S·W$_2$ — *Cf.* [S], [S·G$_1$], [Š·G]

Zool. Toro (castrado o no), domesticado y muy fuerte, de 5 años.

(WE, Y) *esăw (ă),* pl. *isăwwăn* || s. m.

Š (Sh)

Š$_1$

[Glosario, *s. v.* **Chesene**].

Morfema expresivo.

š-, j- || pref. invar. Prefijo expresivo nominal que indica imperfección, intensidad o adición de un matiz peyorativo.

Š$_2$
Morfema expresivo.
-*š* || suf. invar. con valor diminutivo o peyorativo que se añade a los substantivos.

Š$_3$ — *Cf.* [S$_2$], [Š·K$_2$]
Ir. **2.** Venir, llegar.
(Šaw) *ašša;* (Taš) *ašt;* (Zen) *š(-d);* (Aw) *aš(-d)* || vb. n.

Š·Ḍ < Z·Ḍ
[Anexo, *s. v.* **Echeide**].
Ser malo, malvado, maligno, peligroso, perjudicial (persona, animal o cosa). **2.** Ser o estar feo.
(H) *əššəḍ,* aor.; *ẓuhəḍ,* caus.; (Gh) *əšyaḍ,* aor. || vb. n. prim.
Maldad. **2.** Fealdad.
(H) *uhuḍ* || n. vb. m.
Maligno, malvado.
(H) *ămûhəḍ,* pl. *imûhəḍən* || adj. vb. m.
Ser malo, malvado, maligno, peligroso, perjudicial (persona, animal o cosa). **2.** Ser malo (niño).
(Y) *əššəḍ* || vb. n. prim.
Maldad.
(Y) *eššaḍ,* pl. *eššaḍăn* || n. vb. m.
Ser insensato.
(N) *əššəḍ* || vb. n.
Lunático.
(N) *amušəḍ,* pl. *[i]mušəḍən* || adj. vb. m.
Ser inoportuno, desmedrado.
(Kb) *əjjəḍ* || vb. n.
Débil, enfermizo. **2.** Mal formado, degenerado.
(Kb) *ijjeḍ,* pl. *ijjḍen,* m.; *tijjeṭ,* pl. *tijjḍin,* f.; *ujjiḍ,* pl. *ujjiḍen,* m.; *tujjiṭ,* pl. *tujjiḍin,* f. || adj. vb.

Š·G — *Cf.* [S], [S·G$_1$], [S·W$_2$]
Zool. Toro de gran tamaño, enorme. **2.** Toro no domesticado.
(WE, Y) *ešeg (ă),* pl. *išegăn, išegyan,* (Y) *išegwan* || s. m.

Š·Gh·R$_1$ — *Cf.* [B·R$_2$]
[Anexo, *s. v.* **chajora**].
Bot. Especie de sorgo salvaje (de granos comestibles). Planta muy apreciada por los camellos, pero su ingesta por los bóvidos resulta con frecuencia mortal. *Sorghum aethiopicum, Sorghum viigatum* y sorgos salvajes afines (Prasse *et al.* 2003: 755).
(WE, Y) *ašăghor (ă),* pl. *išăghorăn;* (Y) *ăššăghru,* pl. *ăššăghrutăn;* (Y) *əššəghru,* pl. *əššəghrutăn*|| s. m.
Sin. [B·R$_2$] *ăbōra.*
(WE, Y) *tašăghort (tă),* pl. *tišəghren (tə)*|| s. f. dim.

Š·Gh·R_2

Aprestarse, prepararse.

(Y) *šəššughər,* caus. || vb. ac.

Š·K_1 < S·H·K

[Glosario, *s. v.* **Escanfraga.** || Anexo, *s. v.* **cárisco; cheque; choco; escán; isco**].

Bot. Árbol. **2.** Madera (materia). **3.** Trozo de madera (para remover, golpear, etc.). **4.** pl. Leña. **5.** *Bot.* Planta (en general). **6.** *Med.* Enfermedad animal, viruela del camello.

(D, N) *ahəšk;* (WE) *ašək,* pl. *eškan;* (Y) *ešək (ə),* pl. *əškan* || s. m.

Bot. Vegetal, planta, árbol. **2.** *Med.* Erupción en la piel. **3.** pl. *Bot.* Hierba. **4.** pl. Verduras. **5.** pl. Hojas de té.

(H) *ašək,* pl. *iškân* || s. m.

Bot. Vegetal, planta, árbol. **2.** pl. Hierba.

(Ntf) *ašək,* pl. *iškan* || s. m.

Bot. Planta (en general).

(Gh) *ašək* || s. m.

Bot. Madreselva.

(Taš) *tiški;* (Ntf) *tiškii* || n. prim. f.

Š·K_2 — *Cf.* [S_2], [$Š_3$]

[Anexo, *s. v.* **Garachico**].

Venir. **2.** Llegar, alcanzar. **3.** Venir de. **4.** Dirigirse, ir hacia (Ntf). **5.** Salir (Awj). **6.** Perder(se), estar extraviado, errar, desaparecer. **7.** Expatriarse. **8.** Estar en equilibrio. **9.** Bajar (fiebre), calmar (dolor).

(Taš) *ašk(-d);* (Mc, Ntf) *ašk;* (Senh) *aška;* (Zen) *ašk(-d);* (Zen) *ešk;* (Awj) *ški* || vb. n.

Extravío, pérdida. **2.** *Geog.* País perdido, alejado, lugar retirado.

(Mc) *iššk, iški (yi),* pl. *iškitən* || n. vb. m.

Separación, salida, marcha, partida.

(Taš) *ašašk, iški* || n. vb. m. sing.

Salida.

(Awj) *škuy* || n. vb. m. sing.

Š·N < S·H·N — *Cf.* [S·N_2]

Anat. Diente incisivo. **2.** Diente (peine, sierra, etc.). **3.** *Top.* Cima o cumbre de un escarpe, montaña, etc.

(WE, Y) *ešen (ă),* pl. *išenăn* || s. m.

Š·N·Y·R

[Glosario, *s. v.* **Chinyero**].

Vapores que produce el aceite de una fritura.

(Kb) *ašenyaṛ (u)* || s. m.

Š·R·K — *Cf.* [R·Š·K]

Estornudar.

(WE, Y) *ašrək;* (Y) *aršək* || vb. n.

Estornudo.
(WE) *tašrək,* pl. *tašrəken* || n. vb. f.

Š·W
Susurrar, hablar en voz muy baja, murmurar, cuchichear.
(Taš) *ušuš;* (Sns) *šəwšu;* (Ghad, Mb) *sčuču* || vb. n.

Š·W·L
Astr. Aparecer, salir (astro).
(WE, Y) *šəwəlwəl* || vb. n.
Astr. Aparición, salida (astro).
(WE) *ašəwəlwəl (ə),* pl. *išəwəlwilăn;* (Y) *ešwəlwəl (ə),* pl. *əšwəlwilăn* || n. vb. m.

T

T1
[Anexo, *s. v.* **Tyterogaka**].
Una.
(H, Y) *tyə,* pl. *tyə* [ti] || pron. ap. sgvo. indef. f.

T2
La, las / el, los.
(H, Mc, Kb, Taš, R, Sw) *wa,* pl. *wi,* m.; *ta,* pl. *ti,* f.; (WE) *wa,* pl. *win,* m.; *ta,* pl. *šin,* f.; (Y) *wa,* pl. *wină,* m.; *ta,* pl. *tină,* f.; (AŠ) *wu,* pl. *yinu,* m.; *tu,* pl. *tinu,* f.; (Mb, Teg) *wu, aw,* pl. *wu-ni, ay, i,* m.; *tu,* pl. *tin,* f.; (Mb, Teg) *aw,* pl. *ay, i,* m. || pron. dem. def.

T·Gh·M
[Glosario, *s. v.* **Chajamanga.** || Anexo, *s. v.* **tajame**].
Choza cónica de paja (que sirve de cobertizo). **2.** Choza o cabaña cónica que tiene un basamento de adobe y una cubierta de paja o a veces también de adobe. Sirve de habitación a los agricultores negros semisedentarios. **3.** p. ext. *Geom.* Cosa cónica, cono.
(WE, Y) *atgham (ă),* pl. (WE) *itghamăn (ə),* (Y) *ətghamăn* || s. m.

T·Gh·S
[Anexo, *s. v.* **Tajase**].
Terreno llano, duro y estéril. **2.** Llano, planicie, llanura.
(WE) *atăghăs (ă),* (WE, Y) *etăghăs (ă),* pl. *itəghsan* || s. m.

T·K·R
[Anexo, *s. v.* **Tacoronte**].
Extremo hinchado (nudo) de una cuerda, bastón, etc. **2.** Especie de látigo rígido de cuero con el extremo hinchado que sirve para tocar el tambor. **3.**

fig. Falta de pelo en la cabeza, cabeza pelada (término burlesco). **4.** fig. *Geog.* Monte, montaña, macizo.

(WE, Y) *atăḳor (ă),* pl. (WE) *itəḳar;* (Y) *ətḳar* || s. m.

T·L·F

Ahuyentar, expulsar, repudiar. **2.** Impulsar, lanzar, arrojar.

(Kb) *ətləf* || vb. ac.

Expulsión, repudio. **2.** Lanzamiento.

(Kb) *atlaf, lətləf, əttəlf,* pl. *əttəlfan* || n. vb. m.

T·N < T_2 + N_3

[Glosario, *s. v.* **Chimbesque; Teniquisguan; Tinajo; Tinguaton; Tiniguiga.** || Anexo, *s. v.* **Chinguarime; Tenisque; Timbaromos; Tindaya; Tindayejas**].

Ésta (la) / éstas (las) de.

ta-n, te-n, ti-n, pl. *ti-n* || loc. det.: deíc. comp. de pron. dem. f. *(ta, te, ti,* pl. *ti)* + prep. *(n).*

(T)·R·G — *Cf.* [R·G_1], [T·R·Y·R]

Ogresa.

(Mc) *ttergu, tterwu* || s. f. sing.

T·R·Gh

Surgir (idea, pensamiento, etc.).

(WE, Y) *tərəqqət* || vb. cual.

T·R·K

[Glosario, *s. v.* **Triquivijate**].

Caer o venir no se sabe de dónde.

(WE, Y) *tərəḳḳət* || vb. cual.

Hecho de caer o venir no se sabe de dónde.

(WE) *atərəḳḳi (ə),* pl. *itərəḳḳităn (ə);* (Y) *etrəḳḳi (ə),* pl. *ətrəḳḳităn* || n. vb. m.

Persona que se encuentra, alguien (caído del cielo).

(Y) *ămăttărеḳḳi,* pl. *iməttərəḳḳa* || adj. vb. m.

T·R·Y·R

[Glosario, *s. v.* **Taraire**].

Ogresa (evocada en los cuentos amazighes bajo el aspecto de una mujer con los cabellos muy largos y con unos senos caídos que tira sobre sus hombros).

(Ayt Merghad) *tarir (tar-ir)* || s. (comp.) f. sing.

N. B. Los Ayt Merghad es un grupo étnico amaziq que tiene su núcleo principal en el valle del Gheris (Marruecos), aunque se distribuye por gran parte del Alto Atlas central y oriental.

T·Y

[Anexo, *s. v.* **Tacoronte**].

Voltear, girar, volverse (hacia). **2.** Vagar, errar, rondar. **3.** vb. ac. Contornear, dar la vuelta.

(AḤ) *ttey;* (Kb) *eṭṭi* || vb. n.

Volverse, dar media vuelta, volverse en desorden, volcarse.
(AḤ) *mettey;* (Kb) *meṭṭi* || vb. r.
Acción de girar (hacia), de volverse. **2.** Acción de rodear. **3.** Acción de contornear.
(AḤ) *utuy (wu),* pl. *utuyn* || n. vb. m.

Ṭ

Ṭ
Yesca (de semilla de *tərza,* alada y parecida al algodón). **2.** Empleada antiguamente como yesca, que se encendía por las chispas surgidas de una piedra que era golpeada con un hierro para hacer fuego. **3.** p. ext. Algodón, borra de algodón (que sirve de yesca). **4.** p. ext. Polvo explosivo.
(Y) *əṭu,* pl. *əṭutăn* || s. m.

W

W1
[Anexo, *s. v.* **Aguamache**].
Esto, lo que.
(WE) *awa;* (Y, Mc) *wa;* (Mb, Teg) *wu;* (Kb, R) *aya, ayagi* || pron. col. m.
Esto, eso, aquello. **2.** Éste, ésta (sujeto de prop. nom. dirrima).
(WE) *awa, ăwa* || pron. dem. col. m.

W2 — *Cf.* [B·B], [G], [G·G], [Ḥ·Ḥ], [Ḥ·T]
[Glosario, *s. v.* **Tinguaton**].
Humo, vapor.
(Y) *ăwẉa,* pl. *ăwẉatăn* || s. m.

W3 — *Cf.* [T1]
El, los / la, las.
(H, Mc, Kb, Taš, R, Sw) *wa,* pl. *wi,* m.; *ta,* pl. *ti,* f.; (WE) *wa,* pl. *win,* m.; *ta,* pl. *šin,* f.; (Y) *wa,* pl. *wină,* m.; *ta,* pl. *tină,* f.; (AŠ) *wu,* pl. *yinu,* m.; *tu,* pl. *tinu,* f.; (Mb, Teg) *wu, aw,* pl. *wu-ni, ay, i,* m.; *tu,* pl. *tin,* f.; (Mb, Teg) *aw,* pl. *ay, i,* m. || pron. dem. def.
Éste, ésta, éstos, éstas.
(R, Mc, Taš, Kb) *wa, ghwa, wagi, wayi,* pl. *inin, wi, ghwi, wigi, wiyi,* m.; *ta, xta, tagi, tayi,* pl. *tinin, ti, xti, tigi, tiyi,* f. || pron. dem. var.
(Elemento masculino que aparece en combinación con los demostrativos).
(Mc) *wa, we,* pl. *wi* || pron. dem. m.

W·D < W·D·W — *Cf.* [D·W]
Marchar, ir, caminar, desplazarse. **2.** Irse, marcharse, partir. **3.** Venir. **4.** Correr (agua) (Mc).
(Mc, Kb, Taš, Ntf, Zen) *ddu* || vb. n.

W·Ḍ$_1$
Ser o estar hinchado de aire. **2.** Ser arrancado, arrastrado o llevado por el aire (Y).
(WE, Y) *əwəḍ* || vb. n. y ac.
Fuelle (de fragua).
(Y) *anəwəḍ (ə),* pl. *inəwaḍ* || s. m.
Soplar (fuego, etc.) (con un fuelle). **2.** Llenar, hinchar de aire. **3.** Llevarse (algo el viento). **4.** Alejar soplando. **5.** intr. Silbar (serpiente).
(WE, Y) *səwəḍ,* caus. || vb. ac.
Acción y efecto de soplar.
(WE) *asəwəḍ (ə),* (Y) *esəwəḍ (ə),* pl. *isəwiḍăn* || n. vb. caus. m.
Fuelle de la forja.
(Y) *tasəwəṭ (tə),* pl. *čəswaḍ (tə)* || n. instr. f.

W·Ḍ$_2$ > Ḍ
Caer, venirse abajo, rodar.
(Mc) *wḍa;* (AŠ) *uḍa* || vb. n. y r.
Caída, acción y efecto de caer, rodar.
(Mc) *taṭṭuṭṭ* || n. vb. f.
Caer. **2.** Caer en combate (morir, guerrero). **3.** Perder una causa, ser vencido (en un proceso, etc.). **4.** *Astr.* Ponerse (astro). **5.** *Astr.* Ir deprisa, caer (estrella fugaz).
(WE) *uḍu,* aor.; *uḍa,* perf.; (Y) *aḍu,* aor.; *yoḍa,* perf. || vb. n. y r.
Caída. **2.** Caída en combate. **3.** Pérdida de una causa. **4.** *Astr.* Puesta (astro). **5.** *Astr.* Caída (estrella fugaz).
(Y) *aḍḍa,* pl. *aḍḍatăn* || n. vb. m.
Caída. **2.** Pérdida (de una causa). **3.** *Astr.* Puesta (sol, astro cualquiera). **4.** Impulso (idea súbita) (Y). **5.** Mensaje (Y).
(WE, Y) *tuḍut,* pl. *tuḍuten;* (Y) *tuḍit,* pl. *tuḍiten;* (Y) *čuḍut,* pl. *čuḍuten;* (Y) *čuḍit,* pl. *čuḍiten;* (Y) *tiḍut,* pl. *tiḍuten* || n. vb. f.
Caer. **2.** Perder una causa (ser vencido en un proceso, una impugnación, etc.). **3.** Decaer (situación social, sentimental, etc.). **4.** *Astr.* Ponerse (astro). **5.** *Astr.* Ir deprisa, caer (estrella fugaz).
(H) *uḍu* || vb. n., r. y ac.
Caída. **2.** *Astr.* Puesta (astro). **3.** *Astr.* Caída (estrella fugaz).
(H) *tûḍut,* pl. *tuḍuten* || n. vb. f.
Caer. **2.** fig. Sorprender. **3.** Encontrar. **4.** Convenir, acceder, aceptar, consentir, poner de acuerdo. **5.** Verificar. **6.** Preferir, adherirse. **7.** Abortar. **8.** Seguir. **9.** Llegar (exactamente) a. **10.** Estar bajo, más abajo de.
(Teg) *uḍa* || vb. n. y ac.

Caída. **2.** *Med.* Aborto.
(Teg) *uṭṭu,* pl. *id uṭṭu* || n. vb. m.
Caer. **2.** fig. Sorprender.
(Mb) *uḍa* || vb. n. y ac.
Caída. **2.** fig. Sorpresa.
(Mb) *awḍa (wa)* || n. vb. m.

W·Gh < H·Gh > Gh
[Anexo, *s. v.* **Guehebey**].
Detener, impedir ir o pasar, retener, contener. **2.** Acompañar. **3.** Acompañar vigilando (Y). **4.** Aguardar (Y). **5.** Guardar, conservar (como posesión), poseer, obtener, apoderarse de (Y). **6.** Acompañar (cantando). **7.** Bailar (acompañando la música) (WE). **8.** Flotar (sobre el agua).
(Y) *əwwəgh;* (WE) *əwəgh;* (H) *ahegh, awgh, awogh,* aor.; *ăggagh,* pl. *ăggâghen,* n. vb. m. || vb. ac. prim.
Detención, confinamiento. **2.** Acompañamiento. **3.** Baile (WE). **4.** Canto de baile (WE).
(WE, Y) *ewegh (ă),* pl. *iweghăn;* (Y) *ewwagh,* pl. *ewwaghăn* || n. vb. m.
Cavidad natural (de dimensión y terreno cualesquiera) que forma un depósito de agua (de cualquier duración) cuando llueve o se produce una crecida.
(H) *tĕwegh,* pl. *tĕwghîn* || s. f.
Cosa que sirve para detener, barrera. **2.** Dique, presa.
(WE) *tasəwəq (tə),* pl. *šisəwagh (tə)* || n. instr. f.
Balsa, charca pequeña (donde se estancan las aguas).
(Y) *tesəwəq (tə),* pl. *tyəswagh (tə)* || n. instr. f.

W·Ḥ
Pedir socorro, sufrir, lanzar un grito de dolor o de sorpresa.
(Mb) *wwəḥwəḥ* || vb. n.
Sufrimiento, lamento.
(Mb) *awəḥwəḥ (u)* || n. ac. m. sing.

W·L
[Anexo, *s. v.* **Tegalgen**].
Vigilar, guardar (rebaño, etc.). **2.** Criar, cuidar (ganado). **3.** Llevar a pastar (animales).
(WE, Y) *awəl* || vb. ac.
Vigilancia. **2.** Cría, cuidado, crianza (del ganado).
(WE, Y) *aggal,* pl. *aggalăn* || n. vb. m.
Dote (reunida por el futuro marido para su esposa). **2.** Grupo, contingente, fuerza (militar).
(WE, Y) *taggalt,* pl. *taggalen* || n. vb. f.
Persona que vigila o guarda. **2.** Ganadero, pastor (nómada o sedentario).
(WE) *ămawal (ə),* (WE, Y) *əmawal,* pl. *imawalăn,* m.; (WE) *tămawalt (tə),* (WE, Y) *təmawalt,* pl. *timawalen,* f. || adj. vb.

W·N$_1$ < W$_3$ + N$_3$ — *Cf.* [T·N]

[Anexo, *s. v.* **bincheni; guanche**].

Éste (el) / éstos (los) de.

(maz.) *wa-n, we-n,* pl. *wi-n* || loc. det.: deíc. comp. de pron. dem. m. *(wa, we,* pl. *wi)* + prep. *(n).*

Éste, ésta(s), éstos (que).

(WE, Y) *wen,* pl. (Y) *win,* (WE) *win-den,* m., *ten,* pl. (Y) *tin,* (WE) *šin-den,* f., (Mc, Kb) *unn, unna, wenna,* pl. *winna,* m., *tenna,* pl. *tinna,* f. || pron. dem. sgvo.

W·N$_2$ < H·W·N

[Anexo, *s. v.* **Abona; Aguane; tabona; Taguane**].

Ser o estar pesado. **2.** Ser o estar lento (de inteligencia).

(Kb) *awen > yebb^{w}en* || vb. n.

Yunque. **2.** Gran piedra que sirve para aplastar las aceitunas (Kb).

(Kb) *tawent (tw), tawunt;* (Y) *təwint,* pl. *tiwina* || s. f.

Piedra para pulir objetos de alfarería.

(Taš) *taggunt (tə),* pl. *tiggūna,* f.; *aggun< awwūn,* pl. *igguna,* m. || s.

Gran piedra.

(H, WE, Y, D) *təhunt,* pl. *tihun;* (Y) *təwint,* pl. *tiwina* || s. f.

Especie de mortero de piedra muy ancho; larga piedra cóncava en el centro que sirve de mortero.

(Mb) *twunt,* pl. (raro) *tiwuna* || s. f.

Molino.

(Ghat) *tuwənt, tawənt,* pl. *čiwin* || s. f.

W·N·K·(T)$_1$

Estar o volverse ácido. **2.** Cortarse, cuajarse (leche).

(Y) *wănḳăt* || vb. cual.

W·N·K·(T)$_2$

Esquivar, evitar (golpe, etc.).

(Y) *wənəḳḳət,* aor.; *səwənəḳḳət,* caus. || vb. ac.

Acto de hacer esquivar.

(Y) *esəwwənəḳḳi (ə),* pl. *isəwwənəḳḳităn* || n. vb. caus. m.

W·R

[Glosario, *s. v.* **Taburiente**].

Puerta. **2.** Pasaje, paso, salida, brecha (en un muro). **3.** Parte de la tienda entre las estacas de la fachada (pórtico, portal). **4.** Parcela, trozo de tierra (Mc). **5.** Campo roturado y preparado para la labor (Mc).

(Mc) *tagg^{w}urt, tawwurt (tw),* pl. *tiwira (tw);* (Teg, Mb, Nef) *tawurt (tə),* pl. *tiwira (tə);* (Gh) *tawart, tăwurt, tawwərt, təwwərt,* pl. *čiwur (tə);* (Kb) *ṯabburṯ(ṯe), ṯawwurṯ(ṯe), ṯaggurṯ (ṯe),* pl. *ṯibbura (ṯe);* (Kl) *ṯauworṯ,* pl. *ṯiuwora;* (Bq) *ṯaugorṯ,* pl. *ṯiugora;* (Senh) *ṯauwerṯ,* pl. *ṯiuwira;* (H) *tăhort,* pl. *tihôr;* (Ghad) *taḇḇurt, teḇuru,* sing. || s. f.

Cf. (lat.) *porta* < (indo.) **per-tā-* 'lugar de paso', 'puerta' (Roberts y Pastor 1996: 131).

W·R·Gh = R·W·Gh

Ser o estar amarillo, volver amarillo. **2.** Ser o estar pálido, palidecer, ser o estar lívido. **3.** Palidecer intensamente. **4.** Dorarse.

(Kb) *wrigh, iwrigh;* (Teg) *əwrəgh;* (Mb) *əwṛəgh*|| vb. n.

Color amarillo. **2.** Palidez, lividez.

(Kb) *tawerghi (tw);* (Mb) *taweṛghi (tə);* (Teg) *təwrəgh*|| adj. vb. f. sing.

Amarillo.

(Kb, R, Taš, Teg) *awragh (u),* pl. *iwraghən,* m.; *tawraght,* (Teg) *tawraxt (tə),* pl. *tiwraghin (tə),* f.; (Mb) *awṛagh (u),* pl. *iwṛaghən,* m.; *tawṛaxt (tə),* pl. *tiwṛaghin (tə),* f.; (Nef) *awragh,* pl. *iwraghin,* m. || adj. vb.

Aburrimiento. **2.** Confusión, embotamiento. **3.** Vergüenza.

(Mc) *tiwerghiwin (tw)* || n. vb. f. pl. sin sing.

Animal alazán dorado (camello, caballo, asno, buey, carnero, cabra). **2.** Animal bayo claro (WE). **3.** p. ext. *Ornit.* Tejedor amarillo (*Ploceus* ?) (Prasse *et al.* 2003: 832).

(WE, Y) *ăwragh,* pl. *ăwraghăn* || adj. vb. m.

Asno rojo o alazán dorado.

(WE) *awăregh (ă),* (WE, Y) *ewăregh (ă),* pl. *iwăreghăn* || adj. vb. m.

W·R·M — *Cf.* [B·R·M]

[Anexo, *s. v.* **Chinguarime**].

Bot. Ruda. **2.** *Bot.* Artemisia.

(Kb, Mc) *awermi,* pl. *iwermi;* (Teg) *awṛəm (u),* sing.; (Senh) *iwarmi, iwermi,* pl. || s. m. col.

W·S₁

[Anexo, *s. v.* **tauas**].

Sable, espada.

(Sw) *aūs, auis,* pl. *iussān* || s. m.

W·S₂ — *Cf.* [S₂]

Estar preparado (estar en condiciones; estar en un estado tal que uno tiene todas sus fuerzas y toda su agilidad, con los músculos en su máximo vigor, habiendo desaparecido toda la grasa inútil); (tiene por sujeto a un animal de silla o de albarda o a una persona).

(H) *iwsi* || vb. n. prim.

W·T

[Anexo, *s. v.* **Guayota**].

Golpear, pegar, dar golpes. **2.** Combatir. **3.** Caer (lluvia, nieve). **4.** Ser montada, cubierta (animal hembra). **5.** Tocar (un instrumento). **6.** Forjar. **7.** Fabricar.

(Mc) *wet, wt, ut,* aor.; *swet,* caus.; *kkat,* imperf.; *tiyita, titi,* n. vb.; (Kb) *weṯ,* imp.; *yekkaṯ,* aor. intens.; *iweṯ,* pret.; *ṯiyiṯa,* n. vb.; (H) *awt;* (Taš) *ût(t);* (Sns) *ûwez;* (Zkara) *uwwez;* (Gh) *euet,* aor.; (Teg, Mb, Nef, Ghad, WE, Y) *əwət,* aor. || vb. ac.

N. B. Actúa como verbo auxiliar en diversas expresiones. Ej. (WE, Y) *ajenna iwât* 'llueve' (Prasse *et al.* 2003: 945).

W·Y

[Anexo, *s. v.* **Guehebey**].

Portar, transportar, llevar (hacia). **2.** Provocar, ocasionar, suponer, causar. **3.** Organizar, proceder a, cumplir, hacer. **4.** Conducir (un jefe sus asuntos). **5.** Tratar con clemencia, ayudar. **6.** Llevarse. **7.** Coger, llevar, conducir. **8.** Contener (recipiente). **9.** Aportar, traer. **10.** Emprender (camino). **11.** Caminar a través de (camino). **12.** Tomar rumbo durante (la noche, el día, el invierno, etc.), pasar (por), disfrutar de (tiempo). **13.** Concebir (yegua, asna). **14.** Irse, salir con (una herida). **15.** Soportar, resistir (algo penoso). **16.** Proferir, expresar, proponer, alegar, formular, decir (intención, poema, etc.). **17.** Acompañar (música). **18.** Tomar impulso, dar el paso, ir a la carga, embestir (animal) (Y).

(WE, Y) *awəy,* aor.; *yewăy,* perf. || vb. ac.

Transporte. **2.** Conducto. **3.** Conducción (asuntos), conducta. **4.** Ritmo (o tiempo) de un canto. **5.** Melodía. **6.** Ritmo o metro poético.

(WE, Y) *aggay,* pl. *aggayăn* || n. vb. m.

Portador. **2.** Capataz (jefe). **3.** El ser humano como entidad superior al resto de las criaturas (WE). **4.** Jefe (de grupo, ejército, caravana, pueblo, etc.). **5.** Sostén (de una familia, etc.). **6.** Guía.

(WE, Y) *əmaway,* pl. *imawayăn,* m.; *təmawăyt,* pl. *timawăyen (tə),* f.; (WE) *ămaway (ə),* pl. *imawayăn,* m.; *tămawăyt (tə),* pl. *šimawăyen (tə),* f. || adj. vb.

Portar, transportar, llevar (hacia). **2.** Conducir. **3.** Coger, tomar, llevarse. **4.** Aportar, traer. **5.** Contener. **6.** Soportar. **7.** Convenir. **8.** Cesar, acabar, terminar.

(Mc) *awey,* aor.; *iwi, iwey,* perf.; (Kb) *awi,* aor.; *yewwi, yebb^{w}i* || vb. ac.

Acción de traer. **2.** Acción de llevar(se), ir a buscar, devolver.

(Mc) *away (wa),* sing.; (AḤ) *iwy (yi)* || n. vb. m.

Transporte, conducción, carga.

(Kb) *agg^{w}ay (wa),* sing. || n. vb. m.

Portar, llevar(se), conducir, traer, devolver.

(Teg, Mb) *awi* || vb. ac.

Acción y efecto de transportar, llevar, traer, conducir.

(Teg) *agg^{w}ay (wa);* (Mb) *agg^{w}ay (wə)* || n. vb. m. sing.

Portar, transportar, llevar (hacia). **2.** Conducir. **3.** Coger, tomar, llevarse. **4.** Aportar, traer.

(H, R, Taš) *awi* || vb. ac.

Acción de portar, llevar, conducir.

(H) *ăggay,* pl. *ăggayen* || n. vb. m.

Acción de portar, llevar, conducir.

(R) *tawit* || n. vb. f.

X (Ḫ, Kh)

X·F = Gh·F — *Cf.* [F_2]

Anat. Cabeza. **2.** Cima. **3.** Cabo, punta, extremidad.

(H) *eghef,* pl. *ighefawen;* (WE, Y) *eghăf (ă),* pl. *ighăfawăn;* (Mb, Kb) *ixf (yi),* pl. *ixfawən;* (Sw) *axfi,* pl. *əxfawen* || s. m.

X·M < (ár.) *jáymatun,* f. 'tienda de campaña'

[Anexo, *s. v.* **jameo**].

Casa. **2.** Familia.

(Kb) *axxam (we),* pl. *ixxamen (ye);* (Senh) *axxiam,* pl. *ixxiaen,* m.; *ṯaxxiamt,* pl. *ṯixxiamin,* f. || s.

Choza, cabaña. **2.** Casa de adobe, de ladrillos secados al sol. **3.** Cabaña en el palmeral para la veranada.

(Teg) *axxyam (u),* pl. *ixxyamən (u)* || s. m.

Tienda, pabellón de tela.

(Mb) *axxam (wə),* pl. *ixxamən,* m.; *taxxamt (tə),* pl. *tixxamin (tə),* dim.; (Teg) *taxxyamt (tə),* pl. *tixxyamin (tə),* f.; (Kb) *taxxamt,* pl. *tixxamin,* f. || s.

Y

Y

[Glosario, *s. v.* **Taburiente**].

Quien, que, el que, lo que.

(Mc) *a, ay, ayd, aynn;* (WE, Y) *a;* (Kb) *ay, i* || pron. dem. invar. que introduce una prop. rel. (con anticipación reforzada).

Quien, que, el que, lo que.

(WE, Y, Mc, Kb, Mb, Teg) *i* < *ay* || pron. rel. invar. (en prop. nominal o verbal).

Y·D$_1$

[Glosario, *s. v.* **Teide**].

Zool. Perro.

(Mc) *iydi (yi), igdi,* pl. *iyḍan, iḍan, igḍan,* m.; *tiydit (ty), tigdit (tg),* pl. *tiyḍin, tiyḍan, tiḍan, tigḍan,* f.; (Ghad) *iḏi,* pl. *iḏan,* m.; *tiḏiut,* pl. *tiḏwin,* f.; (Nef) *iudi,* pl. *iṭan,* m.; *tudit,* pl. *tidatin,* f.; (Kb, Taš) *ayḏi,* pl. *iḍan,* m.; (Gh) *aidi,* pl. *iyḏan,* m.; *taidit,* pl. *čiydačin,* f.; (H) *ĕydi,* pl. *iyăḍân,* m.; *tĕydit,* pl. *tiyăḍîn,* f.; (WE, Y) *idi,* (Y) *iji,* m.; (Mb) *aydi (wi),* pl. *iydan,* m.; *taydət (tə),* pl. *tiydatin (tə),* f.; (Teg) *aydi (u, wi),* pl. *iyḍan,* m.; *taydət (tə),* pl. *tiyḍan, tiyḍa (tə),* f. || s.

Ictiol. Cazón, tollo (sahariano).
(Taš) *aiḍi lbaḥar* || m.
Ictiol. Marrajo.
(R) *aiḍi nerbaḥar* || m.

Y·D₂ < (lat.) *tæda,* f. 'pino', p. ext. 'antorcha' < (indo.) *deuə̑-* 'largo (duración)'
[Anexo, *s. v.* **Teyda**].
Bot. Pino *(Pinus).* **2.** Piña, fruto del pino (Mc).
(Mc) *tayda,* pl. *tiydiwin;* (Ntf) *t̲aiia;* (Senh) *t̲aid̲a,* pl. *t̲aid̲iwin* || s. f.
Corteza de pino que sirve para teñir las pieles y también como medicamento.
(Teg) *tayda (tə)* || s. f. col.

Y·D₃
Contemplar largamente, examinar, sondear.
(WE, Y) *ayəd* || vb. ac.

Y·R₁
[Anexo, *s. v.* **maragulla**].
Malvado, execrable, vil. **2.** Despreciable. **3.** Obsceno, grosero.
(Mc) *yar;* (Kb) *yir, ir, r* || adj. invar. seguido de un nombre en estado libre o de un pron. pers. aislado.

Y·R₂ — *Cf.* [G·R₃]
Astr. Luna. **2.** Luna nueva, lunación. **3.** *Cron.* Mes (lunar). **4.** Mes (lunar, solar) (Teg). **5.** p. ext. *Mat.* Treinta (Nef).
(Mc, Awj) *ayur (u/wa),* pl. *ayurən;* (D, H) *ăyor;* (H) *eyôr, eôr,* pl. *eyôrän;* (R) *yor;* (WE) *ăyyor,* pl. *ăyyorăn;* (Fg) *yur (u)*, pl. *iyurən;* (Mb, Teg) *yur (u, wiy),* pl. *iyarən;* (Taš) *áyyûr (wa), ayur,* pl. *yîren, iyeren;* (Zen) *e'jjərʰ;* (Ghad) *ōyär;* (Nef) *uier,* pl. *iaren;* (N) *ewăr*, pl. *orăn* || s. m.

Z

Z·L·Y
[Glosario, *s. v.* **Tizalaya**].
Ser o estar engullido o hundido (por flujos, olas. etc.). **2.** Estar sumido en sus pensamientos, trabajo, preocupaciones, etc. **3.** Soñar despierto (Y).
(WE, Y) *zələyyət* || vb. cual.

Z·M
[Anexo, *s. v.* **Zonzamas**].
Alegrar(se) (el rostro).
(H) *zemzem* || vb. n. prim.

Z·M·G

Ser o tener forma cónica.

(WE) *zuməg,* aor.; *izzuməg,* imperf.; *zuməg,* perf. simple; *zomaga,* 3ª pers. com. pl. perf. simple. || vb. n.

Forma cónica. **2.** *Geom.* Cono.

(WE) *təzzumək,* pl. *təzzuməgen* || n. vb. f.

Geom. Objeto de forma cónica, cono.

(WE) *azumag (ə),* pl. *izumagăn* || adj. vb. m.

Z·M·Gh

[Anexo, *s. v.* **zumeque**].

Yeso (no cocido; sirve para purificar el agua mala). **2.** Mica. **3.** *Poét.* Savia blanca seca (secretada por los árboles en períodos de fuerte sequía).

(WE, Y) *tezămăq (tă), tazămăq (tă),* pl. (WE) *šizămăghen (tə),* (Y) *tizămăghen (tə)* || n. prim. f.

Z·N > Č·N > T·N

[Glosario, *s. v.* **Achineche.** || Anexo, *s. v.* **Acentejo; bincheni; guanche**]

Resonar, zumbar, retumbar. **2.** Tintinear. **3.** Ser violento (sol) (Kb). **4.** Ser o estar desecado, endurecido al calor (Kb).

(R) *zenzen,* (Kb, Teg, Mb) *zzenzen, ššenšen;* (Kb) *ččenčen, ššenšen, ẓẓenẓen;* (Kb, Mc) *ṭenṭen* || vb. n.

Sonar (campana). **2.** Hacer un ruido sonoro. **3.** Resonar, dar un sonido (objeto metálico). **4.** Tintinear.

(Taš) *čenčen, šenšen* || vb. n.

Resonancia, zumbido, retumbo.

(R) *azenzun,* sing., (Kb, Teg, Mb) *azenzen (u), ašenšen,* pl. *izenzinən;* (Kb) *aẓenẓen,* pl. *iẓenẓinen;* (Kb, Mc) *aṭenṭen (u),* pl. *iṭenṭinn* || n. ac. m.

Z·R > Š·R > H·R

[Anexo, *s. v.* **chirringue**].

Ser, estar o devenir líquido. **2.** Fundirse (Mc).

(Izd) *zrir* || vb. n.

Caer en cascada. **2.** Correr, fluir a lo largo de. **3.** Beber de un solo trago (Mc).

(Izy) *zizzer;* (Kb) *ezzer* || vb. n.

Correr. **2.** Galopar. **3.** Fluir.

(Kb) *zzerzer* || vb. n.

Ser vertido sobre el suelo o sobre una estera para que el viento se lleve las impurezas al caer: trozos de paja, residuos, polvo (granos de cereal, después de la trilla). **2.** Ser vertido (en general). **3.** Fluir, correr por el suelo (agua, sangre, etc.).

(WE) *uzzar;* (Y) *izar* || vb. n.

Ẓ

Ẓ·R

[Glosario, *s. v.* **Isora; Isorana.** || Anexo, *s. v.* **Acero, Ezero, Ticera**].

Muralla rocosa alta y vertical.

(H) *aẓeru,* pl. *iẓerân* || s. m.

Pitón rocoso muy alto.

(Y) *taẓərut (tə),* pl. *tyəẓra (tə)* || s. f.

Peñón, peñasco. **2.** Piedra, guijarro, canto. **3.** sing. Materia prima.

(Kb) *aẓru (we),* pl. *iẓra (ye)* || s. m.

Peñón, peñasco. **2.** Piedra grande.

(Mc) *aẓru (u),* pl. *iẓra (yi);* (Nef) *azru,* pl. *izəra* [sic] || s. m.

Piedra para construir, mampuesto.

(Taš) *azṛů (u),* pl. *izṛān* || s. m.

H·N·Y

'gran roca, peñón o peñasco'

'terreno cubierto de grandes rocas volcánicas'

(AƐ) *ahennay*

(ayt Ayyache, Marruecos central)

Bombas volcánicas (Montaña Blanca, Tenerife). © Jette Trailyeti.

REFERENCIAS

ABREU GALINDO, Juan de. *ca.* 1590. *Historia de la Conquista de las Siete Yslas de Gran Canaria. Escrita Por el R. P^{e}. Fray Juan de Abreu Galíndo, del Orden de el Patríarca San Francisco, hijo de la Provínçía del Andaluçía Año de 1632.*

N. B. El ms. original, hoy perdido, parece corresponder a la segunda mitad del siglo XVI, aunque las copias conocidas se remiten a una versión, también desaparecida, fechada en 1632.

– *ca.* 1676 (< *ca.* 1590). [Sin título]. [Copia anónima (incompleta) en BULL, ms. 83.2.17, pp. 149r-168v].

N. B. La paginación ha sido añadida con lápiz a la totalidad del códice, que contiene otros textos de diversa índole.

– d. 1676 (< *ca.* 1590). *Historia de la Conquista de las Siete Yslas de Gran Canaria. Escrita Por el R. Pe. Fray Juan de Abreu Galíndo, del Orden de el Patríarca San Francísco, hijo de la Provínçía del Andaluçía Año de 1632.* [Copia anónima en la BMT, ms. 191].

– 1775-1787 (< *ca.* 1590). *Historia de la conquista de las siete yslas de Canarias, escrita p^{r}. el R^{do}. P^{e}. F. Juan de Abreu Galindo del orden de S. Francisco, hijo de la Provincia de Andalucía. Año de 1632.* [Copia de A. Amat de Tortosa en la BMT, ms. 5].

– 1977 (1955 < d. 1676). *Historia de la Conquista de las Siete Islas de Gran Canaria.* Ed. crítica con Introducción, Notas e Índice por Alejandro Cioranescu. S/C de Tenerife: Goya.

ACF = *Acuerdos del Cabildo de Fuerteventura.*

– ROLDÁN VERDEJO, Roberto (ed.). 1967. *Acuerdos del Cabildo de Fuerteventura. 1660-1728.* La Laguna: IEC (Fontes Rerum Canariarum, XV).

– ROLDÁN VERDEJO, Roberto (ed.). 1970. *Acuerdos del Cabildo de Fuerteventura. 1605-1659.* La Laguna: IEC (Fontes Rerum Canariarum, XVII).

ACL = *Acuerdos del Cabildo de Lanzarote.*

– BRUQUETAS DE CASTRO, Fernando. 1997. *Las actas del Cabildo de Lanzarote. (Siglo XVII).* Arrecife: Cabildo Insular de Lanzarote.

ACT = *Acuerdos del Cabildo de Tenerife.* Tenerife: AMLL.

– SERRA RÀFOLS, Elías (ed.). 1996 (1949). *Acuerdos del Cabildo de Tenerife. 1497-1507.* La Laguna: IEC (Fontes Rerum Canariarum, IV), 2ª ed.

– ROSA OLIVERA, Leopoldo de la, y Manuela Marrero Rodríguez (eds.). 1986. *Acuerdos del Cabildo de Tenerife. V. 1525-1533.* La Laguna: IEC (Fontes Rerum Canariarum, XXVI).

Álvarez Delgado, Juan. 1946. «Ecero. Notas lingüísticas sobre El Hierro. (Conclusión)». *Revista de Historia Canaria* 75: 282-300.

Álvarez Rixo, José Agustín. 1880 (1868 < 1830). *Catálogo de Voces de Indígenas Canarios.* Copia de Agustín Millares Torres. [Las Palmas de Gran Canaria, El Museo Canario].

N. B. Consultamos la fotocopia completa del original que guarda la BULL en el legado del profesor Álvarez Delgado, quien anotó personalmente esta datación en la portada. Sin embargo, al final del ms. consta la fecha de 1830.

Álvarez Rixo, José Agustín. 1991 (*ca.* 1860). *Lenguaje de los Antiguos Isleños.* Ed. con estudio y notas por C. Díaz Alayón y A. Tejera Gaspar. Puerto de la Cruz (Tenerife): Ayuntamiento / Centro de la Cultura Popular Canaria.

Armas Ayala, Alfonso. 1944. «Vocabulario toponímico de la isla del Hierro». *Tradiciones populares. I. Palabras y cosas:* 43-55. La Laguna: IEC y CSIC.

Arribas y Sánchez, Cipriano de. 1900. *A través de las Islas Canarias.* S/C de Tenerife: A. Delgado Yumar, edt.

Aznar Vallejo, Eduardo. 1981. *Documentos canarios en el Registro del Sello (1476-1517).* La Laguna: IEC (Fontes Rerum Canariarum, XXV).

Barker-Webb, Philip, y Sabin Berthelot. 1836-1840. «Phytographia canariensis», en P. Barker-Webb y S. Berthelot, *Histoire Naturelle des Iles Canaries. Tome troisième. Deuxième partie, sectio 1e, sectio 2e y 3 e.* París: Bèthune, 3 tomos, 8 vols.

Barker-Webb, Philip, y Sabin Berthelot.1842. *Histoire Naturelle des Iles Canaries. Tome premier. Première partie. Contenant l'Ethnogrophie et les Annales de la Conquête.* París: Bèthune, 3 tomos, 8 vols.

– 1849. *Ethnografía y Anales de la Conquista de las Islas Canarias.* S/C de Tenerife: Imprenta Isleña.

Bello Jimenez, Víctor M., y Rocío Sánchez González. 2003. *Salvador de Quintana Castrillo, escribano público y del Cabildo, Villa de Teguise (Lanzarote), 1618. Transcripción paleográfica, extractos e índices.* Villa de Teguise: Ayuntamiento.

Benchelah, Anne-Catherine; Hildegard Bouziane; Marie Maka, y Colette Ouahès. 2000. *Fleurs du Sahara. Voyage ethnobotanique avec les Touaregs du Tassili.* París – Biarrtiz: Ibis Press / Atlantica.

Berthelot, Sabin. 1842. [Ver Barker-Webb, Philip].

Bethencourt Alfonso, Juan. 1991 (1880). *Historia del pueblo guanche. Tomo I. Su origen, caracteres etnológicos, históricos y lingüísticos.* Edición anotada por M. A. Fariña González. Transcripción de Mª del C. Hernández Armas. La Laguna: Francisco Lemus Editor.

BETHENCOURT ALFONSO, Juan. 1994 (1911). *Historia del pueblo guanche. Tomo II. Etnografía y organización socio-política.* Edición anotada por M. A. Fariña González. Introducción de M. J. Lorenzo Perera. La Laguna: Francisco Lemus.

BORY DE SAINT-VINCENT, Jean-Baptiste G. M. 1803. *Essais sur les Isles Fortunées et l'antique Atlantide, ou Précis de l'Histoire générale de l'Archipel des Canaries.* París: Baudouin.

– 1988. *Ensayos sobre las Islas Afortunadas y la antigua Atlántida o Compendio de la Historia General del Archipiélago Canario.* Nota preliminar de Elfidio Alonso Quintero. Traducción de José A. Delgado Luis. Apéndice: Juan Álvarez Delgado, «Voces canarias de Bory de Saint-Vincent», pp. 291-299. La Orotava (Tenerife): J.A.D.L.

CDEL = Romero Ruíz, Carmen. 1997. *Crónicas documentales sobre las erupciones de Lanzarote. Erupción de Timanfaya (1730-1736). Erupción del Volcán de Tao, Nuevo del Fuego y Tinguatón (1824).* Teguise: Fundación César Manrique.

CEDEÑO, Antonio. 1644-50 (1575-1589 < *ca.* 1490). *Conquista de la isla de Gran Canaria vna de las 7.* [Copia anónima, ms. en paradero desconocido].

– 1879 (< 1644-50). *Conquista de la Isla de Gran Canaria.* [Ms. I-D-13, en El Museo Canario].

– 1936 (< 1879). *Historia de la Conquista de la Gran Canaria.* Gáldar, Tipografía El Norte.

– 1682-87 (< *ca.* 1490). *Brebe resumen y historia Verdadera de la Conquista de Canaria.* [Copia de T. A. Marín de Cubas. Ms. en paradero desconocido].

– 1934 (< 1682-87). *Brebe resumen y historia ~~no~~muy, Verdaderá Dela Conquista De Canaria Scripta, ~~no~~Por Antonio Cedeño Natural De Toledo. Vno delos Conquistadores que Vinieron Conel Gene.[l] Juan Rexon* [Copia de T. A. Marín de Cubas. Microfilme Millares Carlo. Ms. F-1, en El Museo Canario].

– 1993 (< 1934). *Brebe resumen y historia muy verdadera de la conquista de Canaria scripta por Antonio Cedeño natural de Toledo, vno de los conquistadores que vinieron con el general Juan Rexon,* en Morales (1993: 343-381 + 1 lám.). [Ms. en paradero desconocido].

CHÁVEZ ÁLVAREZ, Esther; Francisco Pérez Caamaño; Elena Pérez González; Javier Soler Segura, y Antonio Tejera Gaspar. 2007. *Los guanches en Guía de Isora. Arqueología, territorio y sociedad.* Guía de Isora: Planet (Biblioteca de Estudios Isoranos, Serie de Estudios Históricos, 4).

CHIL Y NARANJO, Gregorio. 1876-1891. *Estudios históricos, climatológicos y patológicos de las Islas Canarias.* Las Palmas de Gran Canaria: Isidro Miranda, 3 vols. [(I) 1876, (II) 1880 y (III) 1891].

DA = 1975. «El volcán de Teneguia», *Diario de Avisos,* (núm. especial) julio de 1975.

DDEC = Corrales Zumbado, Cristóbal; Dolores Corbella Díaz, y Mª de los Ángeles Álvarez Martínez. 1996. *Diccionario diferencial del español de Canarias.* Madrid: Arcos.

DHECAN = Corrales Zumbado, Cristóbal, y Dolores Corbella Díaz. 2001. *Diccionario histórico del español de Canarias.* La Laguna: IEC.

DÍAZ ALAYÓN, Carmen. 1987. *Materiales toponímicos de La Palma. La Palma*: Cabildo insular

DOT = [Siglos XV-XVI]. *Libros primero al quinto de datas originales.* Tenerife: AMLL.

– MORENO FUENTES, Francisca (edª.). 1988. *Las datas de Tenerife. (Libro V de datas originales).* La Laguna: IEC (Fontes Rerum Canariarum, XXVIII).

– SERRA RÀFOLS, Elías (ed.). 1978. *Las datas de Tenerife. (Libros I a V de datas originales).* La Laguna: IEC (Fontes Rerum Canariarum, XXI).

DpT = [Siglos XV-XVI]. *Libro primero de datas por testimonio.* Tenerife: AMLL.

– MORENO FUENTES, Francisca (edª.). 1992. *Las datas de Tenerife. (Libro primero de datas por testimonio).* La Laguna: IEC (Fontes Rerum Canariarum, XXXV).

ESPINOSA, Alonso de. 1594. *Del Origen y milagros de la Santa Imagen de nuestra Señora de Candelaria, que aparecio en la Isla de Tenerife, con la descripcion de esta Isla. Compuesto por el Padre Fray Alonso de Espinosa de la Orden de Predicadores, y Predicador de ella.* Sevilla: Juan de León.

– 1848 (1594). *Del origen y milagros de N. S. de Candelaria que aparecio en la isla de Tenerife, con la descripcion de esta isla. Compuesto por el P. Fr. Alonso de Espinosa de la órden de Predicadores, y predicador de ella. Impreso en Sevilla. Año 1594.* S/C de Tenerife: Imprenta Isleña.

– 1907 (1594). *The Guanches of Tenerife. The Holy Image of Our Lady of Candelaria and the Spanish Conquest and Settlement,* by the friar Alonso de Espinosa of the order of preachers. Traducido y editado, con notas e introducción, por Sir Clements Markham, K.C.B., presidente de la Hakluyt Society. Londres: Hakluyt Society (Second series. No. XXI). [Reimpreso en Alemania por Kraus Reprint en 1972].

– 1952 (1594). *Historia de Nuestra Señora de Candelaria.* Introducción de Elías Serra Ràfols, Buenaventura Bonnet y Néstor Álamo. S/C de Tenerife: Goya.

– 1967 (1952). *Historia de Nuestra Señora de Candelaria.* Introducción de Alejandro Cioranescu. S/C de Tenerife: Goya.

– 1980 (1967). *Historia de Nuestra Señora de Candelaria.* S/C de Tenerife: Goya.

FOUCAULD, Charles E. de. 1951-1952. *Dictionnaire Touareg-Français. Dialecte de l'Ahaggar.* París: Imprimerie Nationale de France, 4 vols.

FRUTUOSO, Gaspar. 1966 (1590). *Livro Primero das «Saudades da Terra».* San Miguel (Azores): Instituto Cultural de Ponta Delgada.

– 1964 (1590). *Las Islas Canarias. (De «Saudades da Terra»).* Prólogo, traducción, glosario e índices por E. Serra, J. Régulo y S. Pestana. La Laguna: IEC (Fontes Rerum Canariarum, XII).

GARCÍA DEL CASTILLO, Bartolomé. 2003 (1705). *Antigüedades y ordenanzas de la isla de El Hierro.* Edición y estudio: Maximiano Trapero Trapero, Alberto Anaya Hernández y Rosario Blanco Guzmán. Gran Canaria: El Museo Canario – Cabildo Insular de El Hierro.

GAST, Marceau. 2000. «Huwwâra, Hoouara, Houara, Hawwâra». *Encyclopédie Berbère* XXIII: 3.513-3.521. Aix-en-Provence: Édisud.

GLAS, George. 1764. *The History of the Discovery and Conquest of the Canary Islands, Translated from a Spanish Manuscript Lately Found in the Island of Palma. With An Enquiry into the Origin of the Ancient Inhabitants. To which is added A Description of the Canary Islands, Including the Modern History of the Inhabitants, and an Account of their Manners, Customs, Trade, &c.* R. & J. Dodsley and T. Durham. Londres.

GÓMEZ ESCUDERO, Pedro. 1682-86 (*ca.* 1484). *Libro segundo prosigue la conquista de Canaria. Sacado en limpio fielmente del manuscrito del licenciado Pedro Gómes Scudero, Capellán,* en Morales Padrón (1993: 383-468 + 1 lám.).

– 1879 (< 1682-86). *Historia de la Conquista de la Gran Canaria.* [Copia anónima. Ms. en El Museo Canario].

– 1934 (< 1682-86). *Líbro segvndo prosígve la conqv'sta de canaria. Sacado en límpío fielmente del manuScrito del licencí. Ped^{ro} Gomes Scudero Capellan.* [Microfilme Millares Carlo. Ms. F-1, en El Museo Canario].

– 1936 (< 1879). *Historia de la consquista de la Gran Canaria por el capellán y licenciado Pedro Gómez Escudero 1484.* Prólogo de Dacio V. Darias Padrón. Gáldar: Tip. El Norte.

– 1993 (< 1934). *Libro segundo prosigue la conquista de Canaria. Sacado en limpio fielmente del manuscrito del licenciado Pedro Gómes Scudero, Capellán,* en Morales (1993: 383-468 + 1 lám.).

González de Mendoza, Juan. *ca.* 1585. *Historia de las cosas más notables, ritos y costumbres del gran Reino de la China.* Roma.

– 1944 (*ca.* 1585). *Historia de las cosas más notables, ritos y costumbres del gran Reino de la China.* Edición, prólogo y notas por el P. Félix García, O. S. A. (Vol. II de «España Misionera»), Madrid: M. Aguilar, *s.a. N. B.* Hardisson (1946: 92) lo fecha en 1944.

– 1946 (1944). «De la causa que hubo para que a estos Religiosos mandara Su Majestad ir al reino de la China, y de su embarcación y llegada a las Islas Canarias», en *Historia de las cosas más notables* [...], capítulo I, libro III, 2ª parte, pp. 299-303. [Fragmentos canarios, en Hardisson (1946: 92-99)].

Hardisson, Emilio. 1946. [Recensión de la obra]: «P. Juan González de Mendoza.– «Historia de las cosas más notables, ritos y costumbres del gran Reino de la China». Edición, prólogo y notas por el P. Félix García, O. S. A. (Vol. II de «España Misionera»), M. Aguilar, editor. Madrid, *s.a.,* pero noviembre de 1944». *Revista de Historia Canaria* 73: 92-99.

Ibn Jaldún, Abd-ar-Rahman ibn Muḥammad (1332-1406). 1925-1956. *Histoire des Berbères et des dynasties musulmanes de l'Afrique septentrionale.* París: Geuthner, 4 vols.

Ibn Jaldún, Abd-ar-Rahman ibn Muḥammad (1332-1406). 1968 (1377). *Discours sur l'histoire universelle. (Al-Muqadima).* Traducción (al francés), prefacio y notas: V. Monteil. Beirut: Commission Internationale pour la Traduction de Chefs-d'ouvre, 3 vols. (Collection Unesco d'oeuvres représentatives, Série Arabe).

IDECanarias. 2013. «Descripción de las unidades geológicas de Tenerife», en *Marco geológico de Tenerife.* Canarias: Gobierno.

[Disponibles en línea:]

<http://www.idecanarias.es/resources/GEOLOGICO/TF_LITO_unidades_geologicas.pdf>. [Consulta: 25-IX-2015].

Jiménez Gómez, M.ª de la Cruz. 1993. *El Hierro y los bimbaches.* S/C de Tenerife: Centro de la Cultura Popular Canaria.

LC = 2003. *Le Canarien.* Manuscritos, transcripción y traducción por Berta Pico, Eduardo Aznar y Dolores Corbella. La Laguna: IEC (Fontes Rerum Canariarum, XLI).

López de Ulloa, Francisco. 1993 (1646). *Historia de la conquista de las siete yslas de Canaria. Recopilada. Por el Licenciado Don Francisco*

López de Vlloa natural dellas. Año de 1646. En Morales (1993: 259-342). [Ms. en BNE].

LORENZO RODRÍGUEZ, Juan Bautista[1841-1908]. 1975. *Noticias para la Historia de La Palma*. La Laguna / S/C de La Palma: IEC (Fontes Rerum Canariarum, XIX), 3 vols. [tomo II: 1997; tomo III: 2000].

MADOZ, Pascual. 1845-1850. *Diccionario geográfico, estadístico e histórico de España y sus posesiones de ultramar*. Madrid: Est. Literario-Tipográfico de P. Madoz y L. Sagasti.

– 1986 (1845-1850). *Diccionario geográfico, estadístico e histórico de España y sus posesiones de ultramar*. Valladolid: Ámbito – Editorial Interinsular Canaria.

MARCY, Georges. 1962 (*ca.* 1943). «Nota sobre algunos topónimos y nombres antiguos de tribus bereberes en las Islas Canarias». *Anuario de Estudios Atlánticos* 8: 239-289. Trad. y comentarios: J. Álvarez Delgado.

MARÍN DE CUBAS, Tomás. 1694. *Historia De las Siete Yslas de Canaria Origen Descubrimiento y conquista Dividida en Tres Libros compuesta por D. Thomas Arias Marin y Cubas natural de Telde ciudad en la Ysla de Canaria. Año, de 1694.*

– d. 1700 (< 1694). *Historia De las Siete Yslas de Canaria Origen Descubrimiento y conquista Dividida en Tres Libros compuesta por D. Thomas Arias Marin y Cubas natural de Telde ciudad en la Ysla de Canaria. Año, de 1694*. [BMT, ms. 192].

MORALES PADRÓN, Francisco (ed.). 1993 (1978). *Canarias: crónicas de su conquista. Transcripción, estudio y notas*. Las Palmas de Gran Canaria: Cabildo, 2ª ed. (Ínsulas de la Fortuna, 2).

MORENO FUENTES, Francisca (edª.). 1992. *Las datas de Tenerife. (Libro primero de datas por testimonio)*. La Laguna: IEC (Fontes Rerum Canariarum, XXXV).

NÚÑEZ DE LA PEÑA, Juan. 1994 (1676). *Conquista, y antigvedades de las islas de la Gran Canaria, y sv descripcion. Con muchas advertencias de sus Priuilegios, Conquistadores, Pobladores, y otras particularidades en la muy poderosa Isla de Thenerife. Dirigido a la milagrosa imagen de nuestra Señora de Candelaria. Compuesto por el licenciado don Ivan Nuñez de la Peña, natural de la dicha Isla de Thenerife en la Ciudad de la Laguna. Madrid, Imprenta Real, 1676*. Ed. facsímile al cuidado de Jonathan Allen. Prólogo de A. Bethencourt Massieu. Las Palmas de Gran Canaria: Universidad.

OLIVE, Pedro de. 1865. *Diccionario estadístico-administrativo de las Islas Canarias*. Barcelona: Tipografía de Jaime Jepús.

PÉREZ PÉREZ, Buenaventura. 1981. *Topónimos tinerfeños. Aportación a la "Monumenta Linguae Canariae" (Dominik Josef Wölfel).* Hallein (Austria): H. Nowak, Burgfried-Verlag.

PÉREZ PÉREZ, Buenaventura. 1995. *La toponimia guanche (Tenerife). Nueva aportación a la lingüística aborigen de las Islas Canarias.* S/C de Tenerife: Centro de la Cultura Popular Canaria.

– 2007 (< 1995). *La toponimia guanche (Tenerife). Nueva aportación a la lingüística aborigen de las Islas Canarias.* Santa Cruz de Tenerife: Idea.

PICO, Berta; Eduardo Aznar, y Dolores Corbella (eds.). 2003. *Le Canarien.* Manuscritos, transcripción y traducción. La Laguna: IEC (Fontes Rerum Canariarum, XLI).

PLINIO EL VIEJO. 1967. (C. Plini Secundi, 23 – 79). *Naturalis Historiae. Libri XXXVII.* Ed. de C. Mayhoff, vol. I. Libri I-VI. Stuttgart: B. G. Teubner.

PPLH = Padrón Artiles, Mª Dolores. 2005. *Protocolos de Pedro Lorenzo Hernández (1668-1673), escribano de Fuerteventura.* Puerto del Rosario: Servicio de Publicaciones del Cabildo de Fuerteventura.

QUESADA Y CHAVES, Dámaso de. 2007 (a. 1770). *Canaria ilustrada y puente americano.* Ed. a cargo de Paz Fernández Palomeque, Carmen Gómez-Pablos Calvo y Rafael Padrón Fernández. La Laguna: IEC (Fontes Rerum Canariarum, XLIV).

REYES GARCÍA, Ignacio. 2015. «Identidad lingüística en la antigüedad isleña», en A. José Farrujia de la Rosa (ed.), *Orígenes. Enfoques interdisciplinares sobre el poblamiento indígena de Canarias:* 91-131. Las Palmas de Gran Canaria: Idea.

ROBERTS, Edward A., y Bárbara Pastor. 1996. *Diccionario etimológico indoeuropeo de la lengua española.* Madrid: Alianza.

RODRÍGUEZ MOÑINO, A. R. 1934. «Los Triunfos Canarios de Vasco Díaz Tanco». *El Museo Canario* 4: 11-35.

SANTIAGO, Miguel. 1947. «Canarias en el llamado "Manuscrito Valentim Fernandes"». *Revista de Historia Canaria* 80: 539-550.

SILVA, Fernando Augusto da (1863 – 1949). 1950. *Vocabulário popular do Arquipélago da Madeira: alguns subsídios para o seu estudo.* Funchal: Junta Geral do Funchal.

SILVA, Fernando Augusto da; Carlos Azevedo de Meneses; Adolfo C. de Noronha, y Alberto A. Sarmento. 1978 (1921). *Elucidário Madeirense.* Funchal: Secretaria Regional da Educação e Cultura, 3 vols., 4ª ed. aum.

SIT = «Sistema de Información Territorial», en Grafcan, *Infraestructura de Datos Espaciales de Canarias* [IDECan]. [Disponible en línea:] <https://visor.grafcan.es/visorweb/#>. [Consulta 28-V-2022]. Gobierno de Canarias.

TLEC = Corrales Zumbado, Cristóbal; Dolores Corbella Díaz, y Mª de los Ángeles Álvarez Martínez. 1996. *Tesoro lexicográfico del español de Canarias*. Madrid: Real Academia Española de la Lengua, Gobierno de Canarias.

TORRIANI, Leonardo. 1590. *Descrittione et historia del regno de l'isole Canarie gia dette le fortunate con il parere delle loro fortificationi,* en Wölfel (1940).

– 1978. *Descripción e historia del reino de las Islas Canarias antes Afortunadas, con el parecer de sus fortificaciones.* Introducción y notas por A. Cioranescu. S/C de Tenerife: Goya.

TRAPERO, Maximiano. 1999. *Pervivencia de la lengua guanche en la lengua común de El Hierro. Léxico común y pastoril, de la flora y de la fauna y de la toponimia.* Gobierno de Canarias, Dirección General de Patrimonio Histórico.

TRAPERO, Maximiano (dir.); Manuel Domínguez Llera, Eladio Santana Martel, y Carmen Díaz Alayón. 1997. *Toponimia de la Isla de El Hierro. Corpus Toponymicum.* Las Palmas de Gran Canaria: Universidad – Cabildo Insular de El Hierro.

URTUSÁUSTEGUI, Juan Antonio. [1731-1794]. 1779. *Diario de viaje a la isla de El Hierro en 1779.*

– 1983. *Diario de viaje a la isla de El Hierro en 1779.* Ed. de Manuel J. Lorenzo Perera. La Laguna: Centro de Estudios Africanos.

– 2004. *Diario de viaje a la isla de El Hierro en 1779.* Tenerife: Idea (Tierra Negra, 1).

VIANA, Antonio de. 1604. *Antigvedades Delas Íslas Áfortunadas Dela Gran Canaria, Conquista De tenerife, Yaparescimiento Dela Ymagen De Cãdelaria. En verso svelto yoctava rima. Porel Bachiller Antonio De Viana Natural De la Isla de Tenerife.* Seuilla: Bartolomè Gomes.

– 1991. *Antigüedades de las Islas Afortunadas.* Ed. de Mª R. Alonso. Canarias: Gobierno de Canarias (SOCAEM), 2 vols. (Biblioteca Básica Canaria, 5).

VIERA Y CLAVIJO, José de. 1772-1783. *Noticias de la Historia General de las Islas de Canaria.* Madrid: Imp. Blas Román, 4 vols.

– 1982 (< 1772-1783). *Noticias de la Historia General de las Islas Canarias.* Introducción y notas de Alejandro Cioranescu. S/C de Tenerife: Goya, 2 vols., 8ª ed.

VYCICHL, Werner. 1952. «La lengua de los antiguos canarios. Introducción al estudio de la lengua y de la historia canarias». *Revista de Historia Canaria* 98-99: 167-204. La Laguna: Universidad.

VERGILIUS MARO, Publius (70-19 a.n.E.). *ca.* 18 a.n.E. *Aeneidos,* lib. I: 174-179. Ed. Roger A. B. Mynors. Oxford: Bibliotheca Augustana, 1969.

– VIRGILIO MARÓN, Publio. 1976 (1951). *La Eneida. Madrid*: Espasa-Calpe (col. Austral, 1.022), 10ª ed.

WÖLFEL, Dominik Josef (ed.). 1940. *Die Kanarischen Inseln und ihre urbewohner. Eine unbekannte Bilderhandschrift vom Jahre 1590.* Leipzig: K. F. Koehler verlag.

WÖLFEL, Dominik Josef. 1965. *Monumenta Linguae Canariae. Die kanarischen sprachdenkmäler. Eine Studie zur Vor- und Frühgeschichte Weißafrikas.* Graz (Austria): Akademische Druck-u. Verlagsanstalt.

– 1996 (1965). *Monumenta Linguae Canariae. (Monumentos de la lengua aborigen canaria). Un estudio sobre la prehistoria y la historia temprana del África Blanca.* Traducción de M. Sarmiento Pérez. S/C de Tenerife: Dirección General de Patrimonio Histórico del Gobierno de Canarias.

BIBLIOGRAFÍA

ALLAOUA, Madjid. 1994. «Variations phonétiques et phonologiques en kabyle». *Études et Documents Berbères* 11: 63-76.

ALLATI, Abdelaziz. 2002. *Diachronie tamazighte ou berbère.* Tánger: Imp. Altopress.

ALOJALY, Ghoubeïd. 1980. *Lexique touareg-français.* Copenhague: Akademisk Forlag.

BASSET, André. 1946. «Le système phonologique du berbère». *G.L.E.C.S. (Comptes rendus du Groupe Linguistique d'Études Chamito-Sémitiques)* IV: 33-36.

BASSET, André. 1952. *La Langue Berbère.* Londres: International African Institute, Oxford University Press.

BASSET, René. 1893. *Étude sur la Zenatia du Mzab, de Ouargla et de l'Oued-Rir'.* París: Ernest Leroux.

BENCHELAH, Anne-Catherine; Hildegard Bouziane; Marie Maka, y Colette Ouahès. 2000. *Fleurs du Sahara. Voyage ethnobotanique avec les Touaregs du Tassili.* París – Biarrtiz: Ibis Press / Atlantica.

CALASSANTI-MOTYLINSKI, A. de. 1898. *Le Djebel Nefousa.* París: Publications de l'École des Lettres d'Alger (Bulletin de correspondance africaine, XXII).

CALASSANTI-MOTYLINSKI, A. de. 1904. *Le dialecte berbère de R'edamès.* París: Publications de l'École des Lettres d'Alger (Bulletin de correspondance africaine, XXVIII).

CALASSANTI-MOTYLINSKI, A. de. 1908. *Grammaire, dialogues et dictionnaire touaregs. I. Grammaire et Dictionnaire Français-Touareg.* Argel: Imprimerie Orientale Pierre Fontana.

CAMPS, Gabriel. 1980. *Berbères. Aux marges de l'Histoire.* [Barcelona]: Éditions des Hespérides (Archéologie, horizons neufs).
– 1987 (1980). *Les Berbères. Mémoire et identité.* París: Editions Errance, 2ª ed. (Collection des Hesperides).

CHAKER, Salem. 1984. *Textes de Linguistique Berbère.* París: Centre National de la Recherche Scientifique.

CHAKER, Salem. 1995. *Linguistique Berbère. Études de syntaxe et de diachronie.* París / Lovaina: Peeters (SELAF, 353).

CID KAOUI, S. 1907. *Dictionnaire Français-Tachelh'it et Tamazir't (dialectes berbères du Maroc).* París: Ernest Leroux.

COHEN, Marcel. 1947. *Essai comparatif sur le vocabulaire et la phonetique du chamito-sémitique.* París: Librairie Ancienne Honoré Champion (Bibliothèque de l'École des Hautes Études, 291).

CORTADE, Jean-Marie. 1969. *Essai de Grammaire Touareg. (Dialecte de l'Ahaggar).* Universidad de Argel: Institut de Recherches Sahariennes.

CORTADE, Jean-Marie, y Mouloud Mammeri. 1967. *Lexique français-touareg. Dialecte de l'Ahaggar.* París: Arts et Métiers Graphiques.

DALLET, Jean Marie. 1982. *Dictionnaire kabyle-français. Parler des At Mangellat. Algérie.* París: SELAF.

DELHEURE, Jean. 1984. *Dictionnaire Mozabite-Français.* París: SELAF (Études Ethno-Linguistiques Maγreb-Sahara, 3).

DELHEURE, Jean. 1987. *Dictionnaire Ouargli-Français.* París: SELAF (Études Ethno-Linguistiques Maγreb-Sahara, 5).

DELHEURE, Jean. 1989. «Études sur le mozabite». *Études et Documents Berbères* 6: 120-157.

DESTAING, Edmond. 1907. *Étude sur le dialecte berbère des Beni-Snous.* Vol. I. París: Leroux.

DESTAING, Edmond. 1911. *Étude sur le dialecte berbère des Beni-Snous.* Vol. II. París: Leroux.

DESTAING, Edmond. 1914. *Dictionnaire Français-Berbère. (Dialecte des Beni-Snous).* París: Ernest Leroux (Publications de la Faculté des Lettres d'Alger, Bulletin de Correspondance Africaine, XLIX).

DESTAING, Edmond. 1938. *Vocabulaire Français-Berbère. Étude sur la tachelhît du Soûs.* París: Librairie Ernest Leroux (Bibliothèque de l'École des Langues Orientales Vivantes).

DRAY, Maurice. 1998. *Dictionnaire Français – Berbère. Dialecte des Ntifa.* París: L'Harmattan.

FOUCAULD, Charles E. de. 1940. *Dictionnaire abrègé touareg-français des noms propres (dialecte de l'Ahaggar).* París: Larose.

FOUCAULD, Charles E. de. 1951-1952. *Dictionnaire Touareg-Français. Dialecte de l'Ahaggar.* París: Imprimerie Nationale de France, 4 vols.

FOUCAULD, Charles E. de, y Adolphe de Calassanti-Motylinski. 1984 (1922). *Textes touaregs en prose.* Édition critique avec traduction: Salem Chaker, Hélène Claudot, Marceau Gast. Aix-en-Provence: Édisud.

GALAND, Lionel. 1953. «La phonétique en dialectologie berbère». *Orbis* II: 225-233.

GALAND, Lionel. 1960. «La langue» (art. «Berbère»), en C. E. Bosworth *et al., Encyclopédie de l'Islam*: 1.215-1.220. Leyden-París: E. J. Brill y Maison Neuve Larose.

GAST, Marceau. 2000. «Huwwâra, Hoouara, Houara, Hawwâra». *Encyclopédie Berbère* XXIII: 3.513-3.521. Aix-en-Provence: Édisud.

HADDADOU, Mohand Akli. 2004. «Les couches diachroniques du vocabulaire berbère», en Jocelyne Dakhlia (dir[a].), *Trames de langues. Usages et métissages linguistiques dans l'histoire du Maghreb.* Rabat: Institut de Recherche sur le Maghreb Contemporain. [Disponible en línea (2017):] <https://doi.org/10.4000/books.irmc.1481>.

HADDADOU, Mohand Akli. 2007. *Dictionnaire des racines berbères comunes. Suivi d'un index français-berbère des termes relevés.* Tizi-Ouzou: Haut Commissariat à l'Amazighité.

HUYGHE, Gustave. 1901. *Dictionnaire kabyle-français.* París: Imprimerie Nationale, 2ª ed.

HUYGHE, Gustave. 1907. *Dictionnaire chaouia-arabe-kabyle & français.* París: Imprimerie Nationale, 2ª ed.

IBÁÑEZ, Esteban. 1944. *Diccionario español–rifeño.* Madrid: Ed. Revista "Verdad y Vida".

IBÁÑEZ, Esteban. 1949. *Diccionario rifeño-español. (Etimológico).* Madrid: Instituto de Estudios Africanos.

IBÁÑEZ, Esteban. 1954. *Diccionario español-baamarani. (Dialecto bereber de Ifni).* Madrid: Instituto de Estudios Africanos.

IBÁÑEZ, Esteban. 1959. *Diccionario español-senhayi. (Dialecto bereber de Senhaya de Serair).* Madrid: Instituto de Estudios Africanos.

IBN JALDÚN, Abd-ar-Rahman ibn Muḥammad (1332-1406). 1925-1956. *Histoire des Berbères et des dynasties musulmanes de l'Afrique septentrionale.* París: Geuthner, 4 vols.

KOSSMANN, Maarten G. 1995. «La spirantisation dans les parlers Zénètes: aperçu historique», en P. Bos (ed.), *Langues du Maroc.* Tilburg: Tilburg University Press, pp. 11-19.

KOSSMANN, Maarten G. 1997. *Grammaire du parler berbère de Figuig (Maroc oriental).* París-Lovaina: Peeters (SELAF 364).

KOSSMANN, Maarten G. 1999. *Essai sur la phonologie du proto-berbère.* Colonia: Köppe.

LACOSTE-DUJARDIN, Camille. 1982 (1970). *Le conte kabyle. Ètude ethnologique.* París: François Maspero.

LANFRY, Jacques. 1970. *Extraits du glossaire linguistique et ethnographique de Ghadamès*. Argelia.

LAOUST, Émile. 1920. *Mots et choses berbères. Notes de linguistique et d'ethnographie. Dialectes du Maroc*. París: Augustin Challamel.

LAOUST, Émile. 1931. *Siwa. I Son parler.* París: Librairie Ernest Leroux (Publications de l'Institut des Hautes-Études Marrocaines, XXII).

LAOUST, Émile. 1942. *Contribution a une étude de la toponymie du Haut Atlas. Adrär n Deren d'après les cartes de Jean Dresch*. París: Librairie Orientaliste Paul Geuthner. [Extracto de la *Revue des Études Islamiques* 1939 (III-IV) – 1940 (I-II)].

MASQUERAY, Émile. 1893. *Dictionnaire Français-Touareg (Dialecte des Taïtoq) suivi d'observations grammaticales*. París: Ernest Leroux (Publications de L'École des Lettres d'Alger, Bulletin de Correspondance Africaine).

MERCIER, Gustave. 1896. *Le Chaouia de l'Aurès. (Dialecte de l'Ahmar-Khaddou). Étude grammaticale. Texte en dialecte chaouia*. París: Ernest Leroux.

MILITAREV, Alexander. 2020. «Libyo-Berbers – Tuaregs – Canarians: linguistic evidence». *Études et Documents Berbères* 43: 133-160.

MILITAREV, Alexander. 2021. «Fragments of the Canarian Etymological Dictionary». *Études et Documents Berbères* 45-46: 285-298.

MOUFFOK, Omar A. 2018. *Asegzawal n Tmaziyt*. [Disponible en línea:] <http://amawal.wikidot.com>. [Consulta: 25-IV-2022]. (Versiones en francés, inglés y español). Argelia: Tiddukla Tadelsant Imedyazen.

MÚRCIA SÁNCHEZ, Carles. 2011. *La llengua amaziga a l'antiguitat a partir de les fontes gregues i llatines*. Barcelona: Promocions i Publicacions Universitàries, 2 vols.

NAÏT-ZERRAD, Kamal. 1998. *Dictionnaire des racines berbères (formes attestées). I. A-BƐẒL*. París / Lovaina: Peeters (Études berbères).

NAÏT-ZERRAD, Kamal. 1999. *Dictionnaire des racines berbères (formes attestées). II. C-DƐN*. París / Lovaina: Peeters (Études berbères).

NAÏT-ZERRAD, Kamal. 2002. *Dictionnaire des racines berbères (formes attestées). III. Ḍ-GƐY.* París / Lovaina: Peeters (Études berbères).

NEHLIL, Mohammad. 1909. *Étude sur le Dialecte de Ghat*. París: Ernest Leroux.

NICOLAS, Francis. 1950. *Tamesna. Les Ioullemmeden de l'Est ou Touâreg "Kel Dinnîk"*. París: Imprimerie Nationale.

NICOLAS, Francis. 1953. *La langue berbère de Mauritanie.* Dakar: Institut d'Afrique Noire (Mémoires, 33).

OUAKRIM, Omar. 1995. *Fonética y fonología del bereber.* Bellaterra (Barcelona): Universidad Autónoma (Ciència i Tècnica, 3).

PRASSE, Karl-G. 1969. «A propos de l'origine de H touareg (tahaggart)». København: *Historik-Filosofiske Meddelelser* 43 (3): 1-96. (Danske Videnkabernes Selskab).

PRASSE, Karl-G. 1972. *Manuel de Grammaire Touaregue (tahaggart). Vol 1 (I-III). Phonetique-Ecriture-Pronom.* Copenhague: Universidad.

PRASSE, Karl-G. 1973. *Manuel de Grammaire Touaregue (tahaggart). Vol 3 (VI-VII). Verbe.* Copenhague: Akademisk Forlag.

PRASSE, Karl-G. 1974. *Manuel de Grammaire Touaregue (tahaggart). Vol 2 (IV-V). Nom.* Copenhague: Akademisk Forlag.

PRASSE, Karl-G., y Ekhya Agg-Albostan Ag-Sidiyan. 1985. *Tableaux Morphologiques dialecte touareg de l'Adrar du Mali (berbère).* Copenhague: Akademisk Forlag.

PRASSE, Karl-G., Ghoubeïd Alojaly, y Ghabdouane Mohamed. 2003. *Ălqamus Tămajəq – Tăfrănsit. Dictionnaire Touareg – Français.* Copenhague: Museum Tusculanum Press (Universidad de Copenhague), 2 vols.

RENISIO, Amádée. 1932. *Études sur les dialectes berbères des Beni Iznassen, du Rif et des Senhaya de Sraïr. Grammaire, textes et lexique.* París: Ernest Leroux.

REYES GARCÍA, Ignacio. 2024 (2011). *Diccionario ínsuloamaziq.* Islas Canarias: Fondo de Cultura Ínsuloamaziq.

– DHEAI = *I. Diccionario histórico etimológico del amaziq insular.* [Disponible en línea:] <https://imeslan.com>. [Consulta: 26-I-2024].

– LAE = *II. Léxico amaziq-español.* [Disponible en línea:] <https://amaziq.wordpress.com>. [Consulta: 26-I-2024].

SADIQI, Fatima. 1997. *Grammaire du berbère.* París: L'Harmattan.

SARRIONANDIA, Pedro H., y Esteban Ibáñez. 2007. *Diccionarios Español-Rifeño y Rifeño-Español.* Ed. facsímile al cuidado de J. Megías Aznar y V. Moga Romero. Barcelona: UNED-Melilla, Ed. Bellaterra (Alborán).

TAÏFI, Miloud. 1991. *Dictionnaire Tamaziɣt-Français. (Parler du Maroc central).* París: L'Harmattan Awal.

TAINE-CHEIKH, Catherine. 2008. *Dictionnaire zénaga-français. Le berbère de Mauritanie présenté par racines dans une perspective comparative.* Colonia: Rüdiger Köppe Verlag (Berber Studies, 20).

R·K·M·(T)

'erupción (volcánica)'

(Kb) *tarkamt*

(Omar A. Mouffok 2018)

Gh·S

'viejo volcán extinto'

(Y) *taghəst*

(Macizo montañoso del Ayr y de los Kəl-Gərəs, en el Níger central)

taghaste

(Lanzarote, Fuerteventura, El Hierro)

ÍNDICE

LIMINAR: *Voces volcánicas* 5

INTRODUCCIÓN 9

GUÍA DE CONSULTA 13

1. *Estructura y contenido del Glosario insular* 15
2. *Estructura y contenido del Léxico amaziq* 16

SISTEMA DE NOTACIÓN 19

1. *Símbolos diacríticos* 19
2. *Alfabeto* 20
3. *Vocales* 20
4. *Consonantes* 21

SÍMBOLOS Y ABREVIATURAS 23

1. *Símbolos* 23
2. *Lenguas, dialectos y hablas* 24
3. *Gramática* 27
4. *Fondos* 33

GLOSARIO INSULAR 35

ANEXO 67

LÉXICO AMAZIQ 101

REFERENCIAS 173

BIBLIOGRAFÍA 183

DICCIONARIO ÍNSULOAMAZIQ